행정조직법의 이론과 실제

행정조직법의 기초적인 개념이론에
대한 심층적인 분석

개정판

행정조직법의 이론과 실제

유진식

전북대학교출판문화원

· 개정판 서문 ·

지난 2020년 12월에 출판된 본서 초판은 독자들의 성원에 힘입어 개정판을 내게 되었다. 초판과 비교하여 달라진 개정판의 내용은 다음과 같이 크게 두 가지이다. 첫째로 헌법 제66조 제4항에서 규정하고 있는 '행정권'의 개념에 대하여 새로운 견해를 제시했다는 점이다. 필자는 종래 헌법 제66조 제4항의 '행정권'이란 행정 측에서 행사하는 권한 모두를 뭉뚱그린 것으로 생각하였다. 그러나 연구 결과 이 「행정권」은 헌법에서 규정하고 있는 대통령의 권한과 직무 등, 즉 집정(執政)을 의미하는 것이고 행정각부 등이 행하는 '행정활동'은 의회가 제정한 법률에 의해서 창출된 것으로 양자(兩者)는 그 질(質)이 다르다는 점을 알게 되었다. '행정권'에 대한 필자의 위와 같은 해석은 최근 등장하고 있는 '기능적 권력분립론'(헌법재판소 2021. 1. 28. 2020헌마264·681(병합) 사건, 참조)에서 말하는 삼권분립에 대한 새로운 시각을 제공할 것으로 기대된다(자세한 내용은 본서 제4장(Ⅱ), 참조).

둘째로 '행정권'의 개념에 대한 새로운 이해를 바탕으로 국가행정조직에 대하여 헌법이 어떻게 규율하고 있는가에 대한 분석을 추가하였다(본서 제4장). 이 테마는 최근 몇 년 사이 「고위공직자범죄수사처」(2020

년)와 법무부 인사정보관리단(2022년) 및 행정안전부의 경찰국 신설(2022년) 등의 위헌성 여부를 둘러싸고 우리사회에서 진행되고 있는 논란에 대한 논의의 실마리를 제공하기 위하여 다루게 되었다(그 대신 초판의 제5장 「대통령직속기관의 설치와 직무범위」는 개정판 제4장과 중복되는 부분이 있어 제외하였다). 본서 제4장에서 언급한 바와 같이 헌법은 국가행정조직의 규율과 관련하여 행정조직법정주의(헌법 제96조) 이외에는 명시적으로 언급하는 내용은 없다. 따라서 필자는 권력분립론과 행정조직법의 구성원리에 바탕한 민주적 통제라는 관점에서 분석하였다. 아직 시론(試論)단계이지만 학계의 비판을 수용하면서 내용을 심화시켜갈 생각이다.

2024년 7월

연구실에서 필자

· 초판 서문 ·

행정조직법을 생산적으로 논하기 위해서는 '행정조직이란 행정사무를 처리하기 위하여 존재한다'는 지극히 당연한 명제에 대한 공유가 필요하다. 그러나 지금까지의 교과서이론과 실정법의 규정은 이 명제를 충분히 수용하고 있지 못하다. 예를 들면, 대통령에 대하여 국가행정조직법적으로 고찰할 경우에는 '권력'이 아니라 '사무'의 관점에서 파악해야 함에도 불구하고 대통령이 국가행정사무를 처리하기 위해 존재하는 행정기관이라는 측면보다는 대통령의 권력적인 면을 지나치게 강조해 왔다. 대통령의 주된 임무는 국가행정사무를 주로 행정각부에 관여하는 형식으로 처리하는 것이며 대통령의 권력도 궁극적으로는 이러한 국가행정사무를 원활히 처리하기 위해서 존재할 뿐이다. 실정법의 규정도 마찬가지이다. 행정조직은 행정사무를 처리하기 위하여 존재하기 때문에 행정권의 귀속의 주체는 기관으로서의 실체가 있어야 한다. 헌법은 행정권은 대통령을 수반으로 하는 '정부'에 속한다(제66조 제4항)라고 규정하고 이어서 단지 대통령과 행정부를 뭉뚱그려 '정부'라고 부르고 있다(제4장 제1절, 제2절). 그러나 이러한 '정부'는 독자적인 실체를 갖는 기관이 아닌 '형식적인 존재' 즉, 허구이다. 왜냐하면, 우리 헌법상의 '정부'

는 기관으로서 존재하기 위한 최소의 요건이라고 할 수 있는 조직組織, 직무職務, 권한權限 그리고 운영運營이라는 관점에서 이들 요건을 충족시킬 만한 규정이 없기 때문이다. 이러한 오류 역시 위의 명제에 대한 기본적인 인식의 결여에서 비롯된 것이다.

위의 명제는 또 행정조직법을 고찰함에 있어서 매우 유용한 분석의 도구인 '행정법조직법의 구성원리'를 도출하기 위한 전제가 된다. 이 원리란, 선행연구[1]를 참고하여 정리하면, 어떠한 행정기관(내지 조직)에 어떠한 행정사무를 분배할 것인가(분배의 원리), 이들 행정기관(내지 조직)을 어떻게 통제하고 조정할 것인가(통제 및 조정의 원리) 그리고 이들 행정기관의 행위에 대해서 어떠한 책임을 지게 할 것인가(책임의 원리)라는 것이 될 것이다.

행정조직법에 대한 연구 역시 연구자의 관점에 따라서 매우 다양한 방법론에 의하여 행해질 수 있을 것이다. 본서는 이들 다양한 방법론 가운데, 앞서 언급한, '행정조직이란 행정사무를 처리하기 위하여 존재한다'는 명제와 이 명제를 전제로 하여 도출된 '행정조직법의 구성원리'를 기본적인 분석방법론으로 하여 서술되었다. 독자들은 본서에서 다루고 있는 내용과 연구방법론이 여전히 행정관청이론을 중심으로 전개되고 있는 교과서이론과는 많은 점에서 차이가 있다는 것을 깨닫게 될 것이다.

그럼 여기서 독자의 편의를 위하여 본서의 내용을 간략히 소개하기로 한다. 본서는 크게 두 영역으로 묶어서 제1부(제1장~제8장)에서는 국가행정조직법에 관한 테마를, 제2부(제9장~제12장)에서는 주로 지방자

---

1 佐藤 功,『行政組織法』, 有斐閣(1985), 56-80쪽, 참조.

치와 행정조직법에 관한 테마를 다룬다. 제1부는 다음과 같이 구성되어 있다. 제1장부터 제3장까지는 행정조직법의 기초개념과 국가행정조직법의 기본구조에 대한 분석을 바탕으로 하여 현행 국가행정조직법에 해당하는 정부조직법의 체계와 내용을 비판적으로 분석한다.

제4장부터 제7장까지는 국가행정조직법상의 최상위 규범인 헌법의 행정조직에 대한 규율, 대통령의 과잉권력을 창출하는 현행법의 구조, 헌법상의 독립위원회가 독립성을 유지하기 위한 요건 그리고 준사법기관인 금융위원회의 독립성의 보장과 행정의 집행절차를 둘러싼 법적 문제를 중점적으로 분석한 글이다. 그리고 제8장은 행정조직법과 공무원법의 관계를 공무원법상의 공직분류방식을 통해서 분석하였다.

이어서 제2부는 다음과 같은 내용으로 구성되어 있다. 제9장부터 제11장까지는 국가행정조직법과 더불어 행정조직법의 또 하나의 축을 이루고 있는 지방자치법상의 주요한 몇 가지 문제, 즉 국가의 지방자치에 대한 지나친 관여, 지방분권과 행정구역개편의 행정법적 문제 그리고 일본 홋카이도 유바리시의 사례를 소재로 지방재정의 건전성을 확보하기 위한 제도개선에 대하여 분석한 글이다.

그리고 마지막으로 제12장에서는 우리나라에서 각종 유형의 공기업이 여전히 시장에서 큰 역할을 수행하고 있음에도 불구하고 이에 대한 법적인 연구가 충분히 진행되지 않고 있다는 점을 감안하여 일본에서의 논의를 소재로 하여 공기업을 둘러싼 기초적인 법문제를 심층적으로 분석하고 있다.

이처럼 본서는 지금까지 충분히 검토되지 않았던 행정조직법의 기초적인 개념과 이론에 대해서 심층적인 분석을 행하고 있을 뿐만 아니라 실정법이 현장에서 어떻게 적용되고 있고 또 그 결과 어떠한 현상이 나타나고 있는가에 대한 분석도 함께 하고 있다. 그러나 그 내용에 있어서도 아직 연구과정에 있기 때문에 앞으로 보완해야 할 부분이 많이 있다는 점을 필자는 충분히 인식하고 있다. 다만, 아직 행정조직법에 대한 연구가 일반화되지 않은 상황에서 이 주제에 대해 관심을 가진 분들에게 연구의 실마리가 되었으면 하는 바램이다.

끝으로, 사적인 이야기가 허용된다면, 언제나 곁에서 학문적인 게으름을 질책하여 활자를 응시하게 하는 아내 김성희 박사와 언제나 든든한 친구인 경덕, 경세에게 이 작은 정성을 전하고 싶다.

2020년 3월

연구실에서 필자

· 목차 ·

제1부

국가행정과 행정조직법

Law of Administrative Organization

제1장

행정조직법의 기초개념

Ⅰ. 행정조직의 존재양식과 그 함의

행정법은 크게 행정작용법과 행정구제법 그리고 행정조직법의 세 영역으로 나눠볼 수 있다. 그런데 이 가운데 행정조직법은 전자의 두 영역에 비하여 연구의 양적인 면이나 질적인 면 모두에 있어서 크게 뒤처져 있다. 그 이유는 종래의 행정법은 행정법관계를 내부법과 외부법으로 나누고 이 가운데 주로 후자에 대해서 관심을 가져왔기 때문이다. 여기에는 행정조직의 존재양식은 내부법에 해당하는데 이것은 시민의 법적 지위에 큰 영향을 미치지 않는다는 인식이 자리하고 있다. 그나마 행정조직법에 대한 관심도 외부법관계를 염두에 두고 전개되어 왔는데 그것은 국가행정조직에 관한 행정관청이론이 행정조직법이론의 중심을 차지하고 있다는 점에서 명백히 드러나고 있다.

그러나 본서에서 후술하는 것처럼 행정조직의 존재양식은 전통적인 행정법이론이 주된 관심을 가져왔던 외부법관계에도 직·간접적으로 영향을 미친다는 점을 쉽게 알 수 있다. 또한 오늘날의 행정현상은 매우 다양하여 국가행정조직뿐만 아니라 지방자치단체 그리고 각종의 단체와 조직이 종래 행정이 담당해야 할 역할을 수행해 오고 있다는 것은 누구나 다 아는 사실이다. 행정조직법에 대한 관심과 연구가 중요한 이유가 여기에 있는 것이다.

이 장章에서는 먼저 행정조직법을 이해하는데 필요한 기초개념과 기본원리를 살펴보고자 한다.

Ⅱ. 행정조직법의 구성원리

국가행정조직에 관한 규정을 헌법과 정부조직을 참고하여 살펴보면 당해 조직의 최고의 정점에 대통령이 있고(헌법 제66조 제4항), 그 곁에 보좌補佐기관으로 국무총리가 있으며(헌법 제86조) 그 아래 행정각부가 설치되어(헌법 제94조 내지 제96조) 국가의 주요한 사무를 처리한다. 그리고 행정각부는 기획재정부를 필두로 하여 중소기업벤처부까지 19개의 부部로 조직된다(정부조직법 제26조 제1항)(2024년 3월, 현재). 그리고 부部 이하에는 차관, 차장, 실장, 국장 및 과장 등으로 조직되어 있다(정부조직법 제2조 제3항 등, 참조).

그러나 위와 같은 헌법과 정부조직법의 규정 그 자체만으로는 국가행정조직을 체계적으로 이해할 수 없다. 따라서 이를 위해서는 행정조직법의 규율의 대상인 행정조직이 왜 존재하는가라는 가장 기초적인 사안을 전제로 하여 도출된 구성원리에 따라 헌법과 정부조직법의 규정을 해석하여 체계화하는 작업이 필수적이다.

그러면 위에서 언급한 행정조직법의 구성원리에서 도출의 전제가 되는 행정조직은 왜 존재하는가 하는 점에 대해서 생각해 보기로 하자. 그것은 다름 아닌 행정조직은 어디까지나 '행정사무를 처리하기 위하여 존재한다'는 것이다. 이 말은 너무 단순하여 당연한 것으로 받아들이기 쉽지만 이것은 행정조직법의 논의의 출발점을 이루는 것으로서 매우 중요한 의미를 갖는다. 즉, 행정조직법의 구성원리는 행정조직이란 행정사무를 처리하기 위해서 존재한다는 지극히 당연한 사실에서 도출되는 것이다. 그리고 행정조직법의 구성원리로는, 선행연구를 참고로 하여 소개하면, 어떠한 행정기관(내지 조직)에 어떠한 행정사무를 분배할 것인가(분배의 원리), 이들 행정기관(내지 조직)을 어떻게 통제하고 조정할 것인가(통제 및 조정의 원리) 그리고 이들 행정기관의 행위에 대해서 어떠한 책임을 지게 할 것인가(책임의 원리) 하는 세 가지 원리를 들 수 있다.[1] 행정조직은 이 원리를 바탕으로 하여 구성되는 것이다. 이하에서 살펴보기로 하자.

1. 분배의 원리

행정조직을 '행정사무를 처리하기 위하여 존재한다'는 관점에서 볼 때 이 분배의 원리는 행정조직법의 구성원리 가운데에서 핵심적인 부분을 차지한다고 볼 수 있다. 그것은 구성원리 가운데 나머지 두 가지는 이 원리에 의해서 행정사무가 원만히 처리될 수 있도록 보완하는 역할을 하기 때문이다. 따라서 사무를 어떠한 기준에 따라서 배분할 것인가 하는 점이 문제가 된다. 이 점과 관련하여 이 문제를 기능적으로 생각하여 행정학적으로 접근하는 견해[2]도 있지만 규범적인 탐구도 매우 중요하다는 점에 유의하여야 한다.

헌법은 사무분배와 관련하여 명시적인 규정을 두고 있지는 않다. 그러나 제4장 정부(제66조 내지 제100조), 제7장 선거관리 그리고 제8장 지방자치에 관한 규정은 큰 틀에서의 행정사무의 분배에 관한 기준으로

1 佐藤 功, 『行政組織法』, 有斐閣(1985), 56-80쪽, 참조.

2 예를 들면, 佐藤, 상게서, 60-68쪽.

볼 수 있다. 헌법은 행정을 국가사무와 지방자치사무로 나누고 전자는 정부에 속하는 대통령과 행정부에 그리고 중립성을 요하는 선거관리에 관한 사무는 선거관리위원회에 배분하고 후자는 지방자치조직에 배분하고 있다. 그리고 이 큰 틀 속에서 구체적인 배분기준은 법령으로 정하도록 규정하고 있다(헌법 제96조, 제100조 제114조, 제117조, 제118조, 등).

그런데 여기서 한 가지 염두에 두어야 할 것은 헌법에서의 위와 같은 사무배분에 관한 규정이 단순한 일처리규정에 그치지 않는다는 점이다. 그것은 헌법상의 사무배분규정은 일정한 체계를 이루고 있는데 이 체계는 구성원리 가운데 나머지 두 가지, 즉 통제 및 조정의 원리와 책임의 원리와도 밀접한 관계가 있기 때문이다. 이 점에 대해서는 자세히 후술하겠지만(제2장, 제3장, 제6장, 참조) 이 체계가 갖는 가장 중요한 메시지는 국가사무는 특별한 이유가 없는 한 국무총리의 보좌를 받는 대통령의 지휘감독 하에 있는 행정각부에서 처리해야 한다는 것이다. 이 메시지의 배경에는 대통령(국무총리)－행정각부에 의한 국가사무의 처리는 국회를 비롯하여 사법부와 언론 등에 의해서 항상 감시를 받고 또 책임도 추궁당한다는 사실이 있다. 만약 이 체계를 무시하고 특별한 조직을 만들어 국가사무를 배분하여 처리하게 한다면 이러한 감시와 책임에서 자유롭기 때문에 이는 자칫 시민의 권익에 대한 중대한 침해로 연결될 가능성이 매우 높다.[3]

3 현재 대통령직속하에 설치된 국가정보원이 그러한 예에 속한다. 이 점에 대해서는 제5장 128-131쪽 참조.

2. 통제 및 조정의 원리

행정조직법의 구성에서 사무배분 후의 과제로 생각해 볼 수 있는 것이 「통제 및 조정」이다. 행정사무가 배분된 행정조직(또는 행정기관)은 설치 목적에 따라 매우 다양할 뿐만 아니라 양적으로도 그 수는 헤아릴 수 없이 많다. 그리고 행정조직(또는 행정기관) 자체 역시 그 조직의 장長을 정점으로 하여 그 아래에 많은 직職들이 (대개는 피라미드 형식으로) 계층구조를 이루며 자리하고 있다. 따라서 행정사무를 법에 정해진 목적에 따라 적정하게 처리하기 위해서는 수많은 행정조직(또는 행정기관)을 함께 아울러야 할 뿐만 아니라 행정조직 그 자체 내에서도 같은 노력이 필요하다. 여기에는 수직적인 힘과 수평적인 힘이 작용하는데 전자가 바로 통제이고 후자가 조정이다.

통제의 경우 행정관청이론에서 볼 수 있는 것처럼 행정조직의 계층階層제에 바탕한 지휘감독권이 중심을 이루고 있다(이 점에 대해서는 후술한다). 조정은 통제와는 달리 매우 다양한 방식에 의해서 이뤄지고 있다. 그중에서 가장 중요한 부분이 대통령에 의한 조정이다. 후술하는 것처럼[4] **대통령의 행정조직법상의 주된 사무는 국가행정조직에 대한 종합조정이다.** 대통령은 국무회의를 비롯하여 헌법과 각종 법률에 규정된 권한(예를 들면 정부조직법 제11조, 제12조)을 바탕으로 하여 국가행정조직 전체를 조정한다. 그리고 이러한 대통령의 조정역할의 많은 부분은 대통령의 보좌기관인 국무총리에 의해서 행해진다(헌법 제86조 제2항, 정부조직법 제18조, 제20조, 제7조 제5항, 등). 이 이외에도 조정과 관련하여

---

4 제2장에서 제5장까지 참조.

중요한 역할을 하는 것이 법제처이다. 법제처는 법령에 대한 유권해석 또는 입법과정에서의 입법심사를 통하여 실질적으로 조직 또는 기관간의 권한 또는 사무배분을 둘러싼 조정을 하고 있다(정부조직법 제23조, 법제업무운영규정 제21조, 제7장 법령해석). 한편 조정은 사법적 절차에 의해 행해지기도 하는데 헌법재판소법에 근거한 권한쟁의심판(제61조), 행정소송법상의 기관소송(제45조) 등이 그것이다.

3. 책임의 원리

먼저 국회가 행정권에 대하여 책임을 추궁하는 제도로는 ①대통령을 비롯한 국무위원, 행정각부의 장에 대한 탄핵(헌법 제65조), ②국정조사 및 감사권(헌법 제61조), ③국무총리, 국무위원에 대한 해임건의(헌법 제63조), ④국무총리, 국무위원, 정부위원에 대한 출석, 보고, 의견진술, 질의권(헌법 제62조, 정부조직법 제10조) 등이 있다. 그리고 감사원은 「「정부조직법」 및 그 밖의 법률에 따라 설치된 행정기관의 사무와 그에 소속한 공무원의 직무」에 대한 감찰을 행하여(헌법 제100조, 감사원법 제24조 제1항 제1호), 「「국가공무원법」과 그 밖의 법령에 규정된 징계 사유에 해당」하는 경우 해당 공무원에 대하여 그 소속 장관 또는 임용권자에게 징계를 요구할 수 있다(감사원법 제32조 제1항).」

또 국가공무원법은 공무원이 직무상의 의무를 위반하는 등의 사유가 있을 때에는 징계처분을 하도록 하고 있다(국가공무원법 제78조 이하, 참조).

Ⅲ. 행정조직법정주의
– 행정조직과 「법률에 의한 행정의 원리」

행정과 법률과의 관계에는 여러 가지 측면이 있다. 그중의 한 가지인 「행정주체」와 「사인」 사이의 관계, 즉 행정작용법 관계에 있어서 이것을 규율하는 법 원리의 출발점은 「법률의 우위의 원칙」, 「법률의 유보의 원칙」등을 내용으로 하는 이른바 「법률에 의한 행정의 원리」이다.[5] 이 원리는 행정주체가 사인의 자유·재산을 침해하는 지의 여부에 주된 관심이 있고 거기에서 이른바 「침해유보의 원칙」등이 도출된다. 그런데 행정주체가 행하는 사무를 어느 행정기관에 배분할 것인가, 또 해당 행정기관의 조직을 구체적으로 어떻게 구성할 것인가 하는 문제는 「침해유보의 원칙」 등과는 논리적으로 관계가 없다고 보는 시각도 존재할 수 있다.[6] 즉 행정조직에 관한 기본적인 사항은 반드시 법률에 근거해야만 된다는 이론은 「법률에 의한 행정의 원리」로부터 당연히 도출되지는 않는다.

이에 대해서 위와 같은 행정작용법적인 관점에서 한 발짝 물러나 문제를 조직법론적인 견지에서 생각해 보는 입장이 있다. 즉 그것은 이른바 행정조직의 존재양식 그것에 대한 민주적인 통제라고 하는 견지에서 법률에 의한 규율의 필요성의 유무를 고려해야 하는 것은 아닌가 하는 입장으로 이러한 시각에 서면 사인의 권리·의무에 직접적으로 영향을

5 김철용, 전면개정 제12판 행정법, 고시계사(2023), 64-76쪽.

6 塩野, 行政法Ⅲ[第四版] 行政組織法, 有斐閣(2012), 7-8쪽.

미치는가의 여부는 우선 관계시키지 않고 행정조직의 존재양식에 관하여 입법권이 어디까지 개입해야하는가 하는 점이 문제가 된다.[7]

그러면 위의 두 가지 입장 중 어느 것을 취할 것인가에 대해서는 오늘날의 헌법의 민주적 통치구조라는 관점에서 볼 때 후자의 입장이 타당하다고 볼 것이다.[8] 여기서 후자의 입장을 취한다고 하여도 입법부가 행정조직의 존재양식 전체를 규율하는 것은 불가능하고 결국 기본적인 부분에 대해서는 법률로써 정하고 그 이외의 부분에 대해서는 폭넓게 행정권에 자신의 조직권능을 인정할 수밖에 없다. 그리고 그 경계선을 어디에 그을 것인가에 대해서는 입법부의 입법정책적 판단에 대부분을 맡겨야 할 것이다. 이때에 입법정책론으로써 고려해야 할 사항은 대체로 다음과 같은 두 가지 사항이다. 즉 행정조직의 민주적인 통제는 무엇을 위하여 또 어떠한 형식으로 행해져야 하는가 하는 점이다. 전자에 대해서는 행정조직의 비대화에 따르는 비능률·비경제에 대하여 입법부에 의한 견제가 필요하며 나아가 행정의 의사형성과정을 투명하게 함으로써 행정의 자의성을 배제할 필요성이 있다는 점을 들 수 있을 것이다. 후자의 경우는 어느 정도까지 입법부의 「법률」이라고 하는 형식이 필요한가 하는 점이 고려의 대상이다.

이와 관련하여 헌법 제96조는 「행정각부의 설치·조직과 직무범위는 법률로 정한다」라고 규정하여 행정조직과 법률의 근거문제에 관하여 입법적으로 해결하고 있다. 이 규정에 의해서 제정된 것이 바로 「정부조직법」이다. 그리고 정부조직법 제2조 제1항은 「중앙행정기관의 설치

---

7 藤田宙靖, 行政組織法, 良書普及会(1994), 51쪽

8 김도창, 일반 행정법론(하), 청운사(1993), 47-48쪽.

와 직무범위는 법률로 정한다」라고 규정하여 행정각부 이외의 중앙행정기관의 설치와 직무범위는 법률의 규정에 의할 것을 요구하고 있다. 또한 독립한 중앙행정기관인 선거관리위원회(헌법 제114조 제7항)와 대통령 소속 하에 있는 감사원(헌법 제100조)등의 조직·직무범위등 기타 필요한 사항에 대해서는 법률로 정하도록 되어 있다.

그런데 위와 같은 규정에 의해서 문제가 해결된 것은 아니다. 정부조직법 제2조 제1항의 규정에서 말하는 「법률」은 있는 그대로 해석한다면 정부조직법 이외의 법률을 가리킨다고 해야만 할 것이다. 만일 정부조직법 그 자체를 말한다고 할 경우에는 「이 법률」이라고 명확히 표기하여야만 한다. 만일 이와 같이 해석했을 경우 중앙행정기관인 행정각부의 설치와 직무범위를 규정하고 있는 법률은 현행법상 존재하지 않는다. 여기서 한발 양보하여(정부조직법의 규정내용을 보면 여기서 말하는 「법률」은 정부조직법을 말하는 것으로 생각된다.) 동법 제2조 제1항의 「법률」을 정부조직법이라고 해석하여도 문제는 그대로 남는다. 앞으로 검토해야 할 과제라고 하겠다(이 점에 대해서는 제2장 및 제3장 참조).

Ⅳ. 행정기관의 개념

행정조직법은 행정기관의 존재양식 및 상호관계를 규율하는 것이기 때문에 행정기관은 행정조직법상의 기초개념의 하나이다. 이것을 어떻게 구성할 것인가 또 그 단위를 어떻게 할 것인가에 관해서는 보편적인 룰rule이 존재하는 것은 아니지만 크게 두 가지 유형으로 분류할 수 있다.[9]

먼저 당해 행정기관과 사인과의 관계, 즉 외부관계를 기준으로 하여 행정기관을 파악하는 경우이다. 이것을 분류기준으로 하여 파악한 것이 작용법적 행정기관이다. 또 한 가지는 당해 행정기관과 사인과의 관계는 고려하지 않고 담당하는 사무(예를 들면, 기획재정, 외교 등)를 단위로 하여 행정기관을 파악하는 경우이다. 이처럼 사무배분의 관점에서 파악한 것을 사무배분적 행정기관이라고 한다.

이들 두 가지 행정기관의 개념은 각각 다른 관점에서 구성된 것이지만 실정법상에서 명확하게 구별되어 사용되고 있는 것은 아니다. 이하에서 이 두 가지 행정기관의 개념에 대해서 살펴보고자 한다.

1. 작용법적 기관개념

우리나라의 국가행정조직법 및 행정조직법에 관한 이론은 일본의 법제 및 학설의 영향을 강하게 받았다. 그런데 이 작용법적 기관개념은 독일의 영향 아래 메이지明治헌법시대의 일본행정법학에서 전개된 것으로 그 중심을 차지하고 있었던 것이 다름 아닌 국가행정기관으로서의 행정관청行政官廳의 개념이며 행정조직법의 이론도 주로 행정관청에 관한 이론을 중심으로 하여 전개되었다.[10] 이 개념은 제2차 대전 후에도 그대로 이어져 왔고 최근에 이르러 이에 대한 비판이 가해지고 그 결과 상당한 변화가 일어나고 있지만 여전히 실정법상에서 의미를 갖고 있다. 우리

9 塩野, 상게서, 19-20쪽.

10 稲葉馨, 行政組織の法理論, 弘文堂(1994), 200-244쪽.

나라의 경우에는 행정기관의 개념에 대하여 일부 논의가 있지만 본격적인 검토는 아직 이루어지고 있지 않아 행정관청의 개념은 교과서를 비롯한 학설, 실정법상에서 여전히 중심개념을 차지하고 있다. 그러나 실제로 정부조직법에서 이미 커다란 변화가 일어나고 있는데 단지 우리 학계에서 이를 발견하지 못하고 있을 뿐이다. 이 점에 대해서는 후술하기로 하고 여기서는 행정관청의 개념의 의의와 실정법상에서 어떠한 기능을 하고 있는지에 관하여 살펴보기로 한다.

1) 행정관청의 의의

행정관청이란 「국가를 위하여 행정에 관한 일정한 소장所掌사무에 관하여 스스로 국가의 의사를 결정하고 외부에 대하여 표시하는 권한을 갖는 행정기관」을 말한다. 즉, 이 개념의 기준은 스스로 국가의사를 결정·표시하는 권한을 갖는다고 하는 점에 있고 그 행정기관의 결정·표시하는 의사가 곧 국가의사로 인정되는 경우에 그것을 행정관청이라고 한다.[11] 그리고 행정관청법이론에서는 이 행정관청을 중핵中核으로 하여 그 주변에 보조기관, 자문기관, 집행기관 등이 배치된다. 그런데 이들 행정기관은 스스로 국가의사를 결정·표시하는 것이 아니라 행정관청에 의한 결정에 참가하거나 또는 행정관청에 의해 결정된 국가의사를 집행하는데 그친다. 예를 들면, 행정각부의 장관은 행정관청이지만 차관, 각종의 자문諮問적인 심의회, 의결적인 심의회 등은 각각 보조기관·자문기관·참여기관에 지나지 않는다. 이들은 어느 것도 행정관청은 아니다. 행정관청이 행정기관에 있어서 중심적인 지위에 있다는 말은 이것을 의

11 佐藤功, 行政組織法, 有斐閣(1985), 46쪽.

미한다. 이 점에서 작용법적 기관개념은 외부관계적인 것임과 동시에 극히 형식적인 틀이라고 할 수 있다. 여기서 형식적이라고 하는 것은 행정관청이 의사결정을 하는 내적內的프로세스에 관심을 갖지 않기 때문이다.[12]

행정작용법적 기관개념은 행정법학상에서 구성된 것으로 이에 관하여 규정된 특별한 법률이 있는 것은 아니다. 다만 행정소송법이나 개별행정작용법이 이 이론을 지탱해 주는 소재를 제공해주고 있다고 할 수 있다. 바꾸어 말하면, 이와 같은 행정기관개념이 국가행정조직에 관한 제정법에서 명백히 채용되고 있다고 할 수 없다. 오히려 정부조직법은 후술하는 바와 같이 사무배분적 기관개념을 채용하고 있다고 볼 수 있다.

2) 기능機能

행정관청개념 및 그것을 중핵中核으로 하는 행정관청법리가 현재의 행정법체계에 투영된 모습은 다음과 같다고 할 수 있다.[13] 즉 이 이론은 행정기관의 외부에 대한 권한의 발동의 단위에 주목하는데 이것은 법치주의를 기초로 하는 행정법학의 관심의 소재에 대응하는 것이다. 이것은 결국 국가권력의 발동에 대한 법적 통제에 중점을 둔 것이며 작용법, 구제법救濟法에서 그 활동의 단위가 행정관청으로서 파악되고 있기 때문에 행정조직법차원에서도 자연히 그대로 반영되게 된다. 이와 같은 입장에 서 있는 행정관청법리는 오직 행정관청에 법률에 의해서 부여된 권한의 행사 특히 법적 행위형식으로서의 행정행위를 할 수 있는 권한

---

12 塩野, 상게서, 20-21쪽.

13 塩野, 상게서, 22-23쪽.

을 당해 행정관청 이외의 기관의 행사의 허용성, 법적 존재양식을 문제로 삼는다. 이것은 행정법일반이론이 법적 행위형식으로서의 행정행위를 중심으로 이루어져 있다는 사실을 반영하고 있는 것이다.

2. 사무배분적 기관개념

1) 내용

작용법적 기관개념은 앞서 살펴본 것처럼 행정관청 내지 행정조직을 국가의사라고 하는 관점에서 법적으로 파악하려고 하는 입장이다. 이에 반해서 사무배분적事務配分的 기관개념機關概念은 행정조직을 실제적實際的·기능적機能的으로 파악하려는 것으로 이른바 미국적인 행정기관의 개념이다.[14]

미국의 행정조직이론에서는 행정관청이라는 개념은 나타나지 않으며 행정조직의 구성에 있어서 기초적 개념이 되고 있는 것은 오히려 「직職」이라고 하는 개념이다. 그리고 바로 이 「직職」의 개념이 행정조직의 구성단위構成單位가 된다. 즉 국가의 모든 사무를 어떻게 분류하고 그것을 어느 직職의 사무로 할 것인가 또는 어떠한 직職을 설치할 것인가, 그리하여 이들 직職을 어떠한 기준으로 결합시켜 큰 단위를 만들 것인가 등의 과정이 행정부처行政部處의 구성과정이다. 즉 사무배분과 결합의 체계가 행정조직을 형성한다고 할 수 있다. 이들 직職 및 이 직職들의 집합체集合體를 이른바 행정기관(Administrative Organ)이라고 할 수 있지만

14 佐藤, 상게서, 52쪽.

이 경우에 독일적인 행정기관 내지 행정관청의 개념과는 달리 사무事務 내지 기능機能의 체계에 있어서 기초적 단위라는 점에 그 특징이 있다.[15]

이들 행정조직 중 집합체로서 가장 크고 중요한 행정기관이 다름 아닌 부처部處이다. 이 부처의 장관은 부처部處를 구성하는 한 단위單位로서 장長의 지위地位를 차지하고 있을 뿐이다. 따라서 장長의 권한과 부처部處의 소장사무所掌事務는 구별된다. 이 점은 각 부처部處의 소장사무는 각 부처部處의 장관의 소장사무이며 그 소장 사무의 수행은 모두 각 부처部處의 장관의 행위라고 하는 법적 구성을 취하는 독일적인 관청이론과는 다르다.

위와 같은 사무배분적 행정기관의 개념을 실제로 국가행정조직법에서 채용했을 경우 어떠한 효과가 있는가? 이하에서 간단히 살펴보기로 하자.

2) 채용의 효과

사무배분적 행정기관의 개념의 채용은 행정조직으로 하여금 유기적有機的인 총합체總合體로서 기능을 발휘하게 하고 이른바 행정관리의 사상을 도입할 수 있는 길을 열어 주었다는 점을 인정할 수 있다. 그러나 보다 구체적으로는 다음과 같은 효과를 기대할 수 있을 것이다. 즉 「법령으로 특별히 각 부처장관部處長官의 권한으로 규정되어 있는 경우를 제외하고는 소관사무에 관한 권한은 반드시 각 부처장관部處長官 스스로의 이름으로 행사할 것을 요하지 않으며 사무의 경중輕重에 비추어 각 부처장관部處長官이 정하는 바에 따라 보조기관補助機關 등에게 적절

15 佐藤, 상게서, 55쪽.

히 배분하여 행사하도록 할 수」있다. 즉, 단순히 이른바 내부위임 또는 위임전결委任專決 등이 아니라 권한의 위임이 넓게 인정될 수 있다는 것이다.[16]

둘째로 행정과제 혹은 행정사무를 외부관계, 내부관계로 구별하지 않고 전체로서 파악하여 이것을 어느 기관에 배분할 것인가에 관심을 갖는다. 또 외부와의 관계에 있어서도 법적 행위형식을 중심으로 삼아 온 행정관청법리行政官廳法理로는 적확的確하게 파악할 수 없는 계획, 행정지도 등과 같은 행위형식에 대해서도 독자적인 위치부여가 가능하다. 바꾸어 말하면 행정관청법리行政官廳法理에서는 행정관청과의 관계에서 파악되어 왔던 보조기관, 자문기관 등이 독자적인 존재의의를 갖게 된다.[17]

셋째로 위원회나 청廳과 같은 외국外局을 기초적인 행정기관으로 설치할 수 있다는 점이다. 행정관청이론에서는 외국外局은 장관의 관리管理 아래에 있는 부국部局 내지 기관機關으로 설령 부部, 처處의 개념을 사용한다고 하여도 부部, 처處의 내부구조內部構造인 점에서는 이른바 내국內局과 같은 지위에 있게 된다. 그런데 만약 국가행정조직법에서 이 외국外局을 격상시켜서 부部, 처處와 같은 레벨에 규정하게 된다면 이것은 종래의 행정관청이론에서 벗어나 외국外局은 하나의 독립적인 종합체의 위치를 차지하게 된다.[18]

마지막으로 이것은 위에서 언급한 세 가지 사항을 모두 포괄하는 것으로 이들 세 가지의 내용을 일반화, 추상화한 것으로 다음과 같은 점을 지

16 佐藤, 상게서, 151쪽.

17 塩野, 상게서, 25쪽.

적할 수 있다. 사무배분적 기관개념의 채용은 하이어라키hierarchy사상思想, 즉 행정기관의 모든 책임을 장長인 장관에게 귀속시키는 이론, 혹은 이것을 배경으로 하는 종래의 관청이론을 상대화하여 차관이나 국장 등과 같은 간부급幹部級기관機關에 대해서도 각각에 대하여 독자적인 임무와 책임을 명백히 함으로써 유기적有機的인 총합체總合體로서의 기능을 발휘시킬 수 있다는 점이다.[19] 이 점은 나아가 행정관청이론에 근거한 장長중심의 조직 운영이 갖는 권위주의적인 경직성을 완화하여 민주적인 조직운영으로 전환시킬 수 있는 하나의 계기가 될 수 있게 될 것이다.

3. 양자의 관계

작용법적 기관개념과 사무배분적 기관개념은 각각 관점을 달리 하며 현행법에서는 양자兩者가 병존하고 있다. 즉 사무배분적 기관개념은 행정조직법의 체계에서 행정관청의 개념은 행정작용법 내지 특히 행정쟁송법의 체계에서 각각 기능을 분담 또는 서로 보완하는 관계에 있다고 할 수 있다. 이처럼 실정법에서 양자를 동시에 채용하고 있는 그 자체를 비판할 성질의 것은 아니지만 현행법의 해석이나 입법을 할 경우에는 이 두 가지 행정기관개념의 구별 및 관계를 명확히 해둘 필요가 있을 것이다.

Ⅰ. 국가행정조직법의 개요

---

18 佐藤, 상게서, 150쪽.

19 杉村章三郎, 官庁理論と国家組織法, 自治研究(第34巻第5号), 20쪽.

제2장

국가행정조직법의 기본구조

국가행정은 대통령을 정점頂点으로 하여 통일적으로 처리된다. 이 행정 처리에 임하는 주체로서는 대통령 자신을 비롯하여 각종의 기관·단체가 있지만 이들은 대통령을 정점으로 하는 하나의 조직을 구성하고 있다. 간단히 말해서 국가의 활동으로 국회와 법원이 행하는 활동을 제외한 것은 직접적으로 어떠한 기관·단체의 손에서 처리되는가에 관계없이 그 결과에 대한 궁극적인 책임은 대통령이 지기 때문에[1] 국가행정의 중요한 임무를 담당하고 있는 기관·단체도 대통령이 책임을 질 수 있을 정도의 조직화가 필요하다는 것은 당연하다.

헌법의 규정을 보면 행정의 최고기관인 대통령(헌법 제4장 제1절)의 통할統轄 하에 행정부(헌법 제4장 제2절)가 있는데 이 행정부는 형식상으로 보면 국무총리와 국무위원(헌법 제4장 제2절 제1관), 국무회의(헌법 제4장 제2절 제2관), 행정각부(헌법 제4장 제2절 제3관), 그리고 감사원(헌법 제4장 제2절 제4관)으로 구성된다.[2] 그러나 이 행정조직의 편제編制는, 여기서 자세한 설명은 피하지만, 행정조직법의 구성원리의 하나인 분배의 원리에 맞지 않는다.[3] 다시 말해서 실제로 위의 행정부 내에서 국가행정

1 예를 들면 헌법 제65조를 들 수 있다.

2 헌법의 행정부에 관한 규정방식도 국가행정조직법의 의미에서 보면 논리성을 결하고 있다. 이 점에 대해서도 후술함.

3 여기서 문제가 되는 부분은 제4장 제2절 제2관의 국무회의와 같은 곳에 규정되어 있는 국가원로회의(헌법 제90조), 국가안전보장회의(헌법 제91조), 민주평화통일자문회의(헌법 제92조) 그리고 국민경제대책회의(헌법 제93조)는 대통령의 정책에 대한 심의와 자문 등의 기능을 수행하는 조직이므로 제4장 제1절의 대통령을 규정한 부분에 위치하여야 한다. 이것은 단순히 형식적인 차원의 문제가 아니라 행정조직이란 행정사무를 처

의 주된 사무를 처리하는 기관은 국무총리와 행정각부이다. 결국 대통령과 국무총리 그리고 행정각부는 국가행정을 행하기 위한 본래적인 국가행정기관으로 국가행정은 이들 기관을 통해서 행해지는 것을 기본으로 한다. 거기서 국가행정기관 또는 국가행정조직을 말할 경우에는 보통 이와 같은 기관 혹은 조직을 의미한다.[4]

물론 국가행정은 위의 국가행정조직에 의해서만 수행되는 것은 아니다. 국가행정의 많은 부분이 지방자치단체의 장長에게 위임되어 있는데(이른바 기관위임사무) 이 경우 지방자치단체의 장도 국가행정기관이며 지방자치단체 자신도 국가사무를 처리하고 있음(이른바 단체위임사무)은 다 아는 사실이다. 이 외에도 각종의 공사公社, 공단 및 특수법인 등도 국가행정을 처리하며 나아가 사인私人이 국가행정에 속하는 행위를 하는 경우도 있다.

이처럼 대통령을 정점으로 하여 구성되어 있는 국가행정을 위한 조직은 대통령과 국무총리 그리고 행정각부로 이루어진 본래적인 국가행정조직을 중핵으로 하고 있지만 그것보다는 훨씬 넓다. 이와 같은 조직의 전체를 넓은 의미에서의 국가행정조직이라고 할 수 있다. 그러나 이 장章에서는 편의상 중핵적인 부분만을 고찰의 대상으로 삼고자 한다.

리하기 위하여 존재한다는 전제에서 볼 때 중요한 의미를 갖는다. 이 점에 대해서는 제5장에서 후술함.

4 関道雄, 国家行政組織, 田中二郎外編, 行政法講座, 第四巻 行政組織, 有斐閣(1968), 67쪽.

Ⅱ. 국가행정사무의 배분

헌법은 국가행정조직 전체를 아우르는 개념으로 '정부'[5]라는 용어를 사용하고 있고 또 헌법 제66조 제4항은 「행정권은 대통령을 수반으로 하는 정부에 속한다」라고 규정하고 있다. 이것은 결국 '정부'라는 개념이 권력분립의 의미 즉, 헌법 제40조에서 입법권은 국회에 그리고 제101조에서 사법권은 법원에 속한다는 것에 대응하는 의미로서 뿐만 아니라 실체적인 존재로서 행정권을 담당하고 있는 주체가 될 수 있음을 나타내고 있다고 할 수 있다. 그러나 이 '정부'라는 개념은 위와 같은 의미(즉, 삼권분립에서 행정에 해당하는 의미뿐만 아니라 행정권을 담당하는 주체로서의 의미)로 제한 없이 쓰일 수 있는 것이 아니기 때문에 행정조직법상의 개념으로 사용할 경우에는 주의를 요한다. 즉, '정부'는 대통령과 행정부를 포괄적으로 가리키는 허구적 존재이지 행정기관이 아니다. 다시 말해서, 헌법 제66조 제4항의 '정부'는 단지 대통령과 행정부를 포괄적으로 지칭하는 용어로 최고행정기관이 아니며 따라서 행정권의 '주체'가 될 수 없다. 결국 행정권의 담당자는 대통령이라고 보아야 한다. 이에 대한 자세한 설명은 제3장으로 넘기지만 행정권의 귀속의 주체는 대통령으로 보는 것이 실정법상의 규정과도 일치하며 행정조직법상의 논의에서도 실질적인 의미를 지니게 된다.

---

5 '정부'라는 용어는, 후술하는 것처럼, 국가행정조직법상에서는 대외적인 의미로는 사용할 수 있지만 대내적인 의미에서는 사용할 수 없는 한계가 있다. 따라서 헌법 제66조 제4항의 규정이나 정부조직법 등에서의 '정부'라는 용어의 사용은 검토를 요한다.

이어서 검토를 요하는 것이 헌법 제66조 제4항에서 규정하고 있는 '행정권'에 대한 개념이다. 우리는 이 개념에 대한 논의를 소홀히 하고 있는데 이에 대한 정확한 이해는 행정조직법이론의 구축에도 매우 중요한 의미를 갖는다. 우리 학계에서는 이 개념이 대통령을 비롯한 행정기관이 행사할 수 있는 모든 권한을 지칭하는 것으로 보고 있는 것 같다. 그러나 헌법 제66조 제4항의 '행정권'과 행정각부 등이 행하는 행정활동은 그 내용과 성질이 다르기 때문에 구분해야 한다는 것이 필자의 입장이다. 즉, 전자의 '행정권'은 헌법에서 규정하고 있는 대통령의 권한과 직무 등, 즉 집정執政을 의미하는 것이고 후자는 의회가 제정한 법률에 의해서 창출되는 것으로 그 카테고리가 다르다(이에 대한 자세한 분석은 본서 제4장(Ⅱ) 부분을 참조).

이렇게 생각하면 헌법 제66조 제4항의 '행정권'은 대통령(헌법 제4장 제1절)에게 그리고 의회의 법률에 의해서 창출된 행정활동은 행정부(헌법 제4장 제2절)에 배분되어 처리된다. 즉, 대통령은 최고의 행정기관으로서 외교·국방·통일 기타 국가안위에 관한 중요정책의 국민투표 부의附議권(헌법 제72조), 조약의 체결·비준 및 외교관계의 처리(헌법 제73조), 국군의 통수(헌법 제74조), 대통령령의 발포(헌법 제75조), 긴급처분·명령(헌법 제76조), 계엄선포(헌법 제77조), 공무원의 임면(헌법 제78조), 사면·감형 또는 복권(헌법 제79조), 훈장 기타 영전의 수여(헌법 제80조) 등 헌법상, 법률상 대통령의 직무권한으로 되어 있는 사항을 처리한다. 그리고 헌법은 대통령의 권한으로 되어 있는 '행정권' 이외의 국가행정사무의 주된 부분에 대해서는 대통령의 일정한 관여하에 행정부로 하여금 처리하도록 규정하고 있다. 즉, 헌법은 「대통령의 국법상 행위는 문서로써 하며, 이 문서에는 국무총리와 관계 국무위원이 부서」하도록 규정하고(헌법 제82조), 또 「국무총리는 대통령을 보좌하며, 행정에 관하여 대통령의 명을 받아 행정각부를 통할」(헌법 제86조 제2항)한다고 규정하고 있다(밑줄은 필자). 국가행정사무는 실질적으로 이 행정각부에 의해서 처리되는데 헌법은 제4장 제2절 제3관에서 다음과 같이 규정하고 있다. 즉, 「행정각부의 장은 국무위원 중에서 국무총리의 제청으로 대통령이 임명한다」(헌법 제94조)는 것과 「국무총리 또는 행정각부의 장은 소관사무에 관하여 법률이나 대통령령의 위임 또는 직권으로 총리령 또는 부령을 발할 수 있다」(헌법 제95조)라는 규정이 그것이다. 위와 같은 헌법의 규정은 하나하나의 행정사무를 국무총리를 매개로 하여 대통령의 통할하에 국무위원이 각각 담당하게 된다는 것 그리고 행정처리를 하기 위하여 분화된 조직이 존재해야 한다는 것을 헌법은 예정하고 있다고 볼 수 있다. 다만 헌법은 「행정각부의 설치·조직과 직무범위는 법률로 정한다」(헌법 제96조)라고 규정함으로써 행정각부의 설치·조직과 범위는 별도의 법률로 넘기고 있다.

위와 같은 헌법의 규정에 부응하여 제정된 것이 정부조직법이다. 자세한 내용은 다음 장에서 살펴보고 여기서는 이해의 편의를 위하여 정부조직법의 편제에 대하여 간략히 설명하기로 한다. 정부조직법은 제1장 총칙, 제2장 대통령, 제3장 국무총리 그리고 제4장 행정각부로 되어 있다. 여기서 행정사무의 배분을 주된 내용으로 하고 있는 것이 제4장 행정각부이며 제2장 대통령과 제3장 국무총리의 항목은 사무배분과 아울러 외국外局과 보조기관에 대해서 규정하고 있다. 그리고 제1장 총칙은 중앙행정기관의 조직에 관한 내용이다. 따라서 총칙이 적용되는 것은 제4장 행정각부와 그에 속하는 외국外局으로서 중앙행정기관, 대통령과 국무총리에 소속된 중앙행정기관이다. 즉, 이 총칙은 대통령과 국무총리에게는 일부의 규정을 제외하고는 적용되지 않는 것이다. 이상에서 알 수 있는 것처럼 정부조직법을 읽는 방법은 편제의 역순으로 읽는 것이 논리적이라고 할 수 있다.

이어서 행정사무 배분에 있어서 중핵적인 위치를 차지하고 있는 제4장 행정각부에 관한 규정이다. 정부조직법 제26조 제1항은 「대통령의 통할하에 다음의 행정각부를 둔다」라고 규정하고 기획재정부부터 중소벤처기업부까지 19개 부部를 열거하고 있다. 이 규정을 보면 국가행정사무를 행정각부에 각각 배분한다는 명문규정은 없지만 위의 규정만으로도 충분히 그 의미를 파악할 수 있을 것이다.

III. 국가행정기관과 그 기구機構

1. 개요

이상에서 살펴본 것과 같은 방법으로 국가행정사무는 각 국가행정기관에 배분되는데 이어서 문제가 되는 것이 이들 국가행정기관이 사무를 처리하기 위하여 어떠한 조직을 가질 것인가 하는 점이다. 즉, 구체적으로 말하면, 국가행정사무를 처리하기 위하여 국가행정기관에 두게 되는 장長 이하 말단 직職까지 어떻게 계통적으로 조직화할 것인가의 문제이다. 여기서 정부조직법 제1조는 「이 법은 국가행정사무의 체계적이고 능률적인 수행을 위하여 국가행정기관의 설치·조직과 직무범위의 대강을 정함을 목적으로 한다」(밑줄은 필자)라고 규정하여 동법同法이 국가행정기관의 조직의 기준을 정하는 것을 주된 목적의 하나로 삼고 있음을 말해주고 있다. 이때에 정부조직법이 국가행정기관의 조직의 핵심적인 기준으로 제시하고 있는 것이 '중앙행정기관'이다. 즉, 정부조직법 제2조 제2항은 「중앙행정기관은 이 법과 다른 법률에 특별한 규정이 있는 경우를 제외하고는 부·처 및 청과 다음 각 호의 행정기관으로 하되, 중앙행정기관은 이 법 및 다음 각 호의 법률에 따르지 아니하고는 설치할 수 없다」라고 규정하고 있다. 바꾸어 말하면, 부部·처處 및 청廳(그리고 다른 법률의 특별한 규정에 의한 행정기관)의 형식을 취하고 있는 국가행정기관은 정부조직법이 '중앙행정기관'이라는 개념으로 포섭하여 규정하고 있는 행정기관의 조직의 내용에 따라서 편성된다. 정부조직법 제1장 총칙(제1조–제10조)이 바로 부部·처處 및 청廳 등의 행정기관, 즉 중앙행정기관의 조직의 내용에 관한 것이다. 다시 말하면, 행정기관의 내부에 설치하는 보조기관의 종류(동법 제2조 제3항), 보조기관의 직급職級(동법 제2조 제6항–제10항) 등을 비롯하여 행정기관의 외부에 위치하는 특별지방행정기관의 설치(동법 제3조), 부속기관의 설치(동법 제4조), 합의제행정기관의 설치(동법 제5조)에 관하여 원칙적으로 이들 중앙행정기관에 공통적으로 적용된다. 또 권한의 위임 또는 위탁(동법 제6조), 행정기관의 장長의 직무권한(동법 제7조), 공무원의 정원 등(동법 제8조), 예산조치의 병행(동법 제9조), 그리고 정부위원(동법 제10조)에 관한 규정도 이들 중앙행정기관에 역시 공통적으로 적용되는 것이다.

2. 대통령, 국무총리와 행정기구

국가행정기관의 조직의 기준을 고려함에 있어서 대상이 되는 기관으로는 대통령과 국무총리 그리고 행정각부를 들 수 있다. 정부조직법도 제2장에 대통령, 제3장에 국무총리 그리고 제4장에 행정각부를 각각 규정하고 있다. 그런데 이들 중에서 대통령과 국무총리는 행정각부와는 고려의 차원이 다르다. 즉, 대통령과 국무총리는 헌법에서 행정조직법상의 내용에 관하여 상당 부분이 이미 확정되어 있는 반면에 행정각부의 경우에는 아직 미지수인 상태이기 때문이다. 따라서 대통령과 국무총리의 경우에는 이 양자가 국가행정사무를 처리하는 것을 총괄적으로 관장함에 있어서 어떠한 형태의 행정조직을 이용하는가 하는 점이 문제가 된다. 다시 말하면, 대통령과 국무총리도 자신의 행정조직을 처리하는 행정조직으로 이하에서 설명하는 정부조직법이 행정각부의 기구형식으로 채택하고 있는 '중앙행정기관'의 형식을 얼마든지 이용할 수 있기 때문이다. 그러나 정부조직법은 이러한 방식을 취하지 않고 대통령과 국무총리 아래에 필요한 행정조직을 개별적으로 설치하는 데에 머물고 있다. 이 점에 대하여 정부조직법상의 규정을 간단히 살펴보기로 하자.

1) 대통령

대통령은 법령에 따라 모든 중앙행정기관의 장을 지휘·감독한다(동법 제11조 제1항). 대통령의 주된 사무는 행정각부의 지휘·감독, 즉 행정각부에 대한 종합조정기능이다.[6] 이에 대한 수단의 하나로 정부조직법은

6 대통령의 사무에 대한 자세한 설명에 대해서는 제5장, 참조.

「대통령은 국무총리와 중앙행정기관의 장의 명령이나 처분이 위법 또는 부당하다고 인정하면 이를 중지 또는 취소할 수 있다」(동조 제2항)라고 규정하고 있다.

대통령의 사무를 보조하는 행정기관은 헌법에도 규정되어 있지만 정부조직법상에 규정되어 있는 것으로는 국무회의(동법 제12조), 대통령비서실(동법 제14조), 국가안보실(동법 제15조), 대통령경호처(동법 제16조) 그리고 국가정보원(동법 제17조)이다. 이처럼 정부조직법은 대통령의 사무를 보조하는 행정조직을 개별적으로 두고 있을 뿐 이들 전체를 아우르는 조직은 설치하고 있지 않다. 이른바 세간에서 이러한 일을 하는 것으로 말해지고 있는 '대통령실'은 국가행정조직법상의 행정기관이 아니다.

2) 국무총리

국무총리는 대통령의 보좌기관(헌법 제87조 제2항)으로 「대통령의 명을 받아 각 중앙행정기관의 장을 지휘·감독한다」(정부조직법 제18조 제1항). 국무총리의 사무 역시 그 용어 자체가 설명하고 있듯이 종합조정기능이다. 이에 대한 수단으로 국무총리도 「중앙행정기관의 장의 명령이나 처분이 위법 또는 부당하다고 인정될 경우에는 대통령의 승인을 받아 이를 중지 또는 취소할 수 있다」(정부조직법 제19조 제2항). 국무총리의 사무처리와 관련하여 정부조직법상에 규정되어 있는 행정기관으로는 부총리(동법 제19조), 국무조정실(동법 제20조), 국무총리비서실(동법 제21조), 인사혁신처(동법 제22조의 3), 법제처(동법 제23조), 그리고 식품의약품안전처(동법 제25조)이다. 이처럼 국무총리의 경우에도 대통령과 마찬가지로 자신의 행정사무를 아우르기 위한 조직은 두고 있지 않다.

3) 중앙행정기관

앞서 살펴본 대로 정부조직법 제2조 제2항은 중앙행정기관으로 부部·처處 및 청廳 그리고 다른 법률에 특별한 규정이 있는 행정기관을 들고 있다. 이하에서 간단히 살펴보기로 하자.

(1) 부部

각부의 장長은 해당 부部의 이름에 '장관'을 붙인 명칭의 장관이다(예를 들면, 기획재정부장관, 교육부장관. 정부조직법 제26조 내지 제28조 등, 참조). 각부장관은 국무총리의 제청으로 대통령이 임명하는데(헌법 제94조), 대통령은 자신을 각부장관에 임명할 수 없다(헌법 제83조). 국무총리도 마찬가지로 각부장관에 임명될 수 없다(헌법 제88조 제2항, 제94조 등, 참조). 각부장관은 「소관사무를 통할하고 소속공무원을 지휘·감독」(정부조직법 제7조 제1항)한다. 또 국무회의에 의안의 제출 및 국무회의의 소집을 요구할 수 있으며(정부조직법 제12조 제3항), 위임 또는 직권으로 부령部令을 발할 수 있다(헌법 제95조).

각부에 반드시 두어야 하는 직職으로 차관이 있다(정부조직법 제26조 제2항). 차관은 장을 보좌하여 「소관사무를 통할하고 소속공무원을 지휘·감독」하며 장관이 사고로 직무를 수행할 수 없으면 그 직무를 대행한다(정부조직법 제7조 제2항).

현재, 부部는 기획재정, 교육, 과학기술정보통신, 외교, 통일, 법무, 국방, 행정안전, 국가보훈, 문화체육관광, 농림축산식품, 산업통상자원, 보건복지, 환경, 고용노동, 여성가족, 국토교통, 해양수산 그리고 중소벤처기업의 19부部이다(정부조직법 제26조 제1항).

(2) 처處

처處는 각 중앙행정기관에 공통된 기능으로서 국무총리의 중앙행정기관장에 대한 지휘·감독권에 근거하여 추진하거나 종합적으로 일관된 조정·통제가 필요한 업무를 관장하는 국무총리 소속하의 중앙행정기관이다.[7] 현재 국가보훈처, 인사혁신처, 법제처, 그리고 식품의약품안전처가 있는데 이들의 장長은 차관급이다. 국가보훈처장, 인사혁신처장, 법제처장 그리고 식품의약품안전처장은 필요한 경우 국무회의에 출석하여 발언할 수 있으며 소관사무에 관하여 국무총리에게 의안의 제출을 건의할 수 있다(정부조직법 제13조).

(3) 청廳

청廳은 각 부部가 담당하는 사무 또는 사업 중에서 업무량이 많음과 동시에 다른 사무나 사업과 상당히 명확하게 구분되는 일단一團의 사무·사업을 통일적으로 처리하기 위해서는 관계기구를 다른 기구와 평면적으로 나열하여 장관의 통제하에 두는 것보다 한 사람의 장長을 두어서 이를 장악하도록 하는 것이 능률적이라는 관점[8]에서 설치되는 중앙행정기관이다. 이처럼 청廳은 부部의 이른바 외국外局으로 설치되어 해당 부部의 기구에 포괄된다. 따라서 부部와 청廳은 양자가 중앙행정기관이라고 하여도 같은 레벨의 기관은 아니다.

---

7 김철용, 제10판 행정법Ⅱ, 박영사(2010), 48쪽.

8 閔, 앞의 논문, 73쪽, 참조.

(4) 다른 법률에 특별한 규정이 있는 경우

현재 부部·처處 및 청廳 이외에 중앙행정기관이라고 법률에 명시적으로 규정되어 있는 것으로는 방송통신위원회를 포함하여 9개 기관이 있다. 이 이외의 감사원이나 중앙인사위원회 등의 대통령직속기관과 국민고충처리위원회, 청소년보호위원회 등의 국무총리직속의 행정기관도 중앙행정기관이라고 하는 견해[9]가 있으나 현행 정부조직법은 이들이 중앙행정기관에 속하지 않는다는 것을 명시적으로 보여주고 있다(정부조직법 제2조 제2항, 참조). 이와 관련하여 여기서 한 가지 지적할 사항은 어느 행정기관이 중앙행정기관이라고 했을 경우 국가행정조직법상 의미를 갖는 것은 해당 행정기관의 조직이 정부조직법의 규정(특히 총칙부분)에 따라 구성된다는 점이다. 그런데 현재 우리나라의 상황을 보면 중앙행정기관으로 명시되어 있는 공정거래위원회와 금융위원회조차도 정부조직법이 아니라 「독점규제 및 공정거래에 관한 법률」과 「금융위원회의 설치 등에 관한 법률」의 규정에 따라 내부조직이 이루어지고 있다. 따라서 대체로 다른 법률에 규정되어 있는 위원회 등의 조직에 관해서 정부조직법에 일반적인 규정을 두지 않는 한 어느 행정기관을 중앙행정기관으로 파악할 실익은 매우 적다고 할 것이다.

(5) 내부조직

중앙행정기관이 소관사무를 실제로 수행하기 위해서는 위에서 언급한 기관의 장長 이외에 세부적인 내부조직이 필요하다. 이러한 요청에 따라 규정된 것이 정부조직법 제2조 제3항-제10항이다. 여기서 이들 내

---

9 김철용, 앞의 책, 43-45쪽.

용에 대한 자세한 설명은 생략하지만 규정상의 문제점에 대하여 간단히 언급하고자 한다.

정부조직법 제2조 제2항 내지 제4항과 동조 제4항이 규정하고 있는 대통령령에 해당하는 「행정기관의 조직과 정원에 관한 통칙」은 각각 다음과 같이 규정하고 있다.

제2조(중앙행정기관의 설치와 조직 등)

② 중앙행정기관은 이 법에 따라 설치된 부·처·청과 다음 각 호의 행정기관으로 하되, 중앙행정기관은 이 법 및 다음 각 호의 법률에 따르지 아니하고는 설치할 수 없다.

③ 중앙행정기관의 보조기관은 이 법과 다른 법률에 특별한 규정이 있는 경우를 제외하고는 차관·차장·실장·국장 및 과장으로 한다. 다만, 실장·국장 및 과장의 명칭은 대통령령으로 정하는 바에 따라 본부장·단장·부장·팀장 등으로 달리 정할 수 있으며, 실장·국장 및 과장의 명칭을 달리 정한 보조기관은 이 법을 적용할 때 실장·국장 및 과장으로 본다.

④ 제3항에 따른 보조기관의 설치와 사무분장은 법률로 정한 것을 제외하고는 대통령령으로 정한다. 다만, 과의 설치와 사무분장은 총리령 또는 부령으로 정할 수 있다. (밑줄은 필자)

• 행정기관의 조직과 정원에 관한 통칙 •

[시행 2023. 10. 12.] [대통령령 제33798호, 2023. 10. 10., 타법개정]

제14조(보조기관의 설치)

① 중앙행정기관에 국을 두는 경우에는 다음의 요건을 갖추어야 한다. 다만, 실(기획조정실은 제외한다)을 두는 경우에는 다음의 요건을 갖추되, 국으로서는 그 목적달성이 곤란하다고 인정되는 특별한 사유가 있는 경우에 둘 수 있다. 〈개정 2013. 3. 23.〉

1. 중앙행정기관의 소관업무를 업무의 성질이나 양에 따라 수개로 분담하여 수행할 필요가 있을 것
2. 업무의 한계가 분명하고 업무의 독자성과 계속성이 있을 것

② 실 또는 국 밑에는 소관업무를 업무의 양이나 성질에 따라 수개로 분담하여 수행할 필요가 있는 경우에 보조기관을 둘 수 있다.

⑤ 제2항에 따라 보조기관을 두는 경우 실 밑에는 국 또는 과, 국 밑에는 과를 둘 수 있다. 이 경우 실 밑에 두는 국에는 국장을 보좌하는 보좌기관을 둘 수 없다. 〈신설 2013. 3. 23.〉 (밑줄은 필자)

여기서 먼저 지적할 점은 위의 규정이 부部·처處 및 청廳의 차이를 고려하고 있지 않다는 것이다. 즉, 부部·처處 및 청廳이 모두 중앙행정기관이라고 불리고 있기는 하지만 이미 위에서 살펴본 것처럼 내부조직은 부部·처處 및 청廳이 각각 다르기 때문에 이들을 나누어서 별도로 규정해야 할 것이다.

또 하나의 문제는 정부조직법 제2조 각항의 규정방식이다. 동조 제2항은 부部·처處 및 청廳이라고 하여 사무배분적 행정기관의 개념[10]을 채용

10 제3장, 참조.

하고 있다. 그런데 제3항 이하 그리고 제4항이 규정하고 있는 대통령령에 해당하는 「행정기관의 조직과 정원에 관한 통칙」에서는 「실장」, 「국장」 등과 「실」, 「국」의 개념을 혼용하고 있다는 점이다. 전자는 작용법적 개념으로서 후자와는 다르기 때문에 바로잡아 사용해야 할 것이다.

(6) 특별지방행정기관

특별지방행정기관은 중앙행정기관의 주변에 위치하는 조직으로서 「업무의 관련성이나 지역적인 특수성에 따라 통합하여 수행함이 효율적이라고 인정되는 경우」에 설치되는 조직이다(정부조직법 제3조 제2항).

(7) 부속기관

부속기관은 중앙행정기관뿐만 아니라 그 밖의 국가행정기관에도 설치할 수 있는 조직으로 여기에는 「시험연구기관 · 교육훈련기관 · 문화기관 · 의료기관 · 제조기관 및 자문기관 등」이 있다(정부조직법 제4조).

(8) 합의제행정기관

행정기관에는 그 소관사무의 일부를 독립하여 수행할 필요가 있는 때에는 법률로 정하는 바에 따라 행정위원회 등 합의제행정기관을 둘 수 있다(정부조직법 제5조). 이 규정에 근거하여 합의제 행정기관인 이른바 행정위원회가 설치된다. 그러나 이 규정은 불충분한 규정방식으로 인하여 많은 법적인 문제를 야기시키고 있다. 이하에서 살펴보기로 하자.

먼저 정부조직법 제5조가 합의제행정기관을 설치할 수 있는 기관을 '중앙행정기관'이 아니라 '행정기관'이라는 용어를 사용하고 있다는 점에 주의해야 한다. 이것은 합의제행정기관을 설치할 수 있는 행정기관을 중앙행정기관에 한정하지 않고 그 밖의 국가행정기관, 즉 대통령이나 국무총리에도 설치가 가능하다는 의미이다.

둘째로 '독립하여 수행'한다고 할 경우 '독립'이 갖는 행정조직법상의 의미이다. 이 경우 행정위원회는 소속된 행정청과의 관계에서 볼 때 대등하지 않은 관계이다. 행정조직법상 대등하지 않은 행정기관의 관계에는 보조기관이나 보좌기관처럼 인사권은 물론 의사결정과정에까지 직접 개입이 가능한 직속, 인사권과 지휘감독권은 가지고 있지만 의사결정과정에 직접 개입할 수 없는 통할(예를 들면, 대통령과 행정각부와의 관계) 그리고 의사결정과정은 물론 지휘감독권도 행사할 수 없고 다만 인사권만을 가지고 있는 소할所轄이 있다.[11] 이렇게 볼 때 여기에서 '독립'이 갖는 의미는 합의제 행정기관, 즉 행정위원회의 탄생배경에 비추어 볼 때 '소할'이라고 할 수 있을 것이다.

마지막으로 이 합의제행정기관이 국가행정조직법의 관점에서 갖는 의미이다. 바꾸어 말하면, 이 행정위원회가 정부조직법 제2조 제2항에서 규정하고 있는 것처럼 법률로 규정을 하면 중앙행정기관이 될 수 있는지 그렇지 않으면 단지 의결기관이나 심의기관에 그치는 것인가 하는 문제이다. 지금까지 살펴본 것처럼 국가행정조직법의 주요한 법원法源을 이루는 헌법을 비롯한 정부조직법은 합의제행정기관인 행정위원회에 대하여 정부조직법 제5조 이외에는 언급하고 있지 않다. 이것은 반대해석을 하면 행정위원회는 법률의 규정에 따라 어떠한 형태의 행정기구로도 이용될 수 있다는 것을 의미한다고 할 것이다. 오히려 정부조직

11 졸고, 行政組織法의 基礎理論과 行政組織法, 법제연구 제17호(1999. 12.), 주)19(440-441쪽), 참조.

법상에 의결기관이나 심의기관 등에 관한 규정이 없는데 이 점은 동법이 국가행정조직법의 일반법에 해당한다는 점을 고려하면 입법론으로서 재고되어야 할 것이다. 현재 존재하는 행정위원회를 보면 법적 성격이 애매하여 과연 이 행정위원회가 중앙행정기관에 속하는지의 여부 등 국가행정조직법상 불분명한 행정위원회가 수 없이 존재한다(물론 현행 정부조직법 제2조 제2항의 규정에 의하여 형식적으로 해결된 점이기는 하다). 따라서 합의제 행정기관인 행정위원회에 대한 현재의 규정은 오히려 개정 이전의 정부조직법의 규정처럼 중앙행정기관의 형식으로 위원회를 추가하여 거기에 중앙행정기관으로서의 위원회의 행정조직에 관한 일반적인 규정을 두고 이와 병행하여 의결기관과 심의기관 등으로서의 행정위원회에 관한 규정도 명시하는 것이 바람직하다고 할 것이다. 이것은 형식적인 의미에서뿐만 아니라 실질적인 의미가 있다. 즉 만약 이러한 일반적인 규정이 법률로써 명시되어 있지 않으면 그때 그때의 정치적인 역학관계나 상황에 따라서 행정위원회의 조직 등이 달라지게 될 것이기 때문이다. 현재의 국가인권위원회나 부패방지위원회의 설립과정을 보면 이러한 점을 쉽게 이해할 수 있을 것이다.

이상에서 행정조직법의 이론에 따라 헌법과 정부조직법에 규정되어 있는 국가행정조직법의 기본구조를 간단하게 살펴보았다. 이 때의 분석의 시각은 '행정조직은 어디까지나 행정사무를 처리하기 위하여 존재한다'라는 기본명제基本命題에 바탕하고 있다. 그 결과 현행 국가행정조직법의 구조는 용어의 잘못된 사용은 물론 행정조직법의 이론에 비춰보아도 맞지 않는 부분이 많다는 것을 확인할 수 있었다. 시급한 검토가 필요한 사안이다.

제3장

정부조직법의 구조적 분석

Ⅰ. 국가행정조직법으로서의 정부조직법

국가행정조직에 관한 일반법이라고 할 수 있는 정부조직법은 1948년 7월 17일 제정된 이래 개정을 거듭하며 오늘에 이르고 있다. 그런데 이들 개정과정에서 논의되었던 내용은 정치적이며 기능적인 이야기가 주류를 이루었고 행정조직법적인 관점에서의 논의는 매우 부족하였다. 그 결과 현행 정부조직법은 행정조직법상의 관점에서 볼 때 많은 문제점을 안고 있다. 이하에서 살펴보면 알 수 있듯이 정부조직법은 명칭을 비롯하여 가장 기초적인 부분조차 정비되어 있지 않다. 이처럼 정부조직법이 개정을 거듭하면서도 부실함을 그대로 안고 있게 된 데 에는 행정조직법이론에 대한 연구를 다른 법 분야에 비해 소홀히 했기 때문이라고 생각한다.

이 장章에서는 위와 같은 문제의식을 염두에 두고 앞에서 살펴본 행정조직법상의 몇 가지 기초이론을 바탕으로 하여 정부조직법에 대하여 검토하고자 한다.

Ⅱ. 정부조직법의 명칭에 대한 검토

먼저 정부조직법의 명칭 그 자체에 대한 검토가 필요하다. 즉, 헌법 제66조 제4항은 「행정권은 대통령을 수반으로 하는 정부에 속한다」라고 규정하고 있다. 이것은 정부가 행정권의 주체主體임을 의미하며 제40조에서 입법권은 국회에 그리고 제101조에서 사법권은 법원에 속한다는 것에 대응하여 권력분립주의의 원칙의 일단을 보여주고 있다. 그러나 여기서 「정부」가 '행정권의 주체'라고 할 때 이것이 과연 무엇을 의미하는지 명확하지는 않다. 여기에는 세 가지 물음이 담겨 있다고 할 수 있다. 먼저 정부란 다양한 개념으로 쓰이고 있는데 여기서 말하는 「정부」란 구체적으로 무엇을 가리키는가 하는 점이다. 그리고 둘째로 '행정권의 주체'란 무엇을 의미하는가 하는 점과 마지막으로 여기서 말하는 「정부」의 개념이 행정권의 '주체'로서 적합한 것인지의 여부이다.

1. 허구虛構로서의 「정부」

헌법은 무엇을 가지고 「정부」를 구성하는가에 관해서는 명문규정을 두고 있지 않다. 그 대신에 제4장에 「정부」라는 장章을 포괄적으로 규정하고 있을 뿐이다. 이 제4장의 규정에 의하면 제66조 제4항에서 말하는 「정부」는 대통령(헌법 제4장 제1절)과 행정부(헌법 제4장 제2절)로 구성된다. 여기서 다시 행정부는 ①국무총리와 국무위원(헌법 제4장 제2절 제1관), ②국무회의(헌법 제4장 제2절 제2관), ③행정각부(헌법 제4장 제2절 제3관) 그리고 ④감사원(헌법 제4장 제2절 제4관)으로 구성되어 있다. 이렇게 볼 때 여기서 말하는 「정부」란 대통령을 비롯한 여러 기관機關을 하나로 뭉뚱그려서 부르는 명칭일 뿐 「정부」 자신은 독자적인 실체를 갖는 기관機關이 아니라는 사실을 알 수 있다. 다시 말해서 헌법에서 규정하고 있는 「정부」는 기관機關으로서의 실체를 갖추고 있지 못하는 '형식적인 존재', 즉 '허구'라고 할 수 있다. 이 점은 기관으로서 존재하기 위한 최소의 요건이라고 할 수 있는 조직組織, 직무職務, 권한權限 그리고 운영運營이라는 관점에서[1] 헌법과 정부조직법의 규정을 살펴보면 더욱더 명확하게 드러난다. 왜냐하면 헌법이나 정부조직법 어디에도 이들 요건을 충족시킬 만한 규정은 없기 때문이다. 먼저 조직에 대해서 말하면 앞서 설명한 대로 헌법에서는 정부의 조직에 대한 명문의 규정이 없을 뿐만 아니라 대통령과 행정부를 가지고 정부를 조직한다고 말할 수는 없을 것이다. 그리고 정부조직법은, 후술하는 것처럼, 동법同法 제1조의 목적규정에서도 알 수 있듯이 실제로 국가행정조직법이지 「정부」조직법은 아니다. 그리고 권한의 경우에도 헌법이나 법률은 「정부」에 권한을 부여하고 있지 않다. 직무와 운영에 대해서도 그 어디에도 그에 대한 규정은 없다.

그리고 원래 「정부」라는 용어는 역사적으로 사용되어 온 예例를 볼 때 어떠한 사물을 독점적으로 나타내는 것이 아니라 이미 일차적으로 존재하는 사물을 가리키는데 쓰여 왔다. 즉, 행정부라든가 내각內閣이라든가 또는 입법부·사법부를 포함해 널리 통치기관을 가리키는 예 등이 그것이다. 마찬가지로 우리 헌법에 규정된 「정부」의 의미도 위의 용례用例처럼 대통령과 행정부를 포괄적으로 가리키는데 지나지 않는다고 생각된다.

이처럼 헌법에 규정된 「정부」라는 용어는 입법권·사법권에 대응되는 의미, 즉, 대외적인 관점에서 사용되는데 그치고 있다고 할 수 있다. 즉, 「정부」라는 용어의 대내적인 의미에의 적용은 논리적으로 한계가 있다.

---

1 塩野宏, 行政法Ⅲ, 有斐閣(1995), 48-50쪽, 참조.

따라서 「정부」의 의미를 위와 같이 파악할 경우 「정부」라는 용어를 사용할 때에는 주의를 요한다. 즉, 다시 말해서, 정부라는 개념은 대외적인 존재를 전제로 하는 경우에 한해서 사용되어야 하며 대내적인 관계, 즉 행정조직법상의 의미에서 사용할 경우에는 극히 주의하지 않으면 안 된다.

예를 들면, 헌법 제88조 제1항은 「국무회의는 정부의 권한에 속하는 중요한 정책을 심의한다」라고 규정하고 있다. 이어서 제89조는 중요한 정책의 예를 열거하고 있는데 거기에 열거된 사항은 대통령을 비롯한 행정각부가 행사하는 권한이다. 그러나 앞서 언급한 것처럼 정부는 실제로 존재하지 않는 허구虛構이기 때문에 대내적인 차원에서 구체적인 권한을 갖거나 행위를 할 수 없고 단지 이 경우에는 정부를 구성하는 각 기관만이 권한을 갖고 행위를 할 수 있는 것이다. 따라서 헌법 제88조 제1항의 「정부의 권한」이라는 용어의 사용은 논리적으로 모순이다. 예를 들면 제88조 제1항은 대통령을 비롯한 행정각부를 정부로 표현하고 있는데 그 논리대로 한다면 국무회의도 정부를 구성하는 요소이기 때문에 제88조 제1항은 다음과 같이 바꿔 쓸 수 있을 것이다. 즉 「정부(=국무회의)는 정부의 권한에 속하는 중요한 정책을 심의한다」라는 식이 되고 만다. 이것은 결국 허구虛構로서의 「정부」를 이해하지 못한 데서 비롯된 것이다.

그리고 법률 제17646호인 「정부조직법」의 경우도 「정부」라는 명칭을 잘못 사용하고 있는 예이다. 동법同法 제1조(목적)는 「이 법은 국가행정사무의 체계적이고 능률적인 수행을 위하여 국가행정기관의 설치·조직과 직무범위의 대강을 정함을 목적으로 한다」고 규정하고 있다. 이것은 동법이 정부조직법이라는 명칭으로 되어 있지만 실제로 그 내용은 국가행정조직법임을 알 수 있다. 즉 동법은 헌법에 규정된 이른바 행정권의 귀속의 주체인 「정부」의 조직에 관한 법이 아니라 국가의 행정사무를 처리하는데 필요한 국가행정기관의 설치·조직 등에 관한 법이다. 따라서 이 '정부'조직법이라는 명칭은 부적절하다.

2. '행정권의 주체主體'의 의미

헌법 제66조 제4항은 「행정권은 대통령을 수반으로 하는 정부에 속한다」라고 규정하고 있다. 이 규정은 문장 그대로 받아들인다면 정부가 행정권의 주체임을 나타내고 있다. 그러나 이 경우 '행정권의 주체'가 무엇을 의미하는가가 문제가 된다.

앞서 언급한 것처럼(제2장 II), 헌법 제66조 제4항에서 규정하고 있는 '행정권'은 헌법에서 규정하고 있는 대통령의 권한과 직무 등, 즉 집정執政을 의미하는 것으로 보아야 한다. 따라서 이 행정권의 주체는 대통령이다. 그리고 이 집정執政에 행정각부에 대한 지휘·감독권(=통할권)이 포함되어 있는 것에서 알 수 있는 것처럼 행정권의 주체인 대통령은 국가행정을 수행하기 위한 행정기관의 조직인 국가행정조직의 정점頂點에 위치하는 최고행정기관이다. 이렇게 볼 때 헌법 제66조 제4항의 행정권의 '주체'로 규정된 「정부」는 논리적으로 맞지 않는 용어이다. 왜냐하면 이미 앞서서 살펴보았듯이 「정부」는 대통령과 행정부를 포괄적으로 가리키는 허구적 존재이지 행정기관이 아니기 때문이다.

헌법 제96조는 「행정각부의 설치·조직과 직무범위는 법률로 정한다」라고 규정하여 행정조직법정주의를 명시하고 있다. 이 규정에 의해서 제정된 것이 바로 「정부조직법」이다. 그리고 정부조직법 제2조 제1항은 「중앙행정기관의 설치와 직무범위는 법률로 정한다」(밑줄은 필자)라고 규정하여 행정각부 이외의 중앙행정기관의 설치와 직무범위는 법률의 규정에 의할 것을 요구하고 있다.

그런데 여기서 문제가 되는 것은 위의 규정에서 「법률」이 가지는 의미이다. 정부조직법 제2조 제1항의 규정에서 말하는 「법률」은 있는 그대로 해석한다면 정부조직법 이외의 법률을 가리킨다고 해야만 할 것이다. 만일 정부조직법 그 자체를 말한다고 할 경우에는 「이 법률」이라고 명확히 표기하여야만 할 것이다. 만일 이와 같이 해석했을 경우 중앙행정기관인 행정각부의 설치와 직무범위를 규정하고 있는 법률은 현행법상 존재하지 않는다. 여기서 한발 양보하여[2] 동법 제2조 제1항의 「법률」을 정부조직법이라고 해석하여도 문제는 그대로 남는다. 이 점에 대하여 살펴보기로 하자.

정부조직법 제26조 제1항은 「대통령의 통할하에 다음의 행정각부를 둔다」라고 규정하여 「기획재정부」에서 「중소벤처기업부」까지 19개부의 설치근거를 마련하고 있다. 그리고 동조 제2항은 「행정각부에 장관

2 정부조직법의 규정내용을 보면 여기서 말하는 「법률」은 정부조직법을 말하는 것으로 생각된다.

1명과 차관 1명을 두되, 장관은 국무위원으로 보하고 차관은 정무직으로 한다」라고 규정하고 있다. 그런데 문제는 직무범위와 각부各部의 조직에 관한 규정에 있다. 즉 다시 말하면 이들에 관해서 포괄적으로 규정하는데 그치고 있기 때문이다. 기획재정부를 예로 들어 보자.

정부조직법은 기획재정부의 직무범위와 조직에 관해서 다음과 같이 규정하고 있다.

제27조(기획재정부)

① 기획재정부장관은 중장기 국가발전전략수립, 경제·재정정책의 수립·총괄·조정, 예산·기금의 편성·집행·성과관리, 화폐·외환·국고·정부회계·내국세제·관세·국제금융, 공공기관 관리, 경제협력·국유재산·민간투자 및 국가채무에 관한 사무를 관장한다.

② 기획재정부에 차관보 1명을 둘 수 있다.

정부조직법 즉 법률에서는 위와 같이 기획재정부의 직무범위와 조직에 관해서 포괄적으로 규정하는데 그치고 실제로는 대통령령인 「기획재정부와 그 소속기관직제」에서 규정하고 있다. 「기획재정부와 그 소속기관직제」 제1조(목적)는 「이 영은 기획재정부와 그 소속기관의 조직 및 직무범위, 그 밖에 필요한 사항을 규정함을 목적으로 한다.」라고 규정하고 있다. 이와 같은 규정방식은 많은 문제점을 안고 있는데 그중에서 우선 주요한 두 가지 문제만 살펴보기로 한다.

먼저 직무범위에 관한 사항이다. 앞에서 이미 왜 행정조직의 편성에 대하여 법률로써 통제를 하여야 하는지 살펴보았듯이 정부조직법 제27조 제1항의 기획재정부의 직무범위에 관한 규정내용은 큰 의미가 없다 할 것이다. 왜냐하면 행정조직권을 법률로써 통제한다는 의미는 이를 의회의 통제 하에 둔다는 의미이기 때문이다. 동 규정의 내용은 단지 행정각부의 직무를 대략적으로 획정劃定하고 있는데 불과하다. 이러한 정도의 규정으로써는 위의 목적을 달성할 수 없다.

둘째로 조직에 관한 사항이다. 먼저, 정부조직법의 규정을 보자.

제2조(중앙행정기관의 설치와 조직 등)

③ 중앙행정기관의 보조기관은 이 법과 다른 법률에 특별한 규정이 있는 경우를 제외하고는 차관·차장·실장·국장 및 과장으로 한다. 다만, 실장·국장 및 과장의 명칭은 대통령령으로 정하는 바에 따라 본부장·단장·부장·팀장 등으로 달리 정할 수 있으며, 실장·국장 및 과장의 명칭을 달리 정한 보조기관은 이 법을 적용할 때 실장·국장 및 과장으로 본다.

④ 제3항에 따른 보조기관의 설치와 사무분장은 법률로 정한 것을 제외하고는 대통령령으로 정한다. 다만, 과의 설치와 사무분장은 총리령 또는 부령으로 정할 수 있다.

⑤ 행정각부에는 장관이 특히 지시하는 사항에 관하여 장관과 차관(제34조 제3항 및 제38조 제2항에 따라 행정안전부 및 산업통상자원부에 두는 본부장을 포함한다)을 직접 보좌하기 위하여 차관보를 둘 수 있으며, 중앙행정기관에는 그 기관의 장, 차관(제29조 제2항·제34조 제3항 및 제38조 제2항에 따라 과학기술정보통신부·행정안전부 및

산업통상자원부에 두는 본부장을 포함한다)·차장·실장·국장 밑에 정책의 기획, 계획의 입안, 연구·조사, 심사·평가 및 홍보 등을 통하여 그를 보좌하는 보좌기관을 대통령령으로 정하는 바에 따라 둘 수 있다. 다만, 과에 상당하는 보좌기관은 총리령 또는 부령으로 정할 수 있다.

위의 규정에서 제2조 제4항을 보면 제2조 제3항에서 규정하고 있는 보조기관의 설치와 사무분장은 법률로 정한 것을 제외하고는 대통령령으로 정하고 과課의 경우에는 총리령 또는 부령으로 정할 수 있도록 되어 있다. 거기서 위의 보조기관 중 그 설치를 법률로 정한 것을 보면 정부조직법 제26조 제2항에 규정된「차관」한 기관밖에 없다. 결국 차장·실장·국장의 설치는 대통령령으로 정하게 되어 있는 셈이다. 이것은 지금까지 논의해 온 행정조직의 편성을 의회의 통제 하에 두려는 취지에서 크게 벗어나는 것이다. 물론, 어느 정도의 단계까지를 법률에 유보할 것인지는 논의의 여지가 있지만 어쨌든 현재의 정부조직법 제2조 제4항의 규정은 검토를 필요로 한다.

이상에서 기획재정부를 예로 들어 행정조직의 편성에 대한 의회의 통제 즉 법률에 의한 규율이 어떻게 되어 있는지 살펴보았다. 행정조직의 편성을 규율하는 일반법은 정부조직법인데 거기에 규정되어 있는 내용은 포괄적으로 되어있어 극히 단편적일 뿐만 아니라 일관성마저 결여되어 있음을 알 수 있다. 그리고 거기서 무엇보다도 중대한 사실은 행정각부의 직무범위와 조직의 구성은 거의 대부분 대통령령에 의해서 정하도록 되어 있어서 행정조직편성권에 관하여 지나치게 많은 권한을 행정권에 부여하고 있다는 점이다. 따라서 이를 시정하기 위해서는 행정각부의 설치법을 행정각부마다 제정하여 직무의 범위와 조직의 구성에 관한 사항을 의회의 통제에 두도록 하여야 할 것이다.

Ⅳ. 행정기관의 개념과 정부조직법

1. 정부조직법상의 규정

행정기관의 개념은, 위에서 살펴본 대로, 이른바 권한배분을 기준으로 하는 작용법적 행정기관과 사무배분을 기준으로 하는 사무배분적 행정기관이 있음을 살펴보았다. 여기서 우리나라의 국가행정조직법의 일반법인 정부조직법에서는 어떠한 행정기관의 개념을 채용하고 있는가가 문제가 된다. 이 점에 대하여 우리나라의 거의 모든 교과서는 행정기관의 두 가지의 개념을 평면적으로 설명한 후 전통적인 방식에 따라 작용법적 행정관청법이론에 의거하여 설명하는데 그치고 있다. 그러나 이러한 고찰방법은 정부조직법이 불완전하기는 하지만 종래의 작용법적 행정기관(=행정관청) 개념으로부터 탈피하여 사무배분적 행정기관의 개념을 채용하고 있다는 사실을 간과하고 있다. 이하에서는 위와 같은 점을 염두에 두고 사무배분적 행정기관의 개념이 어떻게 정부조직법에 채용되어 있는지 그리고 또 문제점은 무엇인지 등에 관하여 살펴보기로 하자.

1) 사무배분적 기관개념의 채용

정부조직법은 제1조(목적)에서 「이 법은 국가행정사무의 체계적이고 능률적인 수행을 위하여 국가행정기관의 설치, 조직과 직무범위의 대강을 정함을 목적으로 한다」고 규정하고 있다. 이것은 동법同法이 이른바 행정기관과 사인私人과의 관계를 규율하기 위해서가 아니라 「행정사무」를 수행하기 위한 「행정기관」에 관한 사항을 규율하는 것을 목적으로 하고 있음을 나타내고 있다. 그리고 동법同法은 「행정관청」이나 「관청」 같은 용어를 배제하고 '행정기관' 및 '행정기관의 장長'(동법同法 제7조) 등의 용어를 사용하고 있다. 이러한 것들은 동법同法이 사무배분적 행정기관의 개념을 채용하고 있는 일단을 보여 주는 것이라고 할 수 있다. 그러나 위와 같은 취지를 가장 명확히 나타내주며 따라서 그러한 의미에 있어서 동법同法의 가장 중요한 규정은 제2조 제2항이다. 즉, 제2조 제2항은 「중앙행정기관은 이 법에 따라 설치된 부·처·청과 다음 각 호의 행정기관으로 하되, 중앙행정기관은 이 법 및 다음 각 호의 법률에 따르지 아니하고는 설치할 수 없다」라고 규정하고 있다. 이것은 동법同法이 부部, 처處 및 청廳을 기초적인 행정기관으로 삼고 있음을 나타내 주고 있다. 여기서 중요한 사실은 말할 것도 없이 기초적인 행정기관인 부部, 처處 및 청廳이 이른바 사무배분적 행정기관이라는 점이다. 그리고 나아가 동同규정規定은 중앙행정기관에 관한 일반규정이기 때문에 기초적인 중앙행정기관의 종류를 정하는데 그치지 않고 동법同法이 다른 법률에 특별한 규정이 없는 한 정부조직법제상의 중앙행정기관은 사무배분적 행정기관이라는 것을 전제로 하고 있음을 나타내 주고 있다고 볼 수 있다. 이처럼 국가행정조직법상의 행정기관은 사무배분적 행정기관임을 원칙으로 하고 있음을 이 조항은 선언하고 있는 것이다. 그런데 문제는 이

원칙이 정부조직법제상에서 일관성 있게 반영되어 있지 않고 매우 혼란된 양상을 보이고 있다는 점이다. 이하에서는 이 원칙과 관련하여 정부조직법제상의 문제점을 살펴보기로 한다.

2) 정부조직법 제2조 제2항과 정부조직법의 규정방식

여기서는 정부조직법 제2조제2항의 원칙을 기준으로 이 원칙이 정부조직법에 제대로 반영되어 있는지를 검토한다. 검토의 순서는 정부조직법의 규정된 순서에 따라 총칙과 각 중앙행정기관을 차례로 살펴본다.

(1) 총칙總則

총칙 중에서 먼저 검토해야 할 사항은 정부조직법 제2조 제2항 그 자체이다. 정부조직법 제2조 제2항은 다음과 같이 규정하고 있다.

제2조(중앙행정기관의 설치와 조직 등)

② 중앙행정기관은 이 법에 따라 설치된 부·처·청과 다음 각 호의 행정기관으로 하되, 중앙행정기관은 이 법 및 다음 각 호의 법률에 따르지 아니하고는 설치할 수 없다. <개정 2020. 6. 9., 2020. 8. 11., 2020. 12. 29., 2024. 1. 26.>

1. 「방송통신위원회의 설치 및 운영에 관한 법률」 제3조에 따른 방송통신위원회
2. 「독점규제 및 공정거래에 관한 법률」 제54조에 따른 공정거래위원회
3. 「부패방지 및 국민권익위원회의 설치와 운영에 관한 법률」 제11조에 따른 국민권익위원회

4. 「금융위원회의 설치 등에 관한 법률」 제3조에 따른 금융위원회
5. 「개인정보 보호법」 제7조에 따른 개인정보 보호위원회
6. 「원자력안전위원회의 설치 및 운영에 관한 법률」 제3조에 따른 원자력안전위원회
7. 「우주항공청의 설치 및 운영에 관한 특별법」 제6조에 따른 우주항공청
8. 「신행정수도 후속대책을 위한 연기·공주지역 행정중심복합도시 건설을 위한 특별법」 제38조에 따른 행정중심복합도시건설청
9. 「새만금사업 추진 및 지원에 관한 특별법」 제34조에 따른 새만금개발청

먼저 중앙행정기관의 개념 및 이를 논하는 실익에 대하여 살펴본다. 정부조직법은 중앙행정기관이 무엇을 의미하는가에 대하여 규정을 두고 있지 않으며 대신 대통령령인 「행정기관의 조직과 정원에 관한 통칙」이 다음과 같이 규정하고 있다.

행정기관의 조직과 정원에 관한 통칙 제2조 제1호

"중앙행정기관"이라 함은 국가의 행정사무를 담당하기 위하여 설치된 행정기관으로서 그 관할권의 범위가 전국에 미치는 행정기관을 말한다. 다만, 그 관할권의 범위가 전국에 미치더라도 다른 행정기관에 부속하여 이를 지원하는 행정기관은 제외한다.

이 규정은 무미건조할 뿐만 아니라 중복적이다. 중앙행정기관은 국가행정기관이고 당연히 그 관할권이 전국에 미친다. 따라서 이러한 무미건조한 규정을 명문화할 필요는 없다. 이미 앞 장에서 언급한 것처럼 정부조직법상의 중앙행정기관을 논하는 실익은 해당 행정기관의 조직이 정부조직법의 규정(특히 총칙 부분)에 따라 구성된다는 점이다(본서 제2장, 43쪽, 참조). 따라서 정부조직법 제2조 제2항은 동법의 적용을 받는 중앙행정기관에 속하는 단위 기관(현행법에 의하면 부·처·청 등)을 규정하는 것만으로 족하다고 할 것이다. 현행 정부조직법 제2조 제2항은 부·처·청 이외에 특별법에 의한 9개의 중앙행정기관을 열거하고 있다. 이것은 특별법에 의하여 새로운 중앙행정기관이 추가될 때마다 해당 규정을 개정해야 된다는 것을 의미한다. 실제로 「우주항공청의 설치 및 운영에 관한 특별법」 제6조에 따른 우주항공청의 설치에 따라 지난(2024년) 1월 26일에 해당규정이 개정되었다. 그런데 문제는 특별법에 의해 설치된 중앙행정기관의 조직은 특례규정이 많아 정부조직법상의 규정이 거의 적용되지 않는다는 점이다. 이처럼 해당 법이 적용되지 않는데도 불구하고 단지 관할권이 전국에 미친다는 점을 선언하기 위하여 계속 조문을 추가한다는 것은 매우 비생산적인 것으로 바람직한 입법방식이라고 할 수 없을 것이다.

따라서 정부조직법 제2조 제2항은 다음과 같은 내용으로 개정하는 것도 생각해 볼 만하다.

제2조(중앙행정기관의 설치와 조직 등)(안)

② 중앙행정기관은 부·처·청 및 위원회로 하고 그 설치와 폐지는 이 법

및 다른 법률에 규정하는 바에 따른다.

이렇게 규정하면 중앙행정기관이 정부조직법이나 특별법에 의하여 설치 또는 폐지되는 경우에도 위 조항은 개정할 필요가 없게 된다.

그러면 이어서 정부조직법 제2조 제3항과 동조同條 제4항의 규정에 대해서 살펴보자. 먼저 형식적인 것부터 지적하기로 하면 제3항과 제4항은 현재의 규정자체가 서로 모순되어 있다. 즉 제3항에서는 「과장課長」이라고 규정을 하고 제4항에서는 「과課」라고 규정되어 있기 때문이다. 이것은 과課와 과장課長의 소장所掌사무는 동일同一하다고 하는 「행정관청이론」의 관념에서 나온 것이다. 그러나 이것은 어느 쪽이 옳으냐를 떠나서(물론, 제2조 제2항과 관련하여 말하면, 과課의 용어를 사용해야 하지만), 형식적인 면에서 볼 때, 어느 한쪽으로 통일하여야 했을 것이다.

그러나 근본적인 문제는 제3항에 있다. 즉 제2조 제2항이 사무배분적 행정기관으로 되어 있는데 동조同條 제3항의 경우 보조기관補助機關으로서 차관·차장·실장·국장 또는 부장 및 과장 등을 열거하고 있다는 점이다. 그런데 이들 보조기관인 「차관·차장·실장 ….」 등은 이른바 직職에 해당하는 개념으로 앞에서 살펴본 것처럼 「행정관청」과 관련해서 사용되는 개념이다. 다시 말해서 제2조 제2항의 규정과 논리적으로 맞지 않는다. 따라서 이 부분은 실室·국局 또는 부部·과課 등으로 바꾸어야 한다.

다시 반복하지만 정부조직법은 국가행정사무를 배분하는 룰rule을 규정한 것이다. 이를 위하여 동법은 「부·처·청」이라는 사무배분적 기관개념을 채용하고 있는 것이다. 따라서 이 사무배분적 기관개념 아래에서는 「부·처·청」에 소장사무가 배분되고 이어서 「실室·국局·과課·계係·직職」, 특별지방행정기관(정부조직법 제3조), 부속기관(정부조직법 제4조) 그리고 합의제행정기관 등으로 재再배분된다(분배의 원리). 그리고, 다른 한편에서, 다수의 직職이 결합하여 계係가 되고 다시 계係가 모여 과課를 이루고 같은 방법으로 국局·실室·부部로 결합해 나가듯이 작은 사무배분단위가 조직되어 결합함으로써 보다 큰 사무배분단위로 조직되어 간다(결합의 원리). 이처럼 정부조직법 제3조와 제4조는 사무배분에 있어서 분배의 원리와 결합의 원리를 나타내는 것이기 때문에 여기서는 사무배분적 기관개념을 채용해야 한다.

(2) 대통령

대통령의 행정조직법상 주된 사무는 국가행정조직에 대한 종합조정이다(본서 제1장 Ⅱ. 2, 참조). 따라서 국가행정조직법에 해당하는 정부조직법상의 대통령에 관한 규정은 이 종합조정의 관점에서 규정되어야 할 것이다. 이와 관련해서는 다음과 같은 2가지 측면에서 살펴볼 필요가 있다. 첫째는 종합조정을 위한 대통령의 권한에 관한 사항이며 둘째는 이러한 권한을 합리적이고 효율적으로 행사할 수 있도록 하는 보좌補佐기관에 관한 사항이다.

전자前者에 대하여 말하면, 헌법에서 이미 주된 내용을 거의 규정하고 있고(헌법 제2절 행정부에 관한 규정, 참조), 정부조직법은 중앙행정기관의 장에 대한 지휘·감독권과 국무총리와 중앙행정기관의 장의 위법 또는 부당한 명령에 대한 중지·취소권을 규정하고 있다. 이 이외에도 중앙행정기관의 장 사이에 권한에 관한 문제가 발생했을 경우 이에 관한 판단을 할 수 있는 권한에 관한 규정이 필요한데 이 점은 헌법 제89조 제10호(행정각부 간의 권한의 획정), 제11호(정부안의 권한의 위임 또는 배정에 관한 기본계획) 그리고 제13호(행정각부의 중요한 정책의 수립과 조정) 등의 규정을 활용하면 될 것이다.

후자의 경우 헌법은 국가원로자문회의(헌법 제90조), 국가안전보장회의(헌법 제91조), 민주평화통일자문회의(헌법 제92조) 그리고 국민경제자문회의(헌법 제93조)에 관한 규정을 두고 있다. 이에 대하여 정부조직법은, 국무회의(동법 제12조, 제13조), 대통령비서실(동법 제14조), 국가안보실(동법 제15조), 대통령경호처(동법 제16조) 그리고 국가정보원(동법 제17조)에 대한 규정을 두고 있다. 이들 규정과 관련해서는 국가정보원법상 국가정보원의 직무범위 등에 관하여 논란이 있는 점 이외에 행정조직법상 두드러진 문제점은 없어 보인다. 다만, 예전에는 '청와대', 최근에는 '대통령실'이라는 행정조직법과는 관련이 없는 용어가 일반적으로 두루 쓰이고 있는데 이것은 행정조직법상의 대통령을 보좌하는 기관을 모두 아우를 수 있는 기관의 설치가 필요하다는 점을 반증하는 것이라고 말할 수 있을 것이다.

(3) 국무총리

국무총리는 정부조직법상 대통령을 보좌補佐하는 가장 높은 직위의 행정기관이다. 따라서 국무총리의 주된 행정사무는 대통령의 명命을 받아 행정각부를 종합조정하는 일이다. 이를 위하여 정부조직법은 국무총리에게 다음과 같은 권한을 부여하고 있다. 첫째로 국무총리는 대통령의 명命을 받아 각 중앙행정기관의 장을 지휘·감독할 수 있는 권한을 가지고 있다(정부조직법 제18조 제1항). 둘째로 국무총리는 대통령의 승인을 얻어 중앙행정기관의 장의 위법 또는 부당한 명령에 대한 중지·취소권을 행사할 수 있다(정부조직법 제18조 제2항). 마지막으로 국무총리는 기획재정부장관에 대하여는 경제정책, 교육부장관에 대하여는 교육·사회 및 문화 정책에 관하여 관계 중앙행정기관을 총괄·조정하도록 명할 수 있다(정부조직법 제19조 제4항, 제5항).

국무총리의 보좌기관으로는 국무조정실(정부조직법 제20조)과 국무총리비서실(정부조직법 제21조)이 있고 직속기관으로 인사혁신처(정부조직법 제22조의 3), 법제처(정부조직법 제23조) 그리고 식품의약품안전처(정부조직법 제25조)가 있다. 그런데 이 가운데 식품의약품안전처를 종합조정을 주된 사무로 하는 대통령의 보좌기관인 국무총리의 직속기관으로 두는 것이 바람직한 것인가에 대하여는 검토가 필요하다.

(4) 행정각부

행정각부에 관한 정부조직법상의 규정에도 정부조직법 제2조 제2항의 원칙이 관철되어 있지 않다. 즉, 행정각부의 직무범위와 외국外局의 설치에 관한 규정은 다음과 같은 내용으로 되어 있다. 여기서는 기획재정부에 관한 규정 즉 정부조직법 제27조 제1항과 동조 제5항을 다시 한번 예로 들어보기로 한다.

제27조(기획재정부)

① 기획재정부장관은 중장기 국가발전전략수립, 경제·재정정책의 수립·총괄·조정, 예산·기금의 편성·집행·성과관리, 화폐·외환·국고·정부회계·내국세제·관세·국제금융, 공공기관 관리, 경제협

력·국유재산·민간투자 및 국가채무에 관한 사무를 관장한다.

⑤ 관세의 부과·감면 및 징수와 수출입물품의 통관 및 밀수출입단속에 관한 사무를 관장하기 위하여 기획재정부장관 소속으로 관세청을 둔다.

먼저 직무범위에 관한 규정을 보면 타이틀은 '기획재정부'로 하고 본문에서는 '기획재정부장관'이라는 용어를 쓰고 있다. 여기서 '기획재정부'는 사무배분적 행정기관의 개념이고 '기획재정부장관'은 작용법적 행정기관의 개념이라는 것은 새삼스럽게 지적할 필요가 없을 것이다. 이처럼 '기획재정부'와 '기획재정부장관'을 구별하지 않고 교환적으로 사용하는 것은 이른바 「행정관청이론」에 의거한 것이다. 즉, 「행정관청이론」에서는 부部·처處의 소장所掌사무가 바로 각 부部·처處장관의 소장所掌사무이기 때문이다. 따라서 이 규정도 정부조직법 제2조 제2항의 원칙에서 벗어나고 있다. 이 원칙에 적합한 규정을 하려면 '기획재정부장관'이라는 용어 대신에 '기획재정부'라는 용어를 사용하여야 한다.

동조同條 제5항의 외국外局의 설치에 관한 조항에 대해서도 직무범위에 관한 규정에서 지적한 내용이 그대로 타당하다. 즉 정부조직법 제2조 제2항의 원칙에 부합된 규정이 되기 위해서는 역시 '기획재정부장관' 대신에 '기획재정부'라는 용어를 사용해야 한다.

이상에서 행정조직법을 이해하는데 기초가 되는 이론, 즉 행정조직법의 전제로서의 「정부」의 의미, 정부조직법과 행정조직법정주의 그리고 행정기관의 개념과 정부조직법에 대해서 살펴보았다.

행정권의 귀속의 주체인 「정부」가 행정조직법을 전제로 했을 경우 기관으로서 실체를 갖지 못하는 허구적인 존재로 이로 인하여 헌법을 비롯한 정부조직법에 있어서 체계적인 입법이 이루어지지 못하는 원인이 되고 있음을 알 수 있었다. 이 점은 국가행정조직법을 논의하기 위한 출발점이자 필수적인 전제가 되기 때문에 진지한 검토가 이루어져야 할 것이다.

정부조직법과 행정조직법정주의와 관련해서도 역시 형식적인 면에서는 물론 실질적인 의미에 있어서도 체계적으로 규정되어 있지 않다. 그중에서 특히 문제가 되는 것은 행정각부의 직무범위 및 설치근거 등에 대해서 정부조직법에서 단 한 조문으로 규정하고 나머지 사항에 대해서는 대통령령인 '각부와 그 소속기관직제'로 처리하고 있다는 점이다. 이러한 입법방식은 행정조직편성권에 대한 입법의 통제를 규정한 헌법 제96조의 규정에 비추어 볼 때 위헌違憲의 소지를 안고 있다고 할 수 있다.

마지막으로 행정기관의 개념과 정부조직법에 관한 사항이다. 행정기관에는 두 가지 개념 즉 작용법적 행정기관과 사무배분적 행정기관이 있고 실정법상으로도 서로 병존하고 있다. 따라서 입법이나 법률의 해석을 할 경우에는 이들 양자에 대한 명확한 구별이 필요하다. 그러나 정부조직법을 비롯한 일반 행정작용법의 규정을 보면 이들에 대한 기본개념의 인식부족으로 입법체계가 매우 혼란스러운 상태에 있음을 알았다. 역시 시급한 검토가 필요하다고 할 것이다.

제4장

국가행정조직에 대한 헌법상의 규율

이 장章에서는 국가행정조직법의 최상위 규범인 헌법이 행정조직을 규율하는 내용이 무엇인가에 대하여 살펴보고자 한다. 이 테마는 「고위공직자범죄수사처」(이하, 공수처라 칭함)의 설치(2020년)[1]와 법무부 인사정보관리단(2022년) 및 행정안전부의 경찰국 신설(2022년)[2] 등을 둘러싸고 최근 몇 년 사이 우리 사회에서 진행되고 있는 논란에 촉발되어 다루게 되었다. 논의의 쟁점은 이들 기관 내지 조직의 설치와 신설이 국가행정조직에 대하여 헌법에서 규율하고 있는 내용을 넘어서는 위헌적인 것은 아닌가 하는 점이다.

이 점과 관련하여 사실 헌법은, 아래에서 살펴보는 것처럼, 행정조직법정주의(헌법 제96조) 이외에는 명시적으로 이렇다 할 언급을 하고 있지 않다. 따라서 헌법 제4장 정부에 관한 규정을 중심으로 해석을 통해 이 문제에 대한 답을 찾을 수밖에 없다. 그리고 분석의 관점 또한 논자에 따라 다양한 시각視角이 있을 수 있으나 필자는 ① 권력분립론과 ② 행정조직법의 구성원리에 바탕한 민주적 통제라는 관점에서 논의를 전개하고자 한다.

---

1 헌법재판소, 2021. 1. 28. 2020헌마264·681(병합)〔고위공직자범죄수사처 설치 및 운영에 관한 법률위헌확인〕, 참조.

2 법무부 인사정보관리단 및 행정안전부의 경찰국 신설을 둘러싼 논의에 대해서는, 이민영, 정부조직에서 중앙행정기관의 권한규율－법무부 인사정보관리단 및 행정안전부의 경찰국 신설 사례를 중심으로－, 홍익법학 23(3)(2022.09), 참조.

Ⅰ. 국가행정조직에 관한 헌법상의 규정

우리 헌법은 국가행정조직법(≒정부조직법)에 관한 기본적인 사항만을 규정해 놓고 있다. 논의의 편의를 위해 그 내용을 간단히 정리하면 다음과 같다.

헌법은 국가행정조직 전체를 아우르는 개념으로 제4장 타이틀로 '정부'라는 용어를 사용하고 이어서 헌법 제66조 제4항은 「행정권은 대통령을 수반으로 하는 정부에 속한다」라고 규정하고 있다. 그런데 헌법은 정부에 포함되는 요소로 대통령(제4장 제1절)과 행정부(제4장 제2절)를 들고 다시 후자에 국무총리와 국무위원(제4장 제2절 제1관), 국무회의(제4장 제2절 제2관), 행정각부(제4장 제2절 제3관) 그리고 감사원(제4장 제2절 제4관)을 위치시키고 있다. 즉, 헌법은 대통령을 정점으로 하여 위의 각 요소들과의 관련 속에서 행정권을 행사하도록 하고 있는 것이다.

행정권은 대략 다음과 같은 방식으로 행해진다. 즉, 대통령이 국무총리의 보좌를 받아 행정각부를 통할統轄하고(헌법 제86조 제2항), 정부의 권한에 속하는 중요한 정책(헌법 제88조 제1항)에 대해서는 국무회의의 심의를 거쳐 처리한다(헌법 제89조). 이때 대통령은 국법상 행위에 대해서는 문서로써 하여야 하며, 이 문서에는 국무총리와 관계 국무위원이 부서副署하도록 되어 있다(헌법 제82조). 그리고 이 과정에서 헌법의 규정에 의하여 설치된 각종 자문회의의 자문을 받을 수 있다(헌법 제90조-제93조).

한편, 헌법은 행정사무의 처리에 관한 규정은 두고 있지 않지만 위의 행정권 행사에 관한 규정을 통하여 다음과 같이 추론할 수 있다. 즉, 행정사무는 국무총리를 매개로 하여 대통령의 통할統轄하에 국무위원이 각각 담당하게 된다는 것, 그리고 행정사무를 처리 하기 위하여 분화된 조직이 존재해야 한다는 것을 헌법은 예정하고 있다고 볼 수 있다. 다만 헌법은 「행정각부의 설치·조직과 직무범위는 법률로 정한다」(헌법 제96조)라고 규정함으로써 행정각부의 설치·조직과 범위는 별도의 법률에 넘기고 있다. 위와 같은 헌법의 규정에 부응하여 제정된 것이 정부조직법이다.

그런데 지금까지의 이야기에 의하면 이 장章의 테마인 국가행정조직에 관한 헌법상의 규율은 헌법 제96조의 규정, 즉 이른바 「행정조직법정주의」 단 한 가지만이 눈에 띄게 된다. 따라서 앞서 언급한 것처럼 헌법 제4장 정부의 규정에 대한 해석작업이 필요하게 된다.

Ⅱ. 국가행정조직에 대한 규율의 고리로서의 「권력분립론」

헌법은 국가행정조직 전체를 아우르는 개념으로 제4장 타이틀로 '정부'라는 용어를 사용하고 이어서 헌법 제66조 제4항은 「행정권은 대통령을 수반으로 하는 정부에 속한다」라고 규정하고 있다. 이것은 '정부'가 권력분립의 의미 즉, 헌법 제40조에서 입법권은 국회에 그리고 제101조에서 사법권은 법원에 속한다는 것에 대응하는 규정이다. 그런데 앞으로의 논의를 진행하기 위해서는 헌법 제66조 제4항에서 규정하고 있는 「행정권」의 개념이 무엇이며, 또 이 「행정권」의 행사와 관련하여 '정부'와 '대통령'의 관계가 무엇인가 하는 점이 문제가 된다. 이 점에 대해서는 이미 앞에서 자세히 밝히고 있지만(제2장, 제3장) '정부'는 「행정권」 행사의 주체가 될 수 없다. 그 이유에는 여러 가지가 있지만 여기서는 무엇보다도 헌법 제4장에서 규정하는 '정부'는 조직組織, 직무職務, 권한權限 그리고 운영運營이라는 기관으로서 존재하기 위한 최소한의 요건[3]을 갖추고 있지 못하기 때문이라는 점만을 지적해 둔다. 이처럼 헌법 제66조 제4항의 '정부'는 단지 대통령과 행정부를 포괄적으로 지칭하는 용어일 뿐 최고행정기관이 아니며 따라서 행정권 행사의 '주체'가 될 수 없다. 결국 행정권의 행사의 주체는 대통령이라고 보아야 한다.[4] 행정권의 행사의 주체를 대통령으로 보는 것이 실정법상의 규정과 정합整合성을 유지할 수 있으며 행정조직법상의 논의에서도 실질적인 의미를 지니게 된다.

이어서 「행정권」의 개념에 대해서이다. 이 개념 역시 권력분립의 의미 등을 논할 때 반드시 규명되어야 할 사안이지만 공법학계에서는 이상할 정도로 침묵을 지키고 있다. 이것은 아마도 행정법학에서 행정작용을 염두에 두고 전개된 전통적인 행정의 개념(그것이 적극설이든 소극설(=공제설)이든 관계없이)으로 충분하다는 생각에서 비롯된 것은 아닌가 추측된다. 그러나 이하에서 살펴보는 것처럼 헌법 제66조 제4항에서 말하는 '행정권'에서의 '행정'은 '집정執政'을 의미하는 것으로 행정법학에서 주로 행정작용을 염두에 두고 정의하는 '행정'의 개념과는 다르다.[5]

---

3 塩野宏, 行政法Ⅲ, 有斐閣(1995), 48-50쪽, 참조.

4 이 점은 헌법재판소도 같은 입장이다. 대통령직속기관의 설치와 직무범위(헌재 1994. 4. 28. 89헌마 221 [각하·합헌]), 참조.

5 헌법 제66조 제4항의 「행정권」이 집정(執政)권에 해당한다는 이론은 다음과 같은 글에서 많은 시사점을 얻었다. 坂本昌成, 議員内閣制における執政·行政·業務, 佐藤幸治外

이하에서 항을 바꾸어 설명하기로 한다.

1. 헌법 제66조 제4항에서 규정하는 「행정권」의 개념

우리나라 공법학계가 「행정권」의 개념에 대하여 큰 관심을 보이고 있지 않는 배경에는 해당 개념이 행정법학에서 사용되고 있는 그것과 같다는 사고가 자리하고 있는 것 같다. 즉, 둘 다 모두 같은 개념인데 굳이 이를 구별하는 불필요한 노력을 기울일 필요가 있는가 하는 생각인 것이다. 실제로 드물게 이 개념에 대하여 언급하고 있는 학자들도 위와 같은 입장에서 논의를 전개하고 있다. 예를 들면, 성낙인 교수는 위의 행정권의 개념에 대하여 이를 실질설과 형식설로 나누어 설명하고 있다. 그리고 실질설에 의한 행정권의 개념이란 「법 아래에서 법의 규제를 받으면서 국가목적을 적극적으로 실현하기 위하여 전체로서 통일성을 가진 계속적이고 형성적인 국가작용」이라는 정의를 제시한다. 그리고 이어서 형식설에 의한 행정권이란 「입법 기관과 사법기관의 작용을 제외한 모든 형식의 국가작용」이라고 설명한다. 그리고 결론적으로 헌법 제66조 제4항의 행정권을 형식설에 입각하여 '제4장 정부의 작용'이라는 입장을 견지하고 있다.[6] 한편, 홍정선 교수 역시 위의 행정권의 개념을 형식적 의미로 파악하여 행정부에 속하는 기관에 의하여 행해지는 일체의 작용을

編､憲法五十年の展望, 有斐閣(1998). 中川丈久, 상게논문. 石川健治, 執政·市民·自治ー現代統治論にとっての『金枝編』とは, 法律時報 第69巻第6号.

6 성낙인, 제21판 헌법학, 법문사(2021), 609쪽.

의미하는 것으로 보고 있다.[7]

그러나 필자는 이제 발상의 전환이 필요한 때라고 생각한다. 종래의 논의에서 알 수 있는 것처럼 행정권 내지 행정의 개념은 매우 다양하게 이해될 수 있기 때문에 이를 어떠한 맥락과 관점에서 파악하느냐가 중요하다. 즉, 위의 개념을 제도적인 관점에서 이해할 것인가, 그렇지 않으면 순수하게 이론상의 관점에서 이해할 것인가 하는 점이 먼저 전제되어야 한다.[8] 지금까지의 논의가 비생산적이었던 것은 바로 이 점을 간과하고 주로 후자의 관점에서 전개되었기 때문이라고 생각한다.

따라서 헌법 제66조 제4항에서 규정하고 있는 「행정권」의 개념을 순수한 이론상의 관점이 아니라 헌법이라는 틀 안에서 제도적으로 이해할 필요가 있다. 즉, 「행정권」의 개념은 헌법의 규정을 바탕으로 그 맥락 속에서 해석되어야 한다는 말이 된다. 이러한 관점에서 헌법 규정을 구체적으로 살펴볼 경우 「행정권」은 결국, 헌법에서 규정하고 있는 대통령의 권한과 일치한다고 필자는 보고 있다. 즉, 대통령이 정부의 수반의 지위에서 행사하는 외교·국방·통일 기타 국가안위에 관한 중요정책의 국민투표 부의附議권(헌법 제72조), 조약의 체결·비준 및 외교관계의 처리(헌법 제73조), 국군의 통수(헌법 제74조), 대통령령의 발포(헌법 제75조), 긴급처분·명령(헌법 제76조), 계엄선포(헌법 제77조), 공무원의 임면(헌법 제78조), 사면·감형 또는 복권(헌법 제79조), 훈장 기타 영전의 수여(헌법 제80조) 등과 국무총리를 보좌기관으로 하여 행사하는 행정부에 대한 통할統轄권(헌법 제86조 제2항) 등(헌법 제4장 제2관)이 이에 속한다.[9]

---

7 홍정선, 코멘탈 헌법(김철수 편), 법원사(1988), 367-369쪽.

8 小早川光郎, 行政法(上), 弘文堂(1999), 4-5쪽, 참조.

여기서 필자가 하고 싶은 이야기는 헌법 제66조 제4항에서 규정하고 있는 「행정권」의 개념은 행정법학의 주된 대상인 행정작용을 염두에 두고 정의되고 있는 '행정'과 서로 차원이 다른 개념이기 때문에 구분해서 사용해야 한다는 점이다. 그 이유는 전자는, 앞서 살펴본 것처럼, 헌법에 의해서 창출創出된 개념인 반면 후자는 법률에 의해서 창출되기 때문이다. 다시 말하면, 전자의 「행정권」은 이른바 집정執政권에 해당하는 것으로 '행정활동'으로 부를 수 있는 후자의 '행정'과는 그 질質이 다르다고 할 수 있다.[10]

이처럼 헌법 제66조 제4항에서 규정하고 있는 「행정권」을 집정권으로 이해했을 때 헌법 제40조의 입법권, 제101조의 사법권과 균형을 이루는 해석이 가능하다. 따라서 삼권분립이란 헌법 제40조의 입법권과 제101조의 사법권이 제66조 제4항의 「행정권」 즉, 집정권을 침탈해서는 아니 되며, 같은 논리로 사법권과 집정권이 법률의 제정으로 입법권(헌법 제75조와 제76조에 의한 경우를 제외함)을, 그리고 입법권과 집정권이 「법률상의 쟁송」(법원조직법 제2조)에 대하여 최종적인 판단권을 행사하거나 영장발부권을 행사하여 사법권을 침탈해서는 안 된다는 의미로 이해해야 한다.

후술하는 것처럼, 집정권 이외의 행정활동에 대해서는 입법권과 사법권이 다양한 형태로 통제 또는 협조하면서 현대 행정의 수요에 부응하고 있다. 이것이 이른바 「기능적 권력분립론」이다.

---

9 이 점은 헌법 제89조에서 열거하고 있는 국무회의 심의사항을 살펴보면 쉽게 이해할 수 있다. 즉, 여기에 열거되어 있는 사항은 대통령이 행정권의 행사자로서 행사하는 전형적인 사례이기 때문이다.

10 中川, 상게논문, 154-156쪽, 참조.

2. 오토 마이어와 권력분립

한국 행정법의 근간을 이루는 법치주의 내지 법치행정의 원리에 대한 이론은 오토마이어의 「법률에 의한 행정의 원리」에서 구하는 것이 보통이다. 오토마이어의 이 개념은 다시 세 가지 요소로 분화된다. 즉, 「법률의 법규창조력」, 「법률의 우위」 그리고 「법률유보」가 그것이다.[11] 그런데 이들 세 가지 개념은 의회권력과 군주권력과의 관계 속에서 구상되었다.[12] 먼저 「법률의 법규창조력」에 대해서 살펴보자. 여기서 「법률의 법규창조력」(제1판과 제2판에서 기술된 것)은 의회가 제정하는 법률은 「원칙적으로 법규이다」, 즉, 의회의 법률은 군주의 독립명령과 마찬가지로 「법규法規」의 자격이 있다(법규를 창조할 능력을 갖는다)라는 의미로 이해할 수 있을 것이다. 이어서 「법률의 우위」는 의회와 군주행정부(독립명령)의 경합적 관할사항에 관하여 규정하는 것이고 법률과 독립명령이 동시에 존재하는 경우에는 전자에 의하여 후자를 폐지할 수 있다고 하는 의미이며, 「법률유보」란 의회(결국 법률)의 배타적 관할의 존재(자유·재산)의 침해를 나타내는 것이다. 위와 같은 이해는 결국 법률과 독립명령이라는 두 개의 규범의 상호관계로서 설명하는 것이라고 말할 수 있다.[13]

---

11 塩野宏, オット-·マイヤ一行政法学の構造, 有斐閣 (1988), 111쪽.

12 그리고 위의 내용을 담고 있는 오토 마이어의 「독일행정법」은 입헌군주헌법인 이른바 비스마르크 헌법 아래서 발표된 것(제1판(1895년)과 제2판(1896년))과 국민주권에 근거한 이른바 바이마르 헌법 아래서 발표된 것(제3판, 1924년)이 있다(塩野, 전게서, 9쪽 이하, 40쪽 이하, 참고). 제3판에 이르러서 처음으로 「법률의 법규창조력」에 대하여 「의회만」이라는 말이 첨가되었다고 한다(森田寬二, 法規と法律の支配(一), 法学(東北大学), 40巻1号, 63-66쪽.

이렇게 보면 오토 마이어는 군주와 의회라고 하는 헌법상의 존재, 헌법상 상호관계 - 군주와 의회라고 하는 수평 관계에서 줄다리기(권한의 수평적 분배) - 에 대하여 하나의 모델을 제시함으로써 설령 군주일지라도 일정한 범위에서는 타율적인 룰(의회가 만든 법률)의 기속 아래에 있다고 하는 법치국가적 발상을 실현하고자 한 것이라고 생각할 수 있다. 이러한 까닭에 오토 마이어의 3원칙은 법치국가의 요청을 입헌군주제에서 권력분립을 존치시키는 레벨에서 실현하려고 한 이론이라고 해도 좋을 것이다. 오토 마이어는 「법치국가란… 권력분립에 의해서 행정영역에도 법률의 지배가 보장되고 있는, 그와 같은 국가이다」라고 말하고 있다. 즉, 오토 마이어의 3원칙은 위와 같은 형식으로 「법치국가」와 권력분립을 결부시킨 것이라고 생각할 수 있다.[14]

이처럼 오토 마이어의 권력분립에 대한 생각은 매우 단순한 것이었고, 또 그는 이를 정면에서 문제를 삼은 것도 아니었다. 그러나 그가 권력분립을 바탕으로 통치기구를 법률로 규율하려고 했던 점은 시사하는 바가 크다고 할 것이다.

---

13 이 부분의 설명은 森田寛二 교수의 연구(森田寛二, 法規と法律の支配(一)(二), 法学(東北大学), 40巻1号, 2号)에 바탕하여 中川丈久 교수가 정리한 글을 인용하였음. 中川丈久, 行政活動の憲法上の位置づけ：法律の留保論の多様性, およびアメリカ行政法における法律の留保について, 神戸法学年報, 第14号(1988), 132-133쪽.

14 中川, 상게 논문, 134-135쪽.

3. 몽테스키외 그리고 기능적 권력분립론

근대 입헌주의 헌법에서 가장 핵심적인 이론의 하나인 권력분립론의 중심에는 몽테스키외가 있다. 즉, 그의 이론이 고전적 권력분립론의 모델이라고 해도 과언이 아니기 때문이다.[15] 그런데 최근의 연구에 따르면 그의 이론은 소극적 원리에 기초한 것이라는 일반적인 인식[16]과는 달리 매우 적극적인 측면이 있다는 점이 새롭게 부각되고 있다. 그의 이론은 당시의 여러 정치세력에의 권한배분을 통하여 그 균형을 형성하려는 의도에서 여러 권력의 「분리」보다도 오히려 서로 간의 「억제」를 중시하는 제도원리로써 탄생하였다고 한다.[17] 한편 1950년대부터 독일의 학설과 판례는 몽테스키외의 권력분립론의 적극적인 측면에 착안하여 이에 대한 논의를 전개하였고 이를 계기로 이른바 기능적 권력분립론이 등장하는 계기가 되었다.[18]

기능적 권력분립론이란 여러 권력이 단순한 분리와 억제를 넘어 서로 협력하는 것 또한 권력분립원리의 한 측면이며 아울러 이러한 권력분립이 자유의 보장뿐만이 아니라 국가임무의 적정한 수행에도 도움이 된

---

15 권력분립론의 내용과 전개에 대해서는, 高見勝利, 「権力分立」論への視角, 法学教室, No. 167, 53-61쪽, 참조.

16 성낙인 교수는 「권력분립이론은 국가작용의 원활한 수행과 국민의 기본권보장을 위하여 입법·행정·사법 등의 국가기능을 각기 독립적인 기관으로 하여금 그 기능을 담당하게 함으로써 국가기능의 합리적 작동을 도모하려는 소극적 원리에 기초한 이론이다.」라고 말하고 있다. 성낙인, 상게서, 357쪽.

17 村西良太, 権力分立論の現代的展開: 機能的権力的分立論の可能性, 九大法学第90(2005), 239쪽.

18 이에 대한 자세한 내용은, 村西, 상게논문, 238-260쪽, 참조.

다고 하는 생각이다.[19] 이 기능적 권력분립론은 국내 헌법교과서에서도 자세히 소개되고 있고,[20] 헌법재판소도 '공수처'의 설치의 위헌성 여부에 대한 결정(이하 공수처사건이라 한다.)에서 법정의견과 반대의견 모두 이 이론을 채택하여 결정이론을 전개하고 있다.

참고로 헌법 교과서나 헌법재판소에서 소개하는 이론은 주로 국정레벨의 사례를 소재로 하고 있지만 3권의 협조현상은 이미 행정활동 레벨에서도 쉽게 찾아볼 수 있다는 점이다. 그 좋은 사례가 「아동학대범죄의 처벌 등에 관한 특례법」(약칭: 아동학대처벌법)이다. 동법에 따르면, 사법경찰관리나 아동학대전담공무원이 신고를 받으면 현장에 출동하여 조사를 하고 아동학대행위자를 피해아동 등으로부터 격리하는 응급조치 등을 취할 수 있다(동법 제11조-제15조). 그러나 위와 같은 조치만으로 아동학대범죄의 원활한 조사·심리 또는 피해아동 등의 보호가 충분하지 않은 경우 법원의 도움을 얻어 아동학대행위자에 대하여 다음과 같은 임시조치를 취할 수 있다(동법 제14조, 제19조). 즉, ①피해아동 등 또는 가정구성원의 주거로부터 퇴거 등 격리, ②피해아동 등 또는 가정구성원의 주거, 학교 또는 보호시설 등에서 100미터 이내의 접근 금지, ③피해아동 등 또는 가정구성원에 대한 전기통신을 이용한 접근 금지, ④친권 또는 후견인 권한 행사의 제한 또는 정지, ⑤아동보호전문기관 등에의 상담 및 교육 위탁, ⑥의료기관이나 그 밖의 요양시설에의 위탁, ⑦경찰관서의 유치장 또는 구치소에의 유치가 그것이다. 이것은 「아동학대」의 예방과 이에 대한 조치라는 새로운 행정현상에 효과적으로 대

19 村西, 상게논문, 276쪽.

20 예를 들면, 허영, 전정 17판 한국헌법론, 박영사(2021), 767-777쪽, 참조.

응하기 위하여 법원이 본래의 사법권 이외의 사무를 넘겨받은 사례라고 할 수 있다.[21] 위와 같은 제도설계의 사례는 「아동·청소년의 성보호에 관한 법률」(약칭: 청소년성보호법)(제28조, 제41조-제4조 등), 「스토킹범죄의 처벌 등에 관한 법률」(약칭: 스토킹처벌법)(제3조-제16조) 등에서도 찾아볼 수 있다.

이 이외에도 기능적 권력분립론과 관련하여 논의할 점은 매우 많지만 본서의 관점에서 반드시 언급해야 할 사안은 이른바 「핵심영역설」이다. 앞서 언급한 것처럼 기능적 권력분립론의 특징은 여러 권력의 엄격한 분리를 이념으로 하면서도 국가임무의 적정한 수행을 위하여 권력 상호 간의 밀접한 관련성도 인정한다는 점이다. 이 경우 전자와 후자를 가르는 기준이 문제가 되는데 여기서 등장하는 것이 이른바 「핵심영역설」이다. 이것은 모든 권력에 다른 권력에 의한 개입을 일체 거절할 수 있는 중핵적 작용영역이 인정된다고 하는 이론이다. 즉, 「핵심영역」이란 다른 권력에 의한 개입에 일정한 한계를 지우는 기준이라고 할 수 있다.[22] 이 이론은, 후술하는 것처럼, 행정조직의 창설이나 행정활동이 헌법에 위반되는가의 여부를 판단함에 있어서 하나의 기준이 된다.

21 曽和俊文, 行政と司法, 礒部力·小早川光郎·芝池義一編, 行政法の新構想 I 行政法の基礎理論, 有斐閣(2011), 330쪽.

22 村西, 상게논문, 245쪽.

Ⅲ. 행정조직법의 구성원리와 헌법상의 규율(=행정조직에 대한 민주적인 통제)

이상에서 살펴본 헌법의 국가행정조직에 대한 권력분립론에 의한 규율은 국정國政 레벨에서의 권한배분에 관한 것이다. 따라서 이 단계에서의 논의는 국가행정조직법의 외연外延에 속하는 이야기라고 할 수 있다. 즉, 여기에서의 주된 관심은 국정國政을 담당하는 권한을 입법권, 사법권, 행정권이라는 세 개의 큰 덩어리로 나누고 이것들이 어떻게 분리되고 또 협업하는가(기능적 권력분립론)에 대한 것이었다. 이제 다음 단계는 행정권 내에서 국가행정이 어떠한 조직에 의해, 어떻게 처리되어야 하는가에 대한 헌법상의 규율에 대하여 살펴보아야 한다. 그런데 이 점에 대하여도 헌법은 명시적으로 언급하고 있지 않다. 따라서 결국, 헌법 「제4장 정부」에 대한 부분의 해석에 의존할 수밖에 없다.

위의 테마는 실질적으로 행정조직법 논의에 있어서 출발점이라고 생각할 수 있다. 따라서 이 논의는 행정조직법상의 기초개념인 행정기관을 단위로 하여 행정조직을 구성하는 경우 도출되는 원리, 즉 「행정조직법의 구성원리」를 분석의 틀로 활용하는 것이 편리하다. 그리고 이 원리는 「행정조직이란 행정사무를 처리하기 위해서 존재한다」라는 지극히 당연한 사실에서 도출되는데, 어떠한 행정기관(내지 조직)에 어떠한 행정사무를 분배할 것인가(분배의 원리), 이들 행정기관(내지 조직)을 어떻게 통제하고 조정할 것인가(통제 및 조정의 원리) 그리고 이들 행정기관의 행위에 대해서 어떠한 책임을 지게 할 것인가(책임의 원리) 하는 세 가지 원리를 들 수 있다.[23] 행정조직은 이 원리를 바탕으로 하여 구성되는 것이다. 그렇다면 우리 헌법은 이 점에 대하여 어떻게 규정하고 있는가?

1. 국가행정사무의 분배

헌법은 정부(제4장)를 대통령(제1절)과 행정부(제2절)로 나누고 있다. 그런데 대통령은 앞서 자세하게 살펴본 것처럼 행정권의 행사자, 즉 집정執政을 하는 존재이지 국가행정사무를 부여받고 있는 것은 아니다. 행정부의 경우, 국무총리와 국무위원(제4장 제1절 제1관), 국무회의(제4장 제1절 제2관), 행정각부(제4장 제1절 제3관) 그리고 감사원(제4장 제1절 제4관)으로 구성되어 있다. 그러나 국무총리와 국무위원 그리고 국무회의의 역할은 집정執政의 영역에 속하기 때문에 이들에게 역시 국가행정사무가 부여되지 않으며, 감사원은 「국가의 세입·세출의 결산, 국가 및 법률이 정한 단체의 회계검사와 행정기관 및 공무원의 직무에 관한 감찰」(헌법 제97조)에 관한 업무만을 관장한다. 따라서 국가행정사무는 실질적으로 행정각부에 배분되어 수행되는데 「행정각부의 설치·조직과 직무범위는 법률」(헌법 제96조)로 정하도록 되어 있다(=행정조직법정주의). 이 규정에 따라 제정된 대표적인 법률이 정부조직법이다.

---

23 행정조직법의 구성원리를 헌법상 국가구조원리인 민주주의, 법치주의, 사회국가원리, 공화주의 원리 등으로부터 도출하여 그 원리로 행정조직법정주의, 책임성(민주적 통제가능성), 공정성, 합목적성(효과성), 전문성, 독립성, 효율성 등을 예시하는 견해도 있다. 이원우, 행정조직의 구성 및 운영절차에 관한 법원리-방송통신위원회의 조직성격에 따른 운영 및 집행절차의 쟁점을 중심으로, 경제규제와 법, 제2권 제2호(2009. 11), 참조.

그런데 이상의 내용 만으로서는 국가행정사무를 국가행정조직에 배분함에 있어서 헌법상 어떠한 규율이 작동하는가 구체적으로 드러나지는 않는다. 따라서 이 점 역시 지금까지의 논의를 토대로 논리적으로 추론할 수밖에 없는데, 다음과 같이 생각할 수 있을 것이다.[24]

첫째로, 권력분립원칙에 의하여 헌법이 3권에 부여하고 있는 핵심적인 영역에 대한 침탈 역시 위헌이다. 헌재는 특별검사가 참고인에게 지정된 장소까지 동행할 것을 명령할 수 있게 하고 참고인이 정당한 이유 없이 위 동행명령을 거부한 경우 천만 원 이하의 벌금형에 처하도록 규정한 「한나라당 대통령후보 이명박의 주가조작 등 범죄혐의의 진상규명을 위한 특별검사의 임명 등에 관한 법률」([법률 제8824호, 2007. 12. 28., 제정]) 제6조 제6항·제7항, 제18조 제2항이 영장주의에 위반되어 위헌이라는 결정을 내린 바 있다.[25] 이것은 참고인에 대한 동행명령제도는 참고인의 신체의 자유를 사실상 억압하여 일정 장소로 인치引致하는 것과 실질적으로 같으므로 헌법 제12조 제3항이 정한 영장주의원칙이 적용되어야 하고 영장의 발부는 사법권의 핵심영역에 해당하기 때문에 내려진 결론이다. 또, 「감염병의 예방 및 관리에 관한 법률」(약칭: 감염병예방법) 제72조의 2(손해배상청구권)는 다음과 같이 규정하고 있다. 즉, 「보건복지부장관, 질병관리청장, 시·도지사 및 시장·군수·구청장은 이 법을 위반하여 감염병을 확산시키거나 확산 위험성을 증대시킨 자에 대하여 입원치료비, 격리비, 진단검사비, 손실보상금 등 이 법에 따른 예

---

24 행정조직의 권한배분의 관점에서 권력분립의 원칙을 분석하는 시각에 대해서는, 김경제, 권한배분의 원리로서 권력분립의 원칙, 공법학연구, 제8권 제2호(2007. 5), 참조.

25 한나라당 대통령후보 이명박의 주가조작 등 범죄혐의의 진상규명을 위한 특별검사의 임명 등에 관한 법률 위헌확인(2008. 1. 10. 2007헌마1468 전원재판부).

방 및 관리 등을 위하여 지출된 비용에 대해 손해배상을 청구할 권리를 갖는다.」라는 내용이다. 그러나 이 조항 역시 위헌일 가능성이 높다. 왜냐 하면, 손해배상청구권의 존재 여부에 대한 분쟁은 법원조직법 제2조에서 말하는 전형적인 「법률상의 쟁송」에 속하고 이에 대한 최종적인 판단권은 사법권에 귀속되어 있기 때문이다.

둘째로, 행정권 내에서 A행정기관의 직무가 헌법상 보장되어 있는 B행정기관의 직무를 침탈하거나 또는 헌법의 해석상 A행정기관의 직무가 허용되지 않는 경우 역시 위헌이다. 현재는 폐지되었지만 구舊국가정보원법(법률 제17646호(2020. 12. 15.)로 전부개정 되기 이전의 것) 제3조 제1항 제3호(「형법」 중 내란內亂의 죄, 외환外患의 죄, 「군형법」 중 반란의 죄, 암호 부정사용의 죄, 「군사기밀 보호법」에 규정된 죄, 「국가보안법」에 규정된 죄에 대한 수사)와 제4호(국정원 직원의 직무와 관련된 범죄에 대한 수사)의 규정은 헌법의 해석상 허용되지 않는 직무에 해당한다고 필자는 보고 있다.[26]

2. 통제 및 조정

대통령의 국가행정조직에 대한 통제[27] 및 조정[28]은 국무총리의 보좌를

---

26 졸저, 상게서, 123-128쪽, 정부조직법 제14조 제1항 등의 위헌 여부에 관한 헌법소원(1994. 4. 28. 89헌마221 헌법재판소 전원재판부), 참조.

27 행정조직의 통제일반에 대한 논의에 대해서는, 이원우, 현대적 민주법치국가에 있어서 행정통제의 구조적 특징과 쟁점, 행정법연구, 제29호(2011.4), 참조.

28 거버넌스의 관점에서 '조정'문제를 다루고 있는 견해에 대해서는, 김성수, 행정조직법

받아 행해진다. 국무총리는 대통령의 보좌기관으로 대통령의 명을 받아 행정각부를 통할統轄하는 역할을 한다(헌법 제86조). 통할의 주요한 내용으로는 행정각부의 방침이 서로 다른 경우 행정의 통일성을 확보하기 위하여 상호조정을 하는 것, 그리고 새로운 사안이 대두되어 기존의 조직으로는 처리할 수 없는 경우 그 일을 어느 조직이 처리할 것인가를 검토하여 정하는 일 등을 들 수 있다. 이것이 바로 앞에서 말한 종합조정기능이다(제1장 참조).[29, 30]

행정각부에 대한 통제는 국회에 의해서도 이뤄진다. 국정감사권, 국정조사권, 국무총리·국무위원 등의 출석 요구권 등이 그것이다(헌법 제61조, 제62조).

3. 책임

국회는 대통령·국무총리·국무위원·행정각부의 장 그리고 기타 법률이 정한 공무원이 그 직무집행에 있어서 헌법이나 법률을 위배한 때에는 탄핵의 소추를 의결할 수 있다(헌법 제65조 제1항). 그리고 국회와 국무총리 또는 국무위원의 해임을 대통령에게 건의할 수 있으며, 국무총리

상 거버넌스와 민주적 정당성, 행정의 책임성-국가물관리위원회 제도설계를 중심으로, 법학연구(부산대), 제58권 제2호(2017.5), 참조.

29 小早川光郎, 『(講義錄)行政法 第三部 2』, 東京大學出版會教材部(1989), 7쪽.

30 이러한 종합조정기능은 구체적으로 헌법 제89조 국무회의의 심의사항의 예를 보면 쉽게 알 수 있다. 그리고 이러한 종합조정기능은 헌법 제86조 대통령의 국무총리임명권, 제87조의 국무위원 임명권과 정부조직법 제11조, 제26조 등을 배경으로 하여 행해진다.

역시 국무위원의 해임을 대통령에게 건의할 수 있다(헌법 제63조 제1항 제87조 제3항).

이상에서 살펴본 것처럼 헌법의 규정에 따르면 집정執政에 해당하는 행정권은 대통령에 의하여 행사되고 행정사무는 행정각부에 배분되어 대통령의 보좌기관인 국무총리의 통할 하에 처리되는 것으로 되어 있다(헌법 제86조 제2항, 제96조 등). 그런데 공수처사건에서도 심판의 대상이 되어 있는 것처럼 행정기관의 설치와 직무범위가 위헌인가의 여부가 문제 될 때 곧잘 그 기관이 행정부에 설치되어 국무총리의 통할 하에서 행정사무가 처리되는가 하는 점이 논쟁점으로 떠오르게 된다.[31] 그렇다면 행정사무가 행정각부에 배분되어 대통령의 보좌기관인 국무총리의 통할 하에 처리된다는 것은 어떠한 의미를 갖는 것인가?

이것은, 결론부터 말하면, 국무총리의 통할 하에 행정사무가 처리된다는 것은 다름 아닌 민주적인 통제가 이루어진다는 것을 의미한다. 그리고 이러한 민주적인 통제는 바로 행정조직법의 구성원리에 따른 헌법상의 규율에 의해서 확보된다고 할 수 있다. 그리고 이 가운데 특히 통제 및 조정 그리고 책임의 원리가 작동된다는 점이 큰 의미를 갖는다. 바꾸어 말하면, 행정사무처리에 있어서 이 원리가 작동함으로써 개인의 기본권이 보장되고 행정이 지향하는 최고의 가치인 공익의 실현이 담보된다고 할 수 있다. 독립행정기관의 설치에 대하여 위헌성을 주장하는 청구인이 주장하고 싶은 요지要旨가 바로 이것일 것이다. 따라서 통제 및 조정 그리고 책임의 원리가 작동하는가의 여부는 독립행정기관의 설

---

31 정부조직법 제14조 제1항 등의 위헌 여부에 관한 헌법소원(1994. 4. 28. 89헌마221 헌법재판소 전원재판부)에서도 이 점이 쟁점이다.

치의 위헌성을 판단하는 중요한 기준이 된다.

Ⅳ. 사례의 검토

이하에서는 앞에서 분석한 내용을 토대로 하여 '공수처'의 설치의 위헌성 여부에 대하여 판단한 헌재결정(헌법재판소, 2021. 1. 28. 2020헌마264·681(병합)〔고위공직자범죄수사처 설치 및 운영에 관한 법률위헌확인〕)을 사례로 하여 검토하기로 한다.

1. 사건의 개요

청구인들은 청구 당시 제20대 및 21대 국회의원들로 2020. 7. 15.부터 시행된 '고위공직자범죄수사처 설치 및 운영에 관한 법률'이 권력분립원칙에 위반되고 국민의 생명권, 신체의 자유 및 검사의 영장신청권 등을 침해한다고 주장하며 위 법 전체의 위헌확인을 구하는 헌법소원심판을 청구하였다.

1) 심판대상

청구인들은 '고위공직자범죄수사처 설치 및 운영에 관한 법률' 전체에 대한 심판을 구하고 있으나, 고위공직자범죄수사처를 설치하고 운영하는 것 자체가 위헌이라고 주장할 뿐 개별 조항으로 인하여 기본권을 침해받았는지 여부를 구체적으로 다투지 않았다. 그리하여 재판부는 심판청구서의 취지에 따라 청구인들의 주장에 대응하는 내용을 규정한 것으로서 청구인들이 기본권을 침해받았다고 다투는 것으로 볼 수 있는 조항으로 심판대상을 한정하였다.

2) 청구인들의 주장

(1) 2020헌마264

공수처법에 의하면 수사처는 수사 및 공소권을 행사할 수 있는 권력기관임에도 입법·행정·사법 중 어디에도 속하지 않는 독립기관으로 설치되어 권력분립원칙에 위반된다. 수사처를 독립기관으로 설치하게 되면 행정권이 약화되고, 수사처의 구성과 운영에 국회가 상당 부분 관여하여 입법권이 과도하게 개입하는 결과가 된다. 다른 한편 공수처법 규정상 수사처의 업무에 대하여 대통령, 국무총리, 법무부장관 등의 지휘·감독 등 권한의 남용을 견제할 수 있는 장치도 마련되어 있지 아니하여 수사처의 권한이 남용될 가능성이 높다.

(2) 2020헌마681

수사처는 입법·행정·사법 중 어디에도 속하지 아니한 독립기관으로 대통령이나 국회로부터 어떠한 통제나 감독도 받지 아니하는바, 이는 헌법상 국가기관 구성의 기본원리인 권력분립원칙에 위반된다. 또한 수사처는 헌법과 정부조직법에 설치 근거가 없으며, 수사처의 설치는 자유민주적 통치구조의 기본이념과 원리에 부합하지 아니하고 헌법상 체계정당성의 원리에도 반한다. 공수처법상 수사처를 검찰보다 상위의 기관으로 예정하고 있음에도 수사처에 대한 국회의 견제가 사실상 불가능하고, 헌법에 명문으로 규정되어 있지 않은 규칙 제정권을 수사처에 부여하여 법체계에 부합하지 않으며, 판사를 수사처의 수사 또는 기소의 대상으로 하여 사법권의 독립을 침해한다. 이와 같이 공수처법은 권력분립원칙 등을 위반하여 청구인의 인간으로서의 존엄과 가치 및 행복추구권을 침해한다.

2. 결정요지

1) 법정의견

①헌법 제66조 제4항은 "행정권은 대통령을 수반으로 하는 정부에 속한다."고 규정하고 있는데, 여기서의 '정부'란 입법부와 사법부에 대응하는 넓은 개념으로서의 집행부를 일컫는다 할 것이다. 〔중략〕. 정부의 구성단위로서 그 권한에 속하는 사항을 집행하는 중앙행정기관을 반드시 국무총리의 통할을 받는 '행정각부'의 형태로 설치하거나 '행정각부'에 속하는 기관으로 두어야 하는 것이 헌법상 강제되는 것은 아니므로, 법률로써 '행정각부'에 속하지 않는 독립된 형태의 행정기관을 설치하는 것이 헌법상 금지된다고 할 수 없다.

②수사처가 수행하는 수사와 공소제기 및 유지는 우리 헌법상 본질적으로 행정에 속하는 사무에 해당하는 점, 수사처의 구성에 대통령의 실질적인 인사권이 인정되고, 수사처장은 소관 사무와 관련된 안건이 상정될 경우 국무회의에 출석하여 발언할 수 있으며 그 소관 사무에 관하여 독자적으로 의안을 제출할 권한이 있는 것이 아니라 법무부장관에게 의안의 제출을 건의할 수 있는 점 등을 종합하면, 수사처는 직제

상 대통령 또는 국무총리 직속기관 내지 국무총리의 통할을 받는 행정각부에 속하지 않는다고 하더라도 대통령을 수반으로 하는 행정부에 소속되고 그 관할권의 범위가 전국에 미치는 중앙행정기관으로 보는 것이 타당하다.

③수사처의 권한 행사에 대해서는 여러 기관으로부터의 통제가 이루어질 수 있으므로, 단순히 수사처가 독립된 형태로 설치되었다는 이유만으로 권력분립원칙에 위반된다고 볼 수 없다. 수사처는 '고위공직자범죄수사처 설치 및 운영에 관한 법률'이라는 입법을 통해 도입되었으므로 의회는 법률의 개폐를 통하여 수사처에 대한 시원적인 통제권을 가지고, 수사처 구성에 있어 입법부, 행정부, 사법부를 비롯한 다양한 기관이 그 권한을 나누어 가지므로 기관 간 견제와 균형이 이루어질 수 있으며, 국회, 법원, 헌법재판소에 의한 통제가 가능할 뿐 아니라 행정부 내부적 통제를 위한 여러 장치도 마련되어 있다.

④법률에 근거하여 수사처라는 행정기관을 설치하는 것이 헌법상 금지되지 않는바, 검찰의 기소독점주의 및 기소편의주의를 견제할 별도의 수사기관을 설치할지 여부는 국민을 대표하는 국회가 검찰 기소독점주의의 적절성, 검찰권 행사의 통제 필요성, 별도의 수사기관 설치의 장단점, 고위공직자범죄 수사 등에 대한 국민적 관심과 요구 등 제반 사정을 고려하여 결정할 문제로서, 그 판단에는 본질적으로 국회의 폭넓은 재량이 인정된다. 또한 수사처의 설치로 말미암아 수사처와 기존의 다른 수사기관과의 관계가 문제 된다 하더라도 동일하게 행정부 소속인 수사처와 다른 수사기관 사이의 권한 배분의 문제는 헌법상 권력분립원칙의 문제라고 볼 수 없다.

⑤이상과 같이 공수처법이 수사처의 소속을 명시적으로 규정하지 않

은 것은 수사처의 업무의 특성을 고려하여 정치적 중립성과 직무상 독립성을 보장하기 위한 것이고, 수사처에 대하여는 행정부 내부에서뿐만 아니라 외부에서도 다양한 방법으로 통제를 하고 있으며, 수사처가 다른 국가기관에 대하여 일방적 우위를 점하고 있다고 보기도 어려우므로, 구 공수처법 제2조 및 공수처법 제3조 제1항은 권력분립원칙에 반하여 청구인들의 평등권, 신체의 자유 등을 침해하지 않는다.

⑥헌법에서 수사단계에서의 영장신청권자를 검사로 한정한 것은 다른 수사기관에 대한 수사지휘권을 확립시켜 인권유린의 폐해를 방지하고, 법률전문가인 검사를 거치도록 함으로써 기본권침해가능성을 줄이고자 한 것이다. 헌법에 규정된 영장신청권자로서의 검사는 검찰권을 행사하는 국가기관인 검사로서 공익의 대표자이자 수사단계에서의 인권옹호기관으로서의 지위에서 그에 부합하는 직무를 수행하는 자를 의미하는 것이지, 검찰청법상 검사만을 지칭하는 것으로 보기 어렵다.

2) 재판관 이은애, 재판관 이종석, 재판관 이영진의 반대의견

① 우리 헌법은 권력분립원칙의 내용으로 권력의 형식적 분할뿐 아니라 국가기관 사이의 '상호 협력적 견제관계'를 예정하고 있다. 특정 권력의 일방적인 우위를 배제하고 각 권력기관의 본질적인 기능을 조화롭게 유지하면서 국민의 기본권을 보장하는 것이 권력분립원칙이 추구하는 이상인 점을 고려하면, 국가기관 사이에 권한과 기능의 분할뿐 아니라 그 비중에 있어서도 상호 균형이 유지되어야 하고, 어떠한 국가기관도 헌법에 근거하지 않고 다른 국가기관에 대하여 일방적 우위를 가지거나, 헌법과 법률에 근거하여 다른 국가기관에 귀속된 기능의 핵심적 영역을 침해해서는 안 된다는 권력분립원칙에 따른 헌법적 기준과 한계가 도출

된다.

현대 민주국가에서 행정의 역할과 기능이 점차로 증대됨에 따라 전통적인 행정체계에서는 포섭될 수 없는 영역을 규율하기 위하여 행정각부에 소속되지 않고 별도의 독립적인 임무와 자율권을 부여받은 독립행정기관이 등장하고 있다. 행정의 비대화를 방지하고 국가작용의 전문성과 효율성을 달성하기 위하여 법률로써 독립행정기관을 설치하는 것 자체가 곧바로 권력분립원칙에 위반된다고 보기는 어려우나, 독립행정기관을 창설하는 입법도 권력분립원칙에 따른 헌법적 기준과 한계를 준수하여야 한다.

검사가 가지는 수사권과 공소권은 국가의 행정 목적 달성을 위하여 일원적인 권력행사가 이루어져야 하는 시원적始原的 행정행위로써 전통적이고 기본적인 행정영역이다. 그럼에도 구 공수처법 제2조 및 공수처법 제3조 제1항은 법무부 소속의 검사에게 귀속되어 있던 권한과 기능 중 가장 중요한 수사권과 공소권의 일부를 분리하여 행정각부에 소속되지 않은 수사처에 부여하고 있는데, 이는 "행정권은 대통령을 수반으로 하는 정부에 속한다"라고 규정하여 행정권의 핵심영역이나 전통적으로 행정부의 영역에 해당하는 전형적인 행정업무는 헌법에서 따로 규정하고 있지 않는 한 행정각부에 속하도록 하는 헌법 제66조 제4항에 위반된다. 공수처법 제24조 제1항은 고위공직자범죄등의 수사와 관련하여 수사처장에게 일방적으로 이첩을 요청할 권한을 부여하고, 상대 수사기관은 여기에 예외 없이 따르도록 의무를 부과하고 있다. 이로써 수사처는 고위공직자범죄등에 관한 수사권 행사에서 행정부 내의 다른 수사기관보다 일방적 우위를 차지하게 되고, 검사가 수사 중인 고위공직자범죄등 사건도 수사처에 이첩하여야 하는데, 이는 수사처가 헌법과 법률에 의한 검사보다 우위의 입장에서 검사의 수사권 및 공소권 행사에 관한 권한과 기능을 침해하는 것이다. 공수처법은 공수처법 제24조 제1항에 의하여 사건이 수사처로 이첩되는 경우 이첩되는 피의자 등의 편의나 방어권 행사 등을 고려한 규정을 전혀 두고 있지 않아 경우에 따라서는 피의자의 신체의 자유 등을 침해할 우려가 있다.

수사처장의 임명절차에 관련된 추천위원회의 구성, 수사처검사의 임용, 연임 등의 절차에 관련된 수사처 인사위원회의 구성에 각 국회 교섭단체가 추천한 4명의 위원이 포함되도록 규정되어 있어 수사처장 및 수사처검사의 임명 등에서 정치적 영향을 받을 수밖에 없고, 수사처검사의 임기를 검사나 판사와는 달리 3년으로 규정하여 신분보장이 매우 취약하다. 따라서 수사처가 정치적 중립성 및 직무상 독립성을 충분히 보장받고 있다고 볼 수 없다. 또한 수사처는 행정부 소속임에도 대통령, 법무부장관 등의 통제에서 벗어나 있고, 국회는 수사처장에 대한 해임건의를 할 수 없으며, 고소·고발 사건에 대한 재정신청 외에는 수사처의 수사 등을 통제할 방안이 없는 등 권한에 상응하는 책임도 부담하지 않는다.

따라서 구 공수처법 제2조 및 공수처법 제3조 제1항, 제24조 제1항은 독립행정기관을 설치하는 법률이 준수해야 할 권력분립원칙에 따른 헌법적 기준과 한계에 위반되어 청구인들의 신체의 자유 등을 침해한다.

②검사가 가지는 수사권과 공소권은 국가의 행정 목적 달성을 위하여 일원적인 권력행사가 이루어져야 하는 시원적始原的 행정행위로써 전통적이고 기본적인 행정영역이다. 그럼에도 구 공수처법 제2조 및 공수처법 제3조 제1항은 법무부 소속의 검사에게 귀속되어 있던 권한과 기능 중 가장 중요한 수사권과 공소권의 일부를 분리하여 행정각부에 소속되

지 않은 수사처에 부여하고 있는데, 이는 "행정권은 대통령을 수반으로 하는 정부에 속한다"라고 규정하여 행정권의 핵심영역이나 전통적으로 행정부의 영역에 해당하는 전형적인 행정업무는 헌법에서 따로 규정하고 있지 않는 한 행정각부에 속하도록 하는 헌법 제66조 제4항에 위반된다. 공수처법 제24조 제1항은 고위공직자범죄 등의 수사와 관련하여 수사처장에게 일방적으로 이첩을 요청할 권한을 부여하고, 상대 수사기관은 여기에 예외 없이 따르도록 의무를 부과하고 있다. 이로써 수사처는 고위공직자범죄 등에 관한 수사권 행사에서 행정부 내의 다른 수사기관보다 일방적 우위를 차지하게 되고, 검사가 수사 중인 고위공직자범죄 등 사건도 수사처에 이첩하여야 하는데, 이는 수사처가 헌법과 법률에 의한 검사보다 우위의 입장에서 검사의 수사권 및 공소권 행사에 관한 권한과 기능을 침해하는 것이다. 공수처법은 공수처법 제24조 제1항에 의하여 사건이 수사처로 이첩되는 경우 이첩되는 피의자 등의 편의나 방어권 행사 등을 고려한 규정을 전혀 두고 있지 않아 경우에 따라서는 피의자의 신체의 자유 등을 침해할 우려가 있다.

3) 헌재결정에 대한 평가

헌재의 결정내용에는 다양한 쟁점이 포함되어 있지만, 앞서 전제한 것처럼, ①공수처의 설치가 권력분립원칙에 위배하는가, ②공수처에 대하여 민주적인 통제가 이루어지고 있는가 하는 점을 중심으로 살펴보기로 한다.

(1) 권력분립원칙 위반 여부

공수처의 설치가 권력분립원칙에 위배되어 위헌이라는 견해는 이은애,

이종석, 이영진 재판관의 의견으로 다음과 같이 반대의견을 제시하고 있다.

「행정의 비대화를 방지하고 국가작용의 전문성과 효율성을 달성하기 위하여 법률로써 독립행정기관을 설치하는 것 자체가 곧바로 권력분립원칙에 위반된다고 보기는 어려우나, 독립행정기관을 창설하는 입법도 권력분립원칙에 따른 헌법적 기준과 한계를 준수하여야 한다.

검사가 가지는 수사권과 공소권은 국가의 행정 목적 달성을 위하여 일원적인 권력행사가 이루어져야 하는 시원적始原的 행정행위로써 전통적이고 기본적인 행정영역이다. 그럼에도 구 공수처법 제2조 및 공수처법 제3조 제1항은 법무부 소속의 검사에게 귀속되어 있던 권한과 기능 중 가장 중요한 수사권과 공소권의 일부를 분리하여 행정각부에 소속되지 않은 수사처에 부여하고 있는데, 이는 "행정권은 대통령을 수반으로 하는 정부에 속한다"라고 규정하여 행정권의 핵심영역이나 전통적으로 행정부의 영역에 해당하는 전형적인 행정업무는 헌법에서 따로 규정하고 있지 않는 한 행정각부에 속하도록 하는 헌법 제66조 제4항에 위반된다.」

이에 대하여 헌재 법정의견은 「①대통령과 행정부, 국무총리에 관한 헌법 규정의 해석상 국무총리의 통할을 받는 '행정각부'에 모든 행정기관이 포함된다고 볼 수 없다. ②수사처가 중앙행정기관임에도 불구하고 기존의 행정조직에 소속되지 않고 대통령과 기존행정조직으로부터 구체적인 지휘·감독을 받지 않는 형태로 설치된 것은 수사처 업무의 특수성에서 기인한 것이다. ③수사처의 권한 행사에 대해서는 여러 기관으로부터의 통제가 이루어질 수 있으므로, 단순히 수사처가 독립된 형태로 설치되었다는 이유만으로 권력분립원칙에 위반된다고 볼 수 없다.」는 등을 근거로 공수처 설치를 합헌이라고 판단하고 있다.

그러나 위의 반대의견, 법정의견 모두 잘못된 이론에 근거하고 있음을 쉽게 알 수 있을 것이다. 이와 같은 오류는 앞에서 자세히 살펴본 국가행정조직에 대한 권력분립원칙에 의한 헌법상의 규율의 내용을 이해하지 못한 데서 유래한다. 그 핵심은 헌법 제66조 제4항에서 규정하는 「행정권」에 대한 올바른 이해이다. 여기서의 「행정권」은 집정執政에 해당한다는 점에 대한 이해가 선행되어야 한다. 따라서 독립행정기관의 설치가 권력분립주의의 원칙에 위배되어 위헌이라고 하기 위해서는 그 기관의 권한이나 직무범위가 3권의 각 핵심영역 즉, 입법권의 경우 법률제정권(헌법 제75조, 제76조는 예외임), 사법권의 경우 「법률상의 쟁송」(법원조직법 제2조)에 대한 최종적인 판단권 및 영장발부권 그리고 행정권의 집정執政권을 침탈하는 경우이어야 한다. 그렇기 때문에 반대의견에서 내세우고 있는 공수처가 3권의 어디에도 속하지 않기 때문에 권력분립원칙에 위배된다는 논리는 타당하지 않다.[32] 공수처는 ①고위공직자범죄등에 관한 수사, ②대법원장 및 대법관, 헌법재판소장 및 헌법재판관 등 고위공직자로 재직 중에 본인 또는 본인의 가족이 범한 고위공직자범죄 및 관련범죄의 공소제기와 그 유지(공수처법 제3조 제1항, 제2조)를 그 직무로 하고 있는데 이것은 3권의 핵심영역을 침탈하는 것은 아니

32 참고로 공수처는 대통령의 소할(所轄) 하에 있는 국가행정기관이다. 소할(所轄)이란 임명권은 행사하지만 지휘·감독권은 행사하지 못하는 관계를 나타낸다. 森田寬二, "行政機關と內閣府", 良書普及会(2000), 3-38쪽.

기 때문이다.

결론적으로 공수처의 설치는 권력분립원칙에 위배되지 않는다.

(2) 민주적인 통제

여기서는 두 가지 문제가 쟁점이 될 수 있다. 첫째는 공수처의 직무권한이 행정권 내의 다른 행정기관의 (헌법이 보장하는) 권한을 침탈하는가의 문제이다. 이 점과 관련하여 가장 문제가 되는 것이 공수처법 제24조 제1항(다른 수사기관과의 관계)이다. 즉, 동규정은, 「수사처의 범죄수사와 중복되는 다른 수사기관의 범죄수사에 대하여 처장이 수사의 진행 정도 및 공정성 논란 등에 비추어 수사처에서 수사하는 것이 적절하다고 판단하여 이첩을 요청하는 경우 해당 수사기관은 이에 응하여야 한다.」라고 되어 있다. 이에 대하여, 반대의견의 이은애, 이종석, 이영진 재판관은 다음과 같이 위 조항이 위헌이라고 판단하고 있다.

> 「공수처법 제24조 제1항은 고위공직자범죄 등의 수사와 관련하여 수사처장에게 일방적으로 이첩을 요청할 권한을 부여하고, 상대 수사기관은 여기에 예외 없이 따르도록 의무를 부과하고 있다. 이로써 수사처는 고위공직자범죄 등에 관한 수사권 행사에서 행정부 내의 다른 수사기관보다 일방적 우위를 차지하게 되고, 검사가 수사 중인 고위공직자범죄 등 사건도 수사처에 이첩하여야 하는데, 이는 수사처가 헌법과 법률에 의한 검사보다 우위의 입장에서 검사의 수사권 및 공소권 행사에 관한 권한과 기능을 침해하는 것이다.」

그러나 법정의견은 이 문제는 「동일하게 행정부 소속인 수사처와 다른 수사기관 사이의 권한 배분」에 관한 사안으로 반대의견의 주장처럼 공수처가 헌법과 법률에 의한 검사보다 우위의 입장에서 검사의 수사권 및 공소권 행사에 관한 권한과 기능을 침해하는 것은 아니라고 한다.

검사의 영장청구권이나 공소권은, 반대의견의 주장처럼, 헌법이 검사에게 보장하는 핵심적인 권한이라고 할 수 있다. 그러나 공수처장 역시 검찰청 소속의 검사와 소속이 다를 뿐 검사의 신분이며, 공수처법 제21조 제1항의 규정은 공수처장으로 하여금 자신의 직무범위에 속하는 사무의 이첩을 요구하도록 규정하고 있을 뿐이다. 따라서 이 규정도 권한 배분상 헌법의 규율을 위반하는 것은 아니라고 할 것이다.

둘째로 문제가 되는 것은 대통령의 소할所轄하에 있는 공수처에 대한 통제와 조정이 제대로 이루어지고 있으며 또 업무에 대한 책임을 물을 수 있는 제도가 마련되어 있는가 하는 점이다. 이 점에 대해서, 비록 권력분립원칙과 관련하여 언급하고 있기는 하지만, 법정의견은 매우 자세하게 설명을 하고 있는데 그 일부를 소개하면 다음과 같다.

「공수처법은 수사처의 직무수행상의 독립을 명시하면서(제3조 제2항), 대통령 및 대통령비서실의 공무원은 수사처의 사무에 관하여 업무보고나 자료제출 요구, 지시, 의견제시, 협의, 그 밖에 직무수행에 관여하는 일체의 행위를 하여서는 아니 된다고 규정하고 있다(제3조 제3항). 그러나 공수처법에 의하면, 수사처장은 추천위원회에서 추천한 2명 중 1명을 대통령이 지명한 후 인사청문회를 거쳐 임명하고, 차장은 수사처장의 제청으로 대통령이 임명하며, 수사처검사는 인사위원회의 추천을 거쳐 대통령이 임명한다(제5조 제1항, 제7조 제1항, 제8조 제1항). 또한 수사처검사 뿐만 아니라 수사처장과 차장도 징계처분의 대상이 되고(제14

조), 징계처분 중 견책은 수사처장이 하지만 해임·면직·정직·감봉은 수사처장의 제청으로 대통령이 한다(제42조 제1항). 이처럼 대통령은 수사처장과 차장, 수사처검사의 임명권과 해임권 모두를 보유하고 있는데, 이들을 임명할 때 추천위원회나 인사위원회의 추천, 수사처장의 제청 등을 거쳐야 한다는 이유만으로 대통령이 형식적인 범위에서의 인사권만 가지고 있다고 볼 수는 없고(헌재 2019. 2. 28. 2017헌바196 참조), 수사처 구성에 있어 대통령의 실질적인 인사권이 인정된다고 할 것이다. 또한 공수처법 제17조 제3항에 의하면 수사처장은 소관 사무와 관련된 안건이 상정될 경우 국무회의에 출석하여 발언할 수 있는 한편, 그 소관 사무에 관하여 독자적으로 의안을 제출할 권한이 있는 것이 아니라 법무부장관에게 의안의 제출을 건의할 수 있다.」

이 이외에도 법정의견은 다음과 같은 통제수단을 들고 있다. 즉, ① 수사처는 공수처법이라는 입법을 통해 도입되었다. 수사처의 설치 및 존속 여부와 그 권한 범위, 구성 방식 등에 관한 사항은 법률에 규정되어 있는바, 국회는 이러한 법률의 개폐를 통하여 시원적인 통제권을 갖는다.

②입법부와의 관계에서 볼 때, 국회는 수사처에 대하여 인사청문, 처장에 대한 탄핵소추와 국회출석 및 답변 요구 그리고 수사처의 예산안에 대한 심의·확정권과 같은 통제수단을 행사할 수 있다.

③수사처에 대한 사법적 통제수단으로서, 법원은 수사처의 명령·규칙·처분에 대한 위헌·위법심사권(헌법 제107조 제2항)의 행사를 통하여, 헌법재판소는 수사처의 공권력의 행사 등으로 인한 기본권의 침해가 발생하였을 때 헌법소원심판권의 행사를 통하여 각각 수사처를 통제할 수

있다(헌재 1994. 4. 28. 89헌마221 참조). 수사처검사가 불기소처분을 한 경우 고소·고발인은 서울고등법원에 재정신청을 하여(공수처법 제29조 제1항), 수사결과에 대하여 다시 판단을 받을 수 있다.

④공수처법은 수사처장으로 하여금 소관 사무와 관련된 안건이 상정될 경우 국무회의에 출석하여 발언할 수 있도록 규정하여(제17조 제3항) 수사처 사무가 국무회의의 토론 과정을 통해 조정될 수 있는 장치를 마련해두는 등 행정부에 내부적 통제장치도 마련해 두고 있다.

이상에서 살펴본 것처럼 공수처에 대한 통제 및 조정 그리고 책임에 관한 한 검찰청 소속의 검사보다도 더 강화된 내용의 규정을 두고 있다. 따라서 이 관점에서도 헌법상의 규율을 충족시키고 있다고 할 것이다.

(3) 소결

이상에서 살펴본 것처럼 헌재 법정의견은 공수처는 독립한 행정기관이고 헌법은 국무총리 통할 하에 행정각부가 행정사무를 처리하는 것만을 허용하는 것은 아니기 때문에 공수처의 설치는 합헌이라고 한다. 또 본 사례에서 논의의 중심인 권력분립의 원칙 위반 여부에 대하여 오늘날 권력분립은 단순히 3권의 분리만을 강조하는 것이 아니라 협조에도 중점을 두고 있기 때문에 공수처는 권력분립의 원칙에도 위배되지 않는다고 한다. 이에 대하여 반대의견은 기능적 권력분립 이론의 전개에 대하여는 긍정하지만 공수처는 입법권, 사법권, 행정권 어디에도 속하지 않기 때문에 이는 권력분립의 원칙에 위배된다고 한다. 또 공수처의 직무는 헌법과 법률이 보장하고 있는 검사의 수사권과 공소권을 침해하고 있다고 한다.

필자는 공수처의 설치가 합헌이라는 헌재의 법정의견의 결론에는 찬성하지만 그 논리에는 잘못이 있다고 생각한다. 이 점에 대해서는 반대의견도 마찬가지의 모순점을 지니고 있다. 이처럼 헌재의 법정의견과 반대의견이 독립행정기관의 헌법상 규율에 대하여 모순된 논리를 전개하고 있는 최대의 이유는 헌법 제66조 4항에서 규정하고 있는 「행정권」의 개념에 대한 이해를 결여缺如하고 있는 데서 찾아 볼 수 있다. 헌법 제66조 제4항의 「행정권」의 개념은 행정법학이 주로 행정작용법을 염두에 두고 정의하고 있는 '행정'의 개념과는 다른 「집정執政」을 의미한다. 이렇게 「행정권」을 「집정執政」으로 이해할 때 독립행정기관의 설치에 대한 헌법상 규율에 대하여 다음과 같이 두 가지 카테고리에서의 이론구성이 가능하다고 본다.

첫째로 권력분립의 원칙이다. 이 관점에서 보면 3권이 각각 그 핵심영역, 즉 입법권은 법률의 제정(=법규의 창출), 사법권은 「법률상의 쟁송」(법원조직법 제2조)에 대한 최종 판단권과 영장발부권 그리고 행정권은 헌법이 보장하고 있는 「집정執政권」(주로 대통령에 의해서 행사된다)이 각각 침탈되지 않는 한 권력분립원칙에는 위배되지 않는다. 따라서 공수처의 설치는 위의 3권의 핵심적인 영역을 침탈하는 것이 아니기 때문에 권력분립원칙에 위배되지 않는다. 둘째로 행정조직법의 구성원리의 관점에서의 이론이다. 행정조직법의 구성원리란 ①분배의 원리, ②통제 및 조정의 원리 그리고 ③책임의 원리를 말한다. 분배의 원리의 관점에서 말하면 A행정기관이 B행정기관의 헌법이 보장하는 권한을 침해해서는 안 된다는 것이다. 그리고 ②통제 및 조정의 원리와 ③책임의 원리에서의 규율은 헌법이 국무총리의 통할 하에서 행정각부가 행정사무를 처리하도록 함으로써 그 요건은 충족된다. 이렇게 볼 때 공수처의 권한은 검사의 공소권을 침해하는 것이 아니고 또 공수처장의 임명 통제 및 조정 그리고 책임에 대하여 입법권, 사법권 그리고 행정권이 서로 협업하여 이 기능을 수행하고 있기 때문에 위의 요건 역시 충족되고 있다고 생각한다.

이상에서 살펴본 것처럼 독립행정기관인 공수처의 설치는 합헌이라고 할 수 있다.

V. 정리

헌법은 행정조직법을 규율하는 명시적인 규정을 두고 있지 않다. 따라서 이에 대한 내용은 헌법의 해석을 통해서 도출되지 않으면 안 된다. 그리고 이 작업은 헌법 제66조 제4항의 '행정권'이 '집정執政권'이라는 인식이 전제되어야 한다. 이 '행정(=집정)권'은 헌법이 대통령에게 부여하고 있는 권한과 직무를 말하는 것으로 입법·사법에 대응하는 3권의 하나에 속한다. 따라서 이 행정권은 의회가 제정한 법률에 의해서 창출되는 행정활동과는 다르다고 할 수 있다.

위와 같은 인식을 전제로 할 때 행정조직에 대한 헌법상의 규율은 다음과 같이 두 가지로 정리할 수 있을 것이다. 첫째로 권력분립론의 관점에서 행정조직(=행정권)은 입법권과 사법권의 핵심적인 영역을 침탈해서는 안 된다는 점이다. 둘째로, 이것은 행정조직에 대한 민주적인 통제의 속성을 지닌 것으로, 행정조직법의 구성의 원리, 즉 ①분배의 원리, ②통제와 조정의 원리 그리고 ③책임의 원리의 관점에서의 규율이다. 구체적으로는 분배의 원리의 관점에서 말하면 A행정기관이 B행정기관의 헌법이 보장하는 권한을 침해해서는 안 된다는 것이다. 그리고 헌법은 ②통제 및 조정의 원리와 ③책임의 원리에서의 규율은 국무총리의 통할 하에서 행정각부가 행정사무를 처리하는 것을 기본적인 요건으로 하고 있다.

제5장

대통령의 과잉권력을 창출하는 법적 구조

Ⅰ. 논의의 전제

소용돌이를 동반하는 역사라는 이름의 격류激流는 거기에 무엇인가 깊이 파인 흔적을 남기지 않고서는 결코 멈추는 법이 없다. 우리의 현재를 강하게 규율하고 있는 근·현대사도 예외는 아니다. 일제의 식민지지배, 해방 후의 미군에 의한 지배 그리고 한국전쟁을 거치면서 우리나라의 지배체제는 획일적이고 권위적인 ㅌ체제로 고착되었다.[1] 이로써 근대법치국가의 전제인 국가와 사회의 교환가능성[2]은 봉쇄되고 국가의 일방통행만이 있게 되었다. 게다가 국가의 지배체제 그 자체 내에도 숨 막히는 공간이 존재할 뿐이었다. 그런데 이러한 이중의 폐쇄공간의 중심에 다름 아닌 대통령이 자리 잡고 있는 것이다. 이 폐쇄공간을 지배하는 모든 권력은 말할 것도 없이 대통령으로부터 나온다. 가히 무한권력이라고 할 수 있다. 그렇기 때문에 이 자리를 차지하고 또 유지하기 위하여 자신은 물론 국가의 운명까지도 인질로 삼는 것을 주저하지 않는 등 치열한 정쟁政爭을 벌이게 된다.[3]

우리는 이 무한권력에 대하여 두려움, 냉소 그리고 저항 등의 극단적인 감정의 경험과 행동을 반복해 오면서 이를 어떻게 제한할 것인가 하는 문제에 대하여 줄곧 고민해 왔다. 그러나 그 결과는 미미하다고 할

1 한상희, 전시체제에서의 헌법형성, 『6·25의 법적 조명』(서울대학교 법학연구소 심포지움자료, 2000. 6. 13.), 참조.

2 루소의 계약론이나, 홉즈의 '리바이어던' 등을 참조.

3 가까운 예로 이른바 '북풍(北風)', '세풍(稅風)', '병풍(兵風)' 등을 둘러싼 정쟁(政爭)을 보자.

수밖에 없다. 즉, 대통령의 과잉권력의 폐해를 막기 위하여 개헌을 해야 한다는 주장이 줄곧 제기되고 있는 것은 이 문제가 여전히 현재형으로 존재하고 있음을 말해주고 있다. 이처럼 이 문제에 대한 접근방법이 생산적이지 못했던 데에는 다음과 같은 이유가 있다고 본다.

먼저 현재 문제가 되고 있는 대통령의 과잉권력의 내용이 무엇인지 구체적으로 논의되지 않았다는 점을 들 수 있다. 즉, 무엇을 가지고 과잉권력이라고 하는지 살펴보아야 한다. 흔히 현재의 대통령제를 제왕적 대통령제라느니 하는 식의 규정은 문제의 본질을 파악하는데 도움이 되지 않는다. 이 점에 대하여 필자는 대통령의 과잉권력이라고 할 때 보통 다음과 같은 사항을 지적할 수 있다고 본다. 첫째로 대통령이 자의적인 권한행사를 하여도 이를 당연시한다는 점이다. 원래 국가의 정책의 수립이나 집행은 법률의 규정에 따라 소관부처에 의해서 수립되고 집행되어야 하고 대통령은 지휘·감독하는 데에 그쳐야 하는데, 법률의 규정과 관계없이 대통령이 직접 개입함으로써 대통령의 의사에 따라 정책이 수립되거나 수립된 정책이 뒤바뀌고 나아가 자의적인 집행이 행해지는 것을 종종 볼 수 있다. 둘째로 대통령의 권력을 배경으로 한 대통령 주변의 기관과 개인의 권한의 남용이다. 이들은 정치과정에 불법적으로 개입하고 이 과정에서 끊임없이 인권침해를 낳고 있다는 것은 이미 다 아는 사실이다. 여기에 행정각부의 정책의 입안과 집행과정에 자의적으로 개입하는 일도 있으며 심한 경우에는 이권사업에 개입하여 축재蓄財의 방편으로 삼는 일도 있다. 따라서 대통령의 과잉권력을 논할 때에는 이러한 점을 염두에 두어야 할 것이다.

셋째로 들 수 있는 것은 법적 논의의 요점이 문제의 핵심에서 벗어나 있었다는 점을 들 수 있다.

대통령은 권력분립의 측면에서 볼 때 행정권을 담당하는 존재이지만 궁극적으로는 국가행정사무를 처리하기 위해서 존재하는 행정기관이라는 속성을 지니고 있다. 후자가 바로 국가행정조직법으로 파악되는 영역이다. 그럼에도 불구하고 지금까지의 법학계의 논의는 조금 과장해서 말하면 후자의 측면은 경시하고 전자의 입장만을 염두에 두고 권력성에 바탕하여 대통령의 권한을 나열하는 정도에 그치고 있다고 할 수 있다.[4] 그 결과 대통령제를 이해하는데 필수적인 국가행정조직법의 경우 아직 기초개념조차 정립되어 있지 않아 헌법과 정부조직법상에서 대통령의 과잉권력을 당연시하는 중대한 결함이 있음에도 불구하고 이에 대해서 충분히 논의도 되고 있지 않은 상태이다.[5] 이것은 결국 대통령의 과잉권력을 논하면서도 그 대통령이 어느 정도의 권력을 지니고 있고 그러한 권력이 창출되는 법적 구조가 무엇인지 아직 모른다는 이야기와 같다. 무엇을 공격해야 하는지 목표도 확실하지 않은 상태에서 공격을

---

4 이러한 가운데에서 강경근 교수의, 대통령제에 대하여 행정사무를 염두에 둔 다음과 같은 발언은, 표현방식은 다르지만 필자의 견해와 공명하는 부분이 있다고 할 수 있다. 「국민의 행복의 실현, 이것의 직접적인 몫은 정부형태를 구성하는 세 가지 주체의 하나인 정부가 맡아야 될 것이 아닌가. 우리 헌법 제4장에서 보면 정부를 두 가지로 나누고 있음을 알 수 있습니다. 제1절은 대통령이고 제2절은 바로 의원내각제의 요소가 강하게 투영된 행정부의 절로 되어 있습니다. 그렇게 나눔에도 불구하고 우리는 실제 우리 국민의 삶의 질의 향상에 주된 몫을 담당하는 행정부를 대통령에 종속된 기관의 형태로만 파악하는 그 타성을 정부형태 내지 대통령제에 계속해서 투영하고 있는 것이 아닌가 싶습니다. 즉, 권위적인 대통령을 당연히 전제로 하면서 그 대통령의 권한에 대한 통제에 대해서 헌정질서를 바꿔야 한다. 이것이 지금까지 수시로 나온 개혁론의 골격이 아니었나 합니다. 그렇지만 결국 일은 행정부가 하는 것이고 그렇다면 국가기관으로서 행정부가 국가각료로서의 국무위원들이 국가의 기본적 정책회의를 국무회의에서 심의한다면, 이건 미국식의 본래적인 대통령제로만 해석해서는 안 될 것입니다.」(한국대통령제의 문제점에 관한 종합토론요지, 동아법학 23호, 96쪽).

5 이 점에 대해서는 후술하는 것처럼 헌법재판소의 입장도 비판의 대상이다.

계속해온 셈이다. 물론 대통령의 과잉권력이 권력분립의 측면, 즉 대통령이 국회나 법원에 대하여 우월적인 지위를 차지하고 있는 법적 구조에서 유래하며 이 구조가 국가행정조직법상의 대통령의 지위에도 영향을 미치고 있는 측면도 있다. 그러나 후술하는 것처럼, 실제로 대통령이 다른 2권에 대하여 우월적인 지위에 있는 것도 궁극적으로는 실체가 없는 조직으로 국가행정조직법상의 행정기관이 아닌 이른바 '대통령실'이나 위헌적 성격이 강한 국가정보원 그리고 그 밖의 국가권력기관에 의한 비정상적인 운영에 바탕하여 행정권을 장악하고 있는 데에 바탕하고 있다고 할 수 있다. 그럼에도 불구하고 지금까지의 논의는 대통령에 대한 국가행정조직법적 차원에 대한 인식을 결여한 결과 국가행정조직법의 주요한 법원法源인 헌법과 정부조직법의 규정은 물론 이에 대한 이론까지 매우 조잡粗雜한 내용으로 되어 있고 결국 대통령의 과잉권력은 이러한 조잡성을 자양분滋養分으로 하여 계속 유지될 수 있었다고 할 수 있다. 해방 이후 권위주의 정부 아래에서 대통령의 과잉권력에 의해서 많은 국민들의 기본권의 유린이 있었는데 이것은 삼권분립에서 대통령이 다른 2권에 비해 우월한 권력을 지녔던 점에도 기인하지만 실질적으로는 바로 이 조잡하고 거친 국가행정조직법에 더 큰 원인이 있다는 것이 필자의 분석이다. 즉, 국가행정조직법의 차원에서 대통령제에 관한 논의가 전개되었더라면 자의적인 대통령과 그 주변집단의 권한남용을 방지할 수 있는 법제정비와 이론이 정립될 가능성도 있었기 때문이다.

따라서 대통령의 과잉권력을 창출하는 법적 구조를 분석함에 있어서는 다음과 같은 두 가지 단계로 나누어서 논의되어야 한다고 본다. 먼저 권력분립의 측면에서의 논의이다. 즉, 국가의 통치조직을 구성하는 입법, 사법, 행정의 3권 중에서 대통령이 다른 2권과의 관계에서 어떠한 위치를 차지하고 있는가 하는 문제이다. 이어서 여기서 더욱더 중요한 측면은 국가행정조직법 차원의 이야기로 국가행정사무가 어떠한 조직에 배분되어 어떻게 처리되고 있는가 하는 점이다.

이 장章에서는 이상과 같은 점을 염두에 두고 대통령의 과잉권력이 창출되는 법적 구조에 대해서 권력분립적인 측면과 국가행정조직법적인 측면에서 고찰하되 다만 본고의 시점에서는 후자가 논의의 핵심이라고 보기 때문에 전자에 대해서는 간단히 언급하고 후자에 중점을 두고 논의를 전개하기로 한다.

Ⅱ. 대통령과 권력분립

근대법치국가는 앞서 존재했던 전제국가의 「사람 – 즉, 전제군주의 자의恣意 – 에 의한 지배」의 원리에서 벗어나 「법 – 즉, 누구나 구속하는 법규범 – 의 지배」의 원리를 확립하게 되었다.[6] 그리고 이 원리가 구체화된 것이 이른바 입헌적 의미의 헌법으로 이것은 통상 권력분립을 기초원리로 하는 통치조직에 관한 부분과 기본권보장으로 구성되어 있다. 그런데 이 두 원리는 실제로 불가분의 체계를 이루고 있는데 헌법은 전자 즉 통치조직에 대하여 국민의 권리를 보장하기 위하여 권력을 제한하고 공선公選에 의한 입법기관이 정립하는 법에 의한 지배를 규정하고 있다. 이처럼 양자는 전체적으로 권력과 자유·인권과의 사이의 총체적

6 佐藤功, 日本國憲法における三權分立の諸問題, (日本)公法研究 第3號(1950), 16-17쪽.

인 관계, 바꾸어 말하면 통치구조의 기본원리를 이루고 있다고 할 수 있다.[7] 여기서 본서의 입장에서 이끌어 낼 수 있는 것은 당연한 이야기이지만 통치조직의 기본이념은 국민의 기본권보장이라는 점이며 이 통치조직에서 핵심적인 부분을 차지하고 있는 '대통령제'도 예외가 아니라는 점이다.

위와 같은 관점에서 볼 때 국민의 기본권을 보장하기 위해서는 3권 사이의 '견제와 균형'이 필수적이라고 할 수 있는데, 한국의 경우, 대통령이 입법이나 사법에 비하여 압도적으로 우월한 지위에 있다고 분석하고 있음은 이미 잘 알려진 사실이다. 그러나 실제로 권력분립과 관련된 헌법의 규정을 보면 과연 대통령이 다른 2권에 비해서 그렇게 압도적으로 우월적인 지위를 차지할 수 있을까 하는 생각이 든다. 입법부와 관련해서 보면 정부가 법률안 제출권을 가지고 있다는 점(헌법 제52조)과 대통령의 법률안 재의再議요구권(헌법 제53조) 그리고 대통령이 긴급 시에 법률의 효력을 갖는 긴급처분·명령을 할 수 있다는 점(헌법 제76조) 등을 들 수 있다. 그러나 입법부도 예산의 심의·확정권(헌법 제54조), 국정감사 및 조사권(헌법 제61조) 그리고 대통령에 대한 탄핵소추권(헌법 제65조) 등 대통령의 권한을 통제할 수 있는 수단은 충분히 지니고 있다. 오히려 지금까지의 상황을 보면 대통령이 입법부에 대하여 우위에 설 수 있는 직접적인 이유는 정치적인 배경에 있다고 볼 수 있다. 즉, 그것은 대통령이 여당에 대한 영향력을 행사하여 공천公薦권 등을 매개로 하여 의원들을 지배하게 될 경우 헌법의 규정과 관계없이 입법부는 대통령에게 예속되게 된다는 사실이다. 이러한 점은 대통령이 여당에 대한 영향력이

---

7 石田 雄, 近代日本政治構造の研究, 未來社(1996), 290-291쪽.

미약하고 야당이 국회에서 과반 수 이상의 의석을 차지하는 경우 대통령이 의회에 대하여 전혀 영향력을 발휘하지 못하는 사실에서도 분명히 알 수 있다.

사법부와의 관계에서도 마찬가지이다. 대통령이 사법권에 대하여 영향력을 행사할 수 있는 가장 중요한 수단은 대법원장과 대법관의 임명권(헌법 제104조)이라고 할 수 있다. 그러나 일단 임명된 후에는 신분이 보장되기 때문에(헌법 제103조, 제106조, 참조), 이 임명권 자체만을 가지고 사법부의 우위에 선다는 것은 불가능하다고 할 것이다. 또 한 가지 들 수 있는 것은 대통령의 사면·복권에 관한 권한이다(헌법 제79조). 대통령의 이 권한은, 최근 잇달아 문제가 제기되고 있는 것처럼, 사법권의 재판작용에 대한 중대한 장애라고 할 수 있으며 대통령이 사법부에 대하여 우위에 설 수 있는 계기가 될 수 있을 것이다. 그러나 이 사안은 우리가 현재 문제로 삼고 있는 즉 앞서 언급한 대통령의 과잉권력과는 차원을 달리한다고 할 수 있다.

그리고 입법부, 사법부 양자에 대하여 우위에 서있다고 할 수 있는 경우가 국가원수로서의 지위이다(헌법 제66조 제1항). 그러나 이 경우 역시 논의의 대상인 대통령의 과잉권력과는 직접 관련이 없다고 하겠다.

이렇게 놓고 볼 때, 대통령의 과잉권력이 헌법의 구조에서 오는 3권의 불균형, 즉 대통령의 다른 2권에 대한 압도적인 우위에서 비롯되는 것은 아니라는 것을 알 수 있다. 그렇다면 과연 대통령의 이른바 과잉권력은 어디에서 나오는 것일까? 그것은 다름 아닌 대통령의 국가행정조직법상에서의 비정상적인 지위, 즉 국가행정으로부터 초연한 입장에 서 있을 수 있는 지위와 위헌적 성격이 짙은 대통령직속기관을 배경으로 한 권한행사에 있다는 것이 필자의 분석이다. 행정조직은 행정사무를 처리하기 위하여 존재하며 대통령의 주된 사무는 행정각부를 종합조정(=통할 등)하는 일이라고 할 수 있다. 그럼에도 불구하고 대통령은 헌법 제66조 제4항[8]의 규정에 의하여 행정권을 독점하고 다른 한편에서 행정각부로 하여금 국가행정사무를 수행하도록 하면서 자신은 국무총리라는 보좌기관을 교묘히 이용하여 국가행정으로부터 일정한 거리를 유지함으로써 권한만을 행사하고 정책의 실패에 대하여 책임을 지지 않는 관행이 계속 유지되어 오고 있다.[9] 그리고 이러한 지위의 유지와 권한의 행사는 대통령비서실과 국가정보원과 같은 직속기관의 존재에 의해서 뒷받침되고 있는 것이다. 현재 문제가 되고 있는 한국대통령의 과잉권력을 창출하는 법적 구조의 핵심은 바로 여기에 있다고 본다. 대통령의 과잉권력의 문제에 대한 논의에서 국가행정조직법차원의 분석이 왜 중요한가는 바로 여기에 있는 것이다.

III. 대통령과 국가행정조직법

1. 분배의 원리에 의한 이해

이 장의 테마와 관련하여 대통령이 국가행정조직에서 어떠한 위치에서

8 헌법 제66조 제4항 「행정권은 대통령을 수반으로 하는 정부에 속한다」.

9 지금까지 정책의 실패에 대하여 법적인 책임을 진 대통령은 국정농단으로 2017년 3월 10일에 탄핵된 박근혜 전대통령이 유일하다.

어떠한 역할을 하고 있는가를 알기 위해서는 국가행정사무가 어떠한 체계와 규율 속에서 처리되고 있는가 하는 점이 우선 정리되어야 한다. 그리고 국가행정사무는 국가행정조직법의 주된 법원法源인 헌법과 정부조직법 등에 규정된 일정한 체계에 의하여 설치된 행정조직(=기관)에 의하여 처리된다는 점에 대해서는 이미 앞에서 충분히 살펴보았다. 다만 국가행정조직에 대한 체계적인 이해는 행정조직법의 구성원리를 바탕으로 하여야 한다는 점이다(이 점에 대해서는 제1장과 제3장 참조). 그리고 이 장章의 논의와 관련해서는 행정조직법의 구성원리 중 분배의 원리의 관점에서 살펴보는 것으로 족하며 이해하는 데에도 편리하다.

2. 국가행정조직법상의 분배의 체계와 대통령의 사무

앞서 제4장에서 살펴본 것처럼 필자는 헌법 제66조 제4항에서 규정하고 있는 '행정권'은 집정執政권, 즉 헌법에 의해서 창출된 대통령의 권한이고 국가행정사무는 법률에 의해서 창출된다고 보고 있다.

그리고 이 국가행정사무의 주된 부분은 헌법 제4장 제3관 행정각부(헌법 제94조~제96조)의 규정과 정부조직법의 규정(정부조직법 제4장)에 의해서 행정부의 각부各部에 배당되어 처리되는 체계로 되어 있다. 여기서 대통령은 국무총리를 매개로 하여 행정각부를 통할하게 된다(헌법 제87조 제2항, 정부조직법 제19조, 제11조, 제26조, 등, 참조). 또한 대통령은 국무회의를 통하여 국무위원의 보좌補佐를 받으며(헌법 제87조) 각종자문회의(국가원로자문회의(헌법 제90조), 국가안전보장회의(헌법 제91조), 민주평화통일자문회의(헌법 제92조) 그리고 국민경제대책회의(헌법 제93조))의

자문을 받고 직속의 보좌기관으로 대통령비서실(정부조직법 제14조)과 대통령경호실(정부조직법 제16조)을 둘 수 있다. 그리고 국가 및 법률이 정한 단체의 회계검사와 행정기관 및 공무원의 직무에 관한 감찰은 대통령의 직속기관인 감사원에 의해서 처리 된다(헌법 제97~제100조).

여기서 행정부에 관한 부분에 대해서는 편제編制에 대하여 분배의 원리의 관점에서 간단히 살펴보기로 하자.

여기에서 문제가 되는 부분은 제4장 제2절 제2관의 국무회의와 같은 곳에 규정되어 있는 국가원로회의(헌법 제90조), 국가안전보장회의(헌법 제91조), 민주평화통일자문회의(헌법 제92조) 그리고 국민경제대책회의(헌법 제93조)와 같은 기관으로 이들 기관은 대통령의 정책에 대한 심의와 자문 등의 기능을 수행하는 조직이므로 제4장 제1절의 대통령을 규정한 부분에 위치하여야 한다. 마찬가지의 의미에서 제4절 제4관의 감사원도 대통령의 직속기관인 이상 대통령을 규정하고 있는 부분에 규정되어야 한다. 이것은 단순히 형식적인 차원의 문제가 아니라 행정조직이란 행정사무를 처리하기 위하여 존재한다는 전제에서 볼 때 중요한 의미를 갖는다.

그리고 대통령의 사무와 관련하여 여기에서는 다음과 같은 점을 지적해 두고자 한다. 즉, 대통령에 대하여 국가행정조직법적으로 고찰할 경우에는 '권력'이 아니라 '사무'의 관점에서 파악해야 한다는 점이다. 사실 대통령의 과잉권력을 창출하는 법적 구조가 온존 할 수 있었던 데에는 대통령문제에 대한 인식의 불균형이 큰 몫을 차지하고 있다고 할 수 있다. 다시 말하지만 행정조직은 행정사무를 처리하기 위해서 존재한다. 국가행정조직의 정점에 위치하는 행정기관인 대통령도 예외는 아니다. 그럼에도 불구하고 지금까지의 논의는 대통령이 국가행정사무를 처리하기 위해 존재하는 행정기관이라는 측면보다는 대통령의 권력적인 면을 지나치게 강조해 왔다고 볼 수 있다. 그러나 대통령의 주된 임무는 국가행정사무를 주로 행정각부에 관여하는 형식으로 처리하는 것이며 대통령의 권력도 궁극적으로는 이러한 국가행정사무를 원활히 처리하기 위해서 존재한다고 보아야 한다. 따라서 대통령의 과잉권력의 축소와 이에 대한 통제에 관한 논의는 대통령이 행정사무를 처리하기 위한 행정조직의 한 부분이라는 점에서 출발하는 것이 생산적이라는 점을 다시 한 번 강조하고자 한다.

IV. 대통령의 과잉권력을 창출하는 법적 구조

1. 국가행정사무로부터 초연超然한 대통령의 지위

헌법 제4장의 '정부'의 규정은 제3장의 국회 그리고 제5장의 법원에 대응하는 권력분립적 의미를 지니는데 그치는 것이 아니라 국가행정조직법의 차원에서 매우 중요한 의미를 갖는다. 말할 것도 없이 헌법 제4장은 국가행정조직법의 가장 주요한 법원法源인 것이다. 즉, 이 헌법 제4장은 국가행정조직법의 대강을 정하고 있는데 이 규정이 어떠한 시각視角에서 어떠한 내용으로 규정되느냐에 따라서 국가행정조직체계의 내용과 운영이 크게 달라지지 때문이다. 국가행정조직법의 일반법인 정부조직법은 이 헌법규정을 이어받아 제정된 것이다. 그러면 여기서 헌법 제4장이 국가행정조직법의 체계와 내용을 어떻게 구상하고 있는지 다시 한번 간단히 살펴보기로 하자.

헌법은 국가행정조직 전체를 아우르는 개념으로 '정부'라는 용어를 채용하고 다시 이 정부를 대통령(헌법 제4장 제1절)과 행정부(헌법 제4장 제2절)로 구성하고 있다. 그리고 후자後者는 다시 국무총리와 국무위원(헌법 제4장 제2절 제1관), 국무회의(헌법 제4장 제2절 제2관), 행정각부(헌법 제4장 제2절 제3관), 그리고 감사원(헌법 제4장 제2절 제4관)이 그 요소로 되어 있다.[10] 우리는 이 단계에서 이미 중요한 사실을 발견하게 된다. 즉, 대통령은 국가행정사무를 실질적으로 처리하는 행정부의 구성요소가 아니라는 점이다. 단지 대통령은 국무총리와 국무위원의 보좌를 받아 행정각부에 관여할 뿐이다(헌법 제86조 제2항, 제87조 제2항). 그나마 이 역할도 실질적으로는 국무총리가 거의 다 수행하고 있는 실정이다. 이것은 무엇을 의미하는가? 이것은 국가행정사무의 처리에 대하여 책임은 지지 않고 권한만을 행사하게 할 수 있는 구조로 결국 대통령으로 하여금 행정부로부터 한걸음 물러나 군림하게 하는 원시적인 방법에 의해서 대통령에게 권위를 부여하려는 의도로밖에 볼 수 없다. 즉, 대통령이 신성한 존재로서 국무총리 위에 군림함으로써 행정에 대한 책임은 국무총리와 그 밖의 국무위원들이 지게 되고 대통령은 특별한 사유가 없는 한 책임으로부터 자유로운 상태에 있게 된다. 현재 한국대통령제에서 대통령의 과잉권력을 창출하는 가장 근본적인 원인은 바로 여기에 있다고 해도 과언이 아니다. 이러한 헌법의 시각視角은 국가행정조직체계의 구성과 운영에 직·간접적으로 영향을 미쳐 민주적이고 합리적인 국가행정사무의 수행을 저해하게 된다. 이와 관련된 예는 무수히 많

---

10 헌법의 행정부에 관한 규정방식도 국가행정조직법의 의미에서 보면 논리성을 결하고 있다. 이 점에 대해서도 후술함.

지만 한 가지 예를 들면 대통령의 과잉권력을 지탱하는 조직으로서 현재 많은 논란의 대상이 되고 있는 이른바 대통령실과 같은 보좌기관이나 국가정보원과 같은 직속기관이 법적으로 많은 문제점을 안은 채 운영되고 있는 원인도 따지고 보면 위와 같은 헌법의 시각에 그 원인이 있는 것이다. 대통령은 국민이 우러르고 숭배해야 하는 신성한 존재가 아니다. 대통령은 국가행정사무를 처리하기 위한 국가행정조직의 정점에 위치하고 있는 하나의 행정기관일 뿐이다.

따라서 대통령의 행정부의 관여가 국무총리를 매개로 하여 이루어질 필요가 있는가 하는 점에 대해서 진지하게 재검토되어야 한다. 헌법에는 국무총리가 대통령을 보좌한다고 하고 있지만 현재의 국무총리의 역할은 보좌의 의미에 맞지 않는다. 즉 보좌란 옆에서 하는 일을 돕는 것을 의미하는데 국무총리는 실제로 대통령의 가장 중요한 사무인 종합조정기능 그 자체를 수행하고 있는 것이다. 거기에다 실제적인 문제로 국무총리의 국무조정능력은 대통령실 등 대통령 주변의 기관의 간섭과 총리에게 예산이나 인사 등에 있어서 특별한 권한이 없기 때문에 각 부처의 갈등을 조정하는데 한계가 있다는 사실이다. 이제 대통령이 행정각부를 직접 조정하도록 하여 결과가 잘못되었을 때에는 자신의 행위에 대하여 직접 책임을 지는 구도가 확립되어야 한다. 그렇게 하지 않으려면 국무총리와 보좌관계를 끊고 국무총리에게 명실상부한 권한을 부여해야 할 것이다.

2. 무시되고 있는 행정조직법정주의

근대법치국가는 국민의 자유와 재산에 대하여 국가가 침해할 필요가 있는 경우에는 반드시 법률에 근거하도록 하고 있다. 이것이 이른바 「법률에 의한 행정의 원리」 즉 법치주의이다. 그러나 국민의 자유와 재산은 위의 원리만으로 충분히 보장되지 않는다. 행정조직법상의 문제가 남아 있는 것이다. 즉 어떠한 행정기관이 어떠한 조직과 권한을 가지고 어떠한 사무를 처리할 것인가 하는 점이 그것이다. 만약 행정권이 행정기관에 관한 위의 사항을 임의任意로 정한다면 법치주의의 원리는 형해화되고 말 것이다. 이러한 이유에서 행정조직도 행정권이 임의로 정하는 것이 아니라 일정한 사항에 대해서는 법률로 정해야 한다는 이론이 확립되어 있는데 이것이 이른바 행정조직법정주의이다. 우리나라의 헌법과 정부조직법도 이 행정조직법정주의를 규정하고 있기는 하지만 현행 법률의 규정은 심각한 문제점을 안고 있다. 국가행정조직에 관하여 헌법과 정부조직법의 규정에 비추어 볼 때 법률에 의해서 규정되어야 할 사항이 대통령령에 의해서 규정되고 있는 실정이며, 후술하는 것처럼, 대통령실과 같은 조직은 설치근거가 없이 존재하고 있는 실정이다. 이와 같은 대통령의 행정조직에 대한 막강한 권한 역시 대통령의 과잉권력을 창출하는 중요한 요인이 되고 있다.

행정조직법정주의는 행정조직을 민주적으로 통제함으로써 국민의 권리와 자유를 보장하는 것을 목적으로 한다. 그러나 이러한 목적을 위해서도 입법부가 행정조직의 존재양식 전체를 규율하는 것은 불가능하기 때문에 기본적인 부분에 대해서는 법률로써 정하고 그 이외의 부분에 대해서는 폭넓게 행정권에 자신의 조직권능을 인정할 수밖에 없다. 그리고 그 경계선을 어디에 그을 것인가에 대해서는 입법부의 입법정책적 판단에 대부분을 맡겨야 할 것이다.[11] 결국 법률로 정해야 하는 기본적인 부분이 무엇인가에 대한 논의가 이 문제의 중요한 부분이라고 할 수 있다. 이러한 측면에서 볼 때 국가행정조직의 핵심인 행정각부의 설치와 직무범위에 관하여 규정하고 있는 정부조직법의 규정은 심각한 문제점을 안고 있다. 즉, 행정조직편성권의 대통령에 대한 위임의 폭이 지나치게 크다는 점이다. 그 이유는 다음과 같다.

헌법 제96조는 「행정각부의 설치·조직과 직무범위는 법률로 정한다」라고 규정하여 행정조직과 법률의 근거문제에 관하여 입법적으로 해결하고 있다. 이 규정에 의해서 제정된 것이 바로 「정부조직법」이다. 그리고 정부조직법 제2조 제1항은 「중앙행정기관의 설치와 직무범위는 법률로 정한다」라고 규정하여 행정각부 이외의 중앙행정기관의 설치와 직무범위는 법률의 규정에 의할 것을 요구하고 있다. 또한 독립한 행정기관인 선거관리위원회(헌법 제114조 제7항)와 대통령 소속 하에 있는 감사원(헌법 제100조)등의 조직·직무범위 등 기타 필요한 사항에 대해서는 법률로 정하도록 되어 있다.

그러나 헌법 제96조나 정부조직법 제2조 제1항의 규정에 해당한다고 할 수 있는 정부조직법은 각 부部·처處·청廳의 설치와 직무범위에 관하여 각 1개조 또는 1개항의 근거만을 두고 있을 뿐이다.[12] 이처럼 정부조직법에서는 각 부部·처處·청廳의 직무범위와 조직에 관해서 포괄적으로 규정하는데 그치고 실제로는 대통령령인 「○○○부와 그 소속기관

11 藤田宙靖, 行政組織法, 良書普及會, 1994, 51쪽.

12 정부조직법 제26조~제43조, 참조.

직제」에서 규정하고 있다. 이것을 가지고 헌법 제96조와 정부조직법 제2조 제1항이 규정하고 있는 행정조직법정주의의 요건을 충족했다고 도저히 할 수 없을 것이다. 따라서 중앙행정기관의 설치와 직무범위는 대통령령이 아니라 개별법률에 의해서 규정되어야 한다.

3. 위헌적인 요소의 직속기관과 보좌기관

1) 직속기관 – 국가정보원의 경우 –

행정기관을 행정조직의 편재에서 어디에 위치시킬 것인가는 당해 행정기관의 사무의 성격에 따라서 판단해야 할 것이다. 따라서 만약 어느 행정기관의 사무가 내부적인 사항, 즉 정보의 수집과 분석 판단의 자문적인 사항에 한정된다면 대통령 소속 또는 그와 맥락을 같이하는 국가안전보장회의(헌법 제91조) 산하기구로 할 수 있으나 국민에 대하여 공권력(범죄수사 등 집행권력)을 행사하는 경우라면 행정부 조직을 규정한 헌법 제4장 제2절 제3관[13] 규정의 제한을 받아야 할 것이다.

그런데 정부조직법 제17조 제1항에서 「국가안전보장에 관련되는 정보 및 보안에 관한 사무를 담당하기 위하여 대통령 소속으로 국가정보원」을 두도록 하고 있고 이에 의거한 국가정보원법 제4조와 제6조에서 국가정보원이 국무총리 통할권에서 벗어나도록 규정하고 있는바 이러

---

13 이해를 돕기 위하여 헌법 제4장의 절(節), 관(款)을 열거해 둔다.
제4장
제1절 대통령
제2절 행정부 제1관 국무총리와 국무위원 제2관 국무회의 제3관 행정각부 제4관 감사원

한 법률의 조항들은 위헌의 행정기구의 조직을 규정하는 것으로서 헌법 제86조 제2항[14]과 제94조[15]에 위반된다.[16]

이에 대하여 헌법재판소의 다수의견은 다음과 같은 논거를 들어 위헌성을 부인하였다.

'우리나라의 행정권은 헌법상 대통령에게 귀속되고, 국무총리는 단지 대통령의 첫째가는 보좌기관으로서 행정에 관하여 독자적인 권한을 가지지 못하고 대통령의 명을 받아 행정각부를 통할하는 기관으로서의 지위만을 가지며, 행정권 행사에 대한 최후의 결정권자는 대통령이라고 해석하는 것이 타당하다고 할 것이다.' 따라서, '이와 같은 헌법상의 대통령과 국무총리의 지위에 비추어 보면 국무총리의 통할을 받는 행정각부에 모든 행정기관이 포함된다고 볼 수 없다 할 것이다.'[17]

그리고 '대통령직속의 헌법기관이 별도로 규정되어 있다는 이유만을 들어 법률에 의하더라도 헌법에 열거된 헌법기관 이외에는 대통령직속의 행정기관을 설치할 수 없다든가 또는 모든 행정기관은 헌법상 예외적으로 열거된 경우 등 이외에는 반드시 국무총리의 통할을 받아야 한다고는 말한 수 없다 할 것이고 이는 현행 헌법상 대통령중심제의 정부조직원리에도 들어맞는'[18] 다는 것이다.

---

14 헌법 제86조 ②국무총리는 대통령을 보좌하며 행정에 관하여 대통령의 명을 받아 행정각부를 통할 한다.

15 헌법 제94조 행정각부의 장은 국무위원 중에서 국무총리의 제청으로 대통령이 임명한다.

16 헌재 1994. 4. 28. 89헌마221, 『헌재판례집』 6-1, 252쪽.

17 헌재 1994. 4. 28. 89헌마221, 『헌재판례집』 6-1, 260-261쪽.

18 헌재 1994. 4. 28. 89헌마221, 『헌재판례집』 6-1, 263-266쪽.

국가정보원은 대통령의 보조기구로 대통령의 직속기관으로 설치할 수 있기 때문에 국무총리의 통할과는 관계가 없다고 할 수 있다. 문제는 다른 데에 있다. 다름 아닌 바로 국가정보원의 직무범위가 문제인 것이다. 국가정보원은 어디까지나 대통령의 보조기구이기 때문에 그 직무의 범위는 대통령의 사무를 보조하는데 그쳐야 한다. 그런데 대통령의 사무는 앞서 살펴본 것처럼 대외적인 일과 행정각부를 중심으로 하는 행정부를 종합조정하는 일이다. 따라서 국가정보원의 직무는 대통령의 대외적인 일의 처리와 종합조정하는 일을 보조하는 그 이상을 넘어서는 안 된다고 할 것이다.

그리고 행정사무를 어디에 분배할 것인가 하는 문제는 단지 형식에 그치는 문제가 아니다. 행정조직법의 구성원리에 의해서 분배에는 통제와 책임의 원리가 결부되어 있기 때문이다. 즉, 어떤 행정사무가 보조기구에 배분되는 것과 행정각부에 배분되었을 때 이어지는 통제와 책임의 원리는 매우 다르다는 점을 기억해야 할 것이다. 즉, 행정각부에 배분되는 사무의 경우 국회에 의한 통제(헌법 제61조, 제62조)와 행정부 내에서의 통제 및 조정(대통령, 국무총리의 통할, 국무회의 등) 그리고 그 사무처리에 대한 책임(헌법 제63조, 제64조 등) 등에 있어서 보조기구에 배분되는 사무의 경우와는 많은 차이점이 있다. 헌법이 예정하고 있는 사무배분에는 바로 이러한 점이 포함되어 있다고 해야 할 것이다.

따라서 국가정보원의 경우에도, 행정부에 속하여 국무총리의 통할을 받지 않고 대통령의 직속기관으로 존재하는 한 그 직무범위는 대통령의 사무를 보조하는 정도에 그쳐야 할 것이다. 이렇게 볼 때 현행 국가정보원법에 규정된 국가정보원의 직무 중 제4조 제1항은 제5조 제2항 및 제3항이 결합하여 행해지고 있기 때문에 위헌적인 성격이 강하다고 볼 수 있다.

이처럼 국가정보원은 위헌적 성격이 강함에도 불구하고 조직과 활동 등에 있어서 많은 특권을 누리고 있으며 국회 등에 의한 외부의 통제도 매우 미약하다고 활 수 있다. 즉, 국가정보원의 조직은 원장이 대통령의 승인을 얻어서 정하며(국가정보원법 제6조), 직원도 원장과 차장 그리고 기획조정실장만 법률사항으로 규정되어 있고 기타 필요한 직원은 원장이 예산의 범위 안에서 대통령의 승인을 얻어 얼마든지 둘 수 있도록 되어 있다(동법 제7조). 또 예산에 관해서도 국가정보원은 「예산회계법 제29조의 규정에 의한 독립기관」이며 예산의 산출내역과 그에 따른 첨부서류를 제출하지 않아도 되는 등의 특권이 있다(동법 제16조). 그리고 행정부에 대한 가장 유효한 통제기관인 국회의 국가정보원에 대한 통제권도 미약하다. 즉, 국가정보원장은 설령 위법한 직무행위를 한다 하여도 국회에 의하여 해임이 건의되거나 탄핵되지 않는다. 또 원장이 국회에서 증언을 하는 경우에도 원장에게는 광범위한 증언거부권이 부여되어 있다(동법 제17조).

이처럼 대통령의 과잉권력의 배후에는 국가정보원과 같은 민주적인 통제를 받지 않는 초법적인 대통령직속기관이 존재하고 있음을 알 수 있다. 따라서 이와 같은 직속기관의 헌법이 허용하는 범위 안에서의 직무범위는 무엇이며, 또 이에 대한 효과적인 통제방안은 무엇인지 시급히 검토가 요청된다고 할 것이다.

2) 보좌기관 – 이른바 '대통령실'의 경우 –

대통령의 과잉권력과 함께 반드시 언급되는 조직이 있는데 그것이 바로 이른바 '대통령실'이다. 헌법을 비롯한 법률의 규정에 의하면 국가의 중요정책은 국무회의의 심의를 거쳐 결정되어 행정각부에 의해서 집행되게 되어 있다(헌법 제89조 및 정부조직법 등, 참조). 그러나 지금까지의 행정의 운영이나 관행을 보면 국가의 중요정책의 결정은 대통령실 수석비서관들에 의해서 독점됨으로써 국무총리를 비롯한 행정각부 그리고 국무회의를 유명무실한 존재로 만들고 있다는 것은 이미 널리 알려진 사실이다. 현재 대통령비서실은 비서실장 아래에 정책실과 5개의 수석실(정부, 시민사회, 홍보, 경제, 사회)로 구성되어 있다. 이와 같은 현행조직은 행정부의 업무영역을 그대로 축소해 놓은 모습을 하고 있던 종래의 정권에 비하여 그 내용이 많이 달라진 것은 사실이다.[19] 하지만 이들 대통령비서실이 관련부처에 대하여 우위에 있는 입장은 변하지 않고 있다.

그러나 대통령비서실은 국가정책에 개입할 수 있는 어떠한 권한도 헌법이나 법률에서 부여받은 바 없다. 대통령비서실의 임무는 대통령을 보좌하는 것이기 때문에(정부조직법 제14조 제1항 참조) 대통령비서실의 위와 같은 국정에의 개입은 위헌이다. 뿐만 아니라 대통령비서실의 조직 그 자체도 법적으로 많은 문제점을 안고 있다. 대통령비서실의 설치와 직무범위를 규정하고 있는 법률상의 근거는 정부조직법 제14조[20] 단 한 조문에 불과하다. 이 한 조문을 근거로 비서실의 규모와 권한 등을 대통령이 임의로 정하는 것은 헌법과 정부조직법에서 정하고 있는 행정조직법정주의에 반한다. 특히, 차관급에 해당하는 수석비서실을 대통령이 임의로 설치하는 것은 정부조직법의 규정에 정면으로 위배된다. 즉,

---

19 종래의 정권에서는 이들 수석실은 관련부처 위에 군림하면서 행정부처에 지시하는 이른바 '청와대 비서실 우위의 조직계층'을 형성하고 있었다고 한다. 함성득, 새로운 국무총리의 역할과 국무회의의 기능, 한국행정연구(1998년 여름호), 141-142쪽, 참조.

국가행정조직의 핵심인 행정각부의 경우에도 차관의 설치와 사무분장은 법률로 규정하도록 되어 있기 때문이다(정부조직법 제2조 제3항, 제4항, 제26조 제2항, 참조).

그리고 대통령비서실 조직은 그 기능에 있어서 국무총리 조정실(조정실장 아래 국정운영실, 정부업무평가실, 사회조정실, 청년정책조정실, 규제조정실, 경제조정실로 구성되어 있다)과 중복된다고 할 수 있다. 실제로 행정부의 종합조정기능을 수행하는 국무총리의 역할이 무력화되는 것은 바로 이러한 조직의 중복에 원인이 있다고 할 수 있다. 물론 앞서 언급한 것처럼 보다 근본적인 해결책은 대통령과 국무총리와의 관계를 재정립하는 일이지만 먼저 대통령비서실의 규모를 축소하고 대통령경호실과 함께 '대통령부府'와 같은 조직으로 개편하여 이 조직의 사무분장의 범위와 권한 등을 명확히 법률로 정하여야 할 것이다.

대통령의 과잉권력의 폐해와 이에 대한 개선방법에 대해서 많은 논의가 있었지만 논의의 방식이 주로 권력분립의 측면에 중점을 둔 결과 생산적이지 못했다고 할 수 있다. 그러나 대통령제에 대한 논의는 권력분립의 측면 이외에 국가행정조직법적인 측면에서의 논의가 필수적이며 입법, 사법의 2권에 대한 대통령의 우위도 결국은 대통령이 행정권의 주체이면서 국무총리를 매개로 하여 권한을 행사할 뿐 책임을 지지 않는 구조에 바탕하고 있음을 알았다. 따라서 무엇보다도 대통령의 과잉권력

---

20 제14조 (대통령비서실) ① 대통령의 직무를 보좌하기 위하여 대통령비서실을 둔다.
② 대통령비서실에 실장 1인을 두되, 실장은 정무직으로 한다.

의 문제를 해결하기 위해서는 대통령의 사무, 즉 행정각부를 종합조정하는 기능을 국무총리에 맡기지 않고 직접 관여하도록 하는 일이다. 그렇게 하지 않을 경우에는 아예 대통령과 국무총리와의 관계에서 보좌기능을 끊고 국무총리에게 행정각부를 관여하는 명실상부한 권한을 부여해야 할 것이다. 즉, 현재의 대통령과 국무총리와의 관계를 재정립하는 일이 제일 시급한 과제이다. 그리고 거기에 헌법과 정부조직법에 규정되어 있는 국민의 기본권보장의 하나의 축이라고 할 수 있는 행정조직법정주의를 관철시키는 일과 대통령의 과잉권력을 지탱하고 있는 위헌적인 요소를 안고 있는 직속기관과 보좌기관에 관한 법제를 정비하는 일이 과제로 남아 있다고 할 수 있다.

제6장

헌법개정과 독립위원회의 법적지위

Ⅰ. 행정위원회와 행정조직법

행정위원회제도의 원형은 19세기말에서 20세기에 걸쳐서 미국에서 발달하였다. 그 당시 사회정책적 내지 사회주의적인 색채를 띤 입법이 격증하였고 이와 함께 행정권의 활동이 현저히 확대 강화되었다. 새롭게 발전한 행정분야에는 특정한 당파에 의해 정책이 영향을 받지 않고 보다 광범위한 시야에서 영속적인 견지에 서서 주도면밀한 조사를 기초로 하여 기술적·합리적인 정책을 수립하는 것이 바람직한 분야, 정당의 압력에서 벗어나 공정하고 중립적일 뿐만 아니라 능률적으로 운영·실시되어야 할 분야, 각 방면의 이해관계자들의 참여를 필요로 하는 분야 등이 적지 않았다. 위와 같은 분야에서는 행정부로부터 어느 정도 독립한 행정위원회를 설치하여 이 행정위원회로 하여금 행정을 맡도록 함과 동시에 그 사항의 정치적 중립성·기술적 전문성·이해대립성 등에 유의하면서 그에 관한 입법적 기능 및 사법적 기능까지를 행정위원회로 하여금 행사하게 하였다.[1]

위와 같은 행정위원회는 각 나라에 따라 설치된 배경이나 기능 등에 있어서 다르지만 행정조직법적인 측면에서 보았을 때 행정권으로부터 독립성을 확보하는 것은 공통적으로 중요한 사안이라고 할 수 있을 것이다. 우리나라의 현행법제에서도 한결 같이 해당 위원회의 독립성을 선언하고 있지만 과연 법문의 내용처럼 독립성이 확보되고 있는가 하는 점에 대해서는 검토가 필요하다고 할 것이다.

---

1 田中二郎, 新版 行政法 中巻, 弘文堂, 1988, 53-54쪽.

이 장章에서는 위와 같은 점을 염두에 두고 몇몇 대표적인 이른바 독립위원회(중앙선거관리위원회, 감사원, 방송통신위원회, 공정거래위원회, 국가인권위원회)를 법해석학적인 입장에서 분석하여 현재 진행되고 있는 헌법개정논의에 대한 실마리를 제공하고자 한다.

II. 헌법과 정부조직법

이미 앞에서 살펴본 것처럼 헌법은 국가행정사무의 주된 부분에 대해서는 대통령의 일정한 관여 아래 행정부로 하여금 처리하도록 규정하고 있다.

그리고 헌법의 규정에 따르면 행정부는 국무총리와 국무위원(제4장 제2절 제1관), 국무회의(제4장 제2절 제2관), 행정각부(제4장 제2절 제3관) 그리고 감사원(제4장 제2절 제4관)으로 구성되는데 이 중에서 국가행정사무를 실질적으로 처리하고 있는 것은 행정각부이다. 그리고 이 행정각부의 설치·조직과 직무범위는 법률로 정하도록 하고 있으며(헌법 제96조) 이 헌법규정에 따라 제정된 것이 정부조직법이다.

정부조직법에 규정된 핵심적인 행정기관의 형태는 중앙행정기관으로 부·처·청과 법률에서 특별히 규정하는 행정기관(예를 들면, 공정거래위원회, 방송통신위원회, 금융위원회)이다. 그리고 정부조직법에는 중앙행정기관 이외에도 여러 가지 형태의 행정기관[2]이 규정되어 있으나 본장의

---

2 정부조직법 제3조의 특별지방행정기관, 제4조의 부속기관이 그것이다.

논의와 직접 관련이 있는 것은 동법 제5조에서 규정하고 있는 합의제행정기관 즉, 행정위원회이다. 동법 제5조는 「행정기관에는 그 소관사무의 일부를 독립하여 수행할 필요가 있는 때에는 법률로 정하는 바에 따라 행정위원회 등 합의제행정기관을 둘 수 있다.」라고 규정하고 있다.

이 조문에서 언급해야 할 사항은 다음과 같은 세 가지이다.[3] 첫째로 합의제행정기관을 설치할 수 있는 기관을 '중앙행정기관'이 아니라 '행정기관'이라는 용어를 사용하고 있다는 점이다. 이것은 합의제행정기관을 설치할 수 있는 행정기관을 중앙행정기관에 한정하지 않고 그 밖의 국가행정기관, 즉 대통령이나 국무총리에도 설치가 가능하다는 것을 의미한다. 둘째로 동조에서 규정하고 있는 「독립하여 수행」한다고 할 경우 '독립'의 행정조직법상의 의미이다. 이 경우 합의제행정기관은 소속행정청과의 관계에서 대등하지 않은 관계이다. 그러나 소속행정청과 해당 합의제행정기관의 관계가 대등관계가 아니더라도 '독립'이라는 관점에서 보았을 때 양자의 관계는 당해 합의제행정기관의 설치·근거법률의 규정에 따라 달라진다고 본다. 셋째로 이 합의제행정기관이 국가행정조직법의 관점에서 갖는 의미이다. 즉, 이 합의제행정기관이 정부조직법 제2조 제2항에서 규정하고 있는 중앙행정기관의 형식인지 아니면 단순한 의결기관이나 심의기관에 그치는가 하는 문제이다. 동조에서는 특별히 이 점에 대하여 어떠한 언급도 없기 때문에 근거법률에 따라 어떠한 형식의 합의제행정기관의 설치도 가능하다고 본다.

한편 감사원은 특수한 행정사무[4]를 처리하는 행정기관으로 어느 정도

---

3 제2장 47-48쪽.

4 헌법 제97조 국가의 세입·세출의 결산, 국가 및 법률이 정한 단체의 회계검사와 행정기

외부로부터(특히 대통령) 독립성이 요구되기 때문에 헌법은 직무와 소속 등에 대하여 대강을 정하고 구체적인 조직과 직무범위에 대해서는 법률로 규정하도록 되어 있다(헌법 제97조-제100조).

또 헌법이 규정하고 있는 특수한 행정조직으로서 중앙선거관리위원회를 들 수 있다(헌법 제114조-제116조). 헌법은 선거관리도 행정에 속한다고 볼 수 있지만(정부조직법 제29조 제1항, 참조) 엄격한 중립성이 요구되는 선거관리의 속성상 예외적으로 정부와는 별도의 규정을 두어 헌법이 보장하는 독립성을 갖춘 위원회에 관한 규정을 두게 된 것이다. 우리나라에서 진정한 의미의 독립위원회가 있다면 바로 이 중앙선거관리위원회를 꼽을 수 있을 것이다.

III. 독립위원회의 법적 지위

1. 헌법상의 독립위원회

현행 헌법에 규정되어 있는 독립위원회에는 중앙선거관리위원회와 감사원이 있다. 그러나 중앙선거관리위원회는 감사원과는 법적으로 많은 차이가 있다. 전자는 정부, 즉 대통령과는 병렬적으로 존재하는 헌법상의 조직인 반면 후자는 직무상으로는 독립되어 있지만 대통령 소속의 행정기관으로 조직의 구성과 위원의 임명에서 크게 다르다. 전자의 경

관 및 공무원의 직무에 관한 감찰을 하기 위하여 대통령 소속하에 감사원을 둔다.

우 동위원회의 구성원 9인 중 대통령은 단지 3명에 대해서만 임명권을 행사할 수 있을 뿐이고 3명은 국회에서 선출하며 나머지 3명은 대법원장이 지명하도록 되어 있다(헌법 제114조 제2항). 그 반면에 감사원의 경우 감사원장은 국회의 동의를 얻어 대통령이 임명하고 나머지 감사위원은 감사위원장의 제청으로 대통령이 임명하도록 되어 있다(헌법 제98조). 그리고 조직의 운영이나 직무의 수행에 있어서 감사원은 직무상으로는 독립되어 있지만 대통령 소속의 행정기관이라는 점에서 알 수 있듯이 실질적으로는 대통령의 영향 아래에 있다. 예를 들면 세입·세출의 결산을 매년 검사하여 대통령에게 그 결과를 보고하여야 하며(헌법 제99조, 감사원법 제41조)[5] 그 외에도 감사 결과 중요하다고 인정되는 사항과 감사원의 중요한 처분 요구에 대하여 두 번 이상 독촉을 받고도 이를 집행하지 아니한 사항에 관하여 대통령에게 수시로 보고하도록 되어 있다(감사원법 제42조). 그에 반해서 중앙선거관리위원회는 앞서 언급한 대로 헌법상 대통령과는 병렬적인 조직으로 대통령으로부터 완전히 독립되어 있다.

---

5 제41조 (검사보고 사항) 「헌법」 제99조에 따라 작성하는 검사보고에는 다음 각 호의 사항을 적어야 한다.
1. 국가의 세입·세출의 결산의 확인
2. 국가의 세입·세출의 결산금액과 한국은행이 제출하는 결산서의 금액과의 부합 여부
3. 회계검사의 결과 법령 또는 예산에 위배된 사항 및 부당 사항의 유무
4. 예비비의 지출로서 국회의 승인을 받지 아니한 것의 유무
5. 유책(유책) 판정과 그 집행 상황
6. 징계 또는 문책 처분을 요구한 사항 및 그 결과
7. 시정을 요구한 사항 및 그 결과
8. 개선을 요구한 사항 및 그 결과
9. 권고 또는 통보한 사항 및 그 결과
10. 그 밖에 감사원이 필요하다고 인정한 사항

2. 법률상의 독립위원회

법률에 근거하여 설치되는 독립위원회의 법적 지위는 입법자의 의사에 따라 달라진다. 대표적인 유형으로는 방송통신위원회, 공정거래위원회 그리고 금융위원회처럼 정부조직법 제5조와 제2조 제2항에 근거하여 중앙행정기관의 형태를 취하는 것과 국가인권위원회처럼 대통령을 정점으로 하는 국가행정체계의 밖에 위치하는 형태의 두 가지를 들 수 있다. 전자의 경우 먼저 중앙행정기관[6]이라는 법적 성격 때문에 정부조직법 제11조와 제18조의 적용이 있다.[7] 그리고 위원회의 위원장은 국무회의에 출석하여 발언을 하거나 그 소관사무에 관하여 국무총리에게 의안의 제출을 건의할 수 있는데[8] 이 과정을 통하여 대통령과 국무총리는 행정부 내의 정책 등에 대한 종합조정[9]을 꾀하게 된다. 이에 반하여 후자는 정부조직법 제11조와 제18조의 적용이 없으며 다만 전자의 위원회와 마찬가지로 위원장이 국무회의에 출석하여 발언을 하거나 그 소관사무에 관하여 국무총리에게 의안의 제출을 건의할 수 있는데[10] 이 과정을

---

6 정부조직법 제2조 제2항.

7 방송통신위원회의 경우에는 방송 기본계획 등 방송의 독립성을 위하여 필요한 사항에 대해서는 정부조직법 제18조의 적용이 배제된다(방송통신위원회의 설치 및 운영에 관한 법률 제3조 제2항).

8 독점규제및 공정거래에 관한 법률 제60조 제2항, 방송통신위원회의 설치 및 운영에 관한 법률 제6조 제2항, 금융위원회의 설치 등에 관한 법률 제4조 제6항. 다만, 공정거래위원회 위원장과 금융위원회 위원장은 국무회의에 출석하여 발언할 권한만이 있다.

9 졸고, 대통령직속기관의 설치와 직무범위-헌재 1994. 4. 28. 89헌마221[각하·합헌]을 소재로 하여-, 공법연구 제30집 제1호(2001. 12.), 441-442쪽, 참조.

10 국가인권위원회법 제6조 제4항.

통하여 역시 대통령과 국무총리는 행정부 내의 종합조정을 꾀하게 될 것이다.

IV. 독립성의 정도에 관한 분석

1. 분석기준

독립위원회의 독립성을 판단하는 기준에는 여러 가지가 있을 수 있는데 본장에서는 각위원회의 위원의 임명방법, 위원의 임기, 대통령 및 소속행정청의 장과의 법적인 관계 그리고 대통령 및 소속행정청의 장과의 연락방법이 존재하는가의 여부 등을 중심으로 살펴보기로 한다.

2. 중앙선거관리위원회

중앙선거관리위원회는 현행법상 가장 독립성의 정도가 높은 위원회인데 이것은 단지 동위원회의 설치근거가 헌법에 규정되어 있다는 이유에서 유래하는 것은 아니다. 이 점과 관련하여 먼저 동위원회의 구성 및 임명 등에 관한 규정을 살펴보기로 하자.

중앙선거관리위원회는 「선거와 국민투표의 공정한 관리 및 정당에 관한 사무를 처리」(헌법 제114조 제1항)하기 위하여 설치된 것으로 「대통령이 임명하는 3인, 국회에서 선출하는 3인과 대법원장이 지명하는 3인의 위원으로 구성」(헌법 제114조 제2항)된다. 위원의 임기는 6년이며 위원은 탄핵 또는 금고 이상의 형의 선고에 의하지 아니하고는 파면되지 않는다(헌법 제114조 제3항, 제5항).

중앙선거관리위원회는 구성에 있어서도 대통령은 위원 9인 중 3명의 임명에 관여하는데 그치고 위원의 임기는 대통령의 그것보다 긴 6년이며[11] 정년의 제한이 없다. 그리고 위원은 국회의 탄핵과 법원의 판결(금고 이상의 형의 선고)에 의하지 않는 이상 파면되지 않는다. 즉, 대통령은 동위원회의 위원의 신분에 관여할 수 없도록 헌법에 보장되어 있다.

동위원회는 「법령의 범위 안에서 선거관리·국민투표관리 또는 정당사무에 관한 규칙을 제정할 수 있으며 법률에 저촉되지 아니하는 범위 안에서 내부규율에 관한 규칙을 제정」할 수 있다(헌법 제114조 제6항). 또 업무처리와 관련하여 대통령이나 그밖에 어떠한 행정기관의 간섭도 받지 않으며(헌법 제115조, 선거관리위원회법 등, 참조) 동위원회의 경비는 독립하여 국가예산에 계상되어 있다(선거관리위원회법 제18조 제1항).

마지막으로 중앙선거관리위원회는 대통령으로부터의 간섭을 받지 않으며 대통령과의 공식적인 연락방법이 존재하지 않는다. 다시 말하면, 중앙선거관리위원회는 현행법상 가장 독립성이 높은 위원회라고 할 수 있다.

11 임기가 대통령의 그것보다 길다는 것은 독립성의 관점에서 볼 때 의미가 크다.

3. 감사원

감사원은 「국가의 세입·세출의 결산, 국가 및 법률이 정한 단체의 회계 검사와 행정기관 및 공무원의 직무에 관한 감찰」을 하기 위하여 설치된 대통령 소속의 위원회이다(헌법 제97조). 감사원은 대통령 소속의 위원회라는 규정에서도 알 수 있듯이 중앙선거관리위원회와 같은 헌법상의 독립위원회이지만 독립성에 있어서는 많은 차이가 있다. 이러한 점은 감사원의 구성 및 위원의 임명에서도 그대로 드러난다. 즉, 「감사원은 원장을 포함한 5인 이상 11인 이하의 감사위원으로 구성」(헌법 제98조 제1항)되는데[12] 원장은 국회의 동의를 얻어 대통령이 임명하고(헌법 제98조 제2항), 감사위원은 원장의 제청으로 대통령이 임명하도록 되어 있다(헌법 제98조 제3항). 그리고 감사원장을 포함한 감사위원의 임기는 4년이며 1차에 한하여 중임할 수 있지만(헌법 제98조 제2항 제3항) 정년의 제한이 있어 감사위원은 65세, 감사원장은 70세가 정년이다(감사원법 제6조 제2항).

감사원법 제2조는 「감사원은 대통령에 소속하되, 직무에 관하여는 독립의 지위」(동조 제1항)를 가지며 「감사원 소속 공무원의 임면, 조직 및 예산의 편성에 있어서는 감사원의 독립성이 최대한 존중되어야 한다」(동조 제2항)라고 규정하고 있다. 그러나 앞서 살펴본 대로 감사원의 구성과 임명과정 및 대통령에의 검사와 보고의무 등에서 알 수 있듯이 감사원은 대통령의 영향을 받기 쉬운 위원회라고 해야 할 것이다.

---

12 현행 감사원법상에서는 감사원장을 포함한 7명의 감사위원으로 구성되어 있다(감사원법 제3조).

4. 방송통신위원회

방송통신위원회는 현행법상 존재하고 있는 다른 독립위원회와는 조직의 성격이 다르다. 즉, 현재의 방송통신위원회는 구舊방송위원회와 구 정보통신부 및 구통신위원회를 통합한 조직이다.[13] 즉 방송통신위원회는 행정사무와 규제사무를 동시에 수행하고 있는 위원회로 독립성의 관점에서 논의해야 될 사항이 많다.[14] 이하에서 살펴보기로 하자.

방송위원회는 「방송과 통신에 관한 업무를 수행」하기 위하여 설치된 대통령 소속의 중앙행정기관이다(방송통신위원회의 설치 및 운영에 관한 법률(이하, 방통위법이라 칭한다.) 제3조). 동위원회는 위원장 1인, 부위원장 1인을 포함한 5인의 상임인 위원으로 구성되는데 위원은 정무직 공무원으로 정부위원이다(방통위법 제4조). 위원장 및 위원은 대통령이 임명하며(방통위법 제5조 제1항)[15] 임기는 3년으로 1회에 한하여 연임할 수 있도록 되어 있다(방통위법 제7조).

동위원회가 대통령 소속이며 위원장을 포함한 위원을 대통령이 임명

---

13 이원우, 방송통신위원회의 조직성격에 따른 운영 및 집행절차의 쟁점-행정조직의 구성원리와 운영절차에 관한 법리-, 서울대/공익산업법센터 세미나자료집(2009. 10.). 「방송통신위원회의 설치 및 운영에 관한 법률」 제3장 위원회의 소관사무(제11조-제12조), 「방송통신위원회와 그 소속기관 직제」 등 참조.

14 입법정책적으로 방송통신위원회가 행정사무와 규제사무를 동시에 수행하는 것이 바람직한가에 대한 논의는 본고의 주제와 직접 관련이 없으므로 구체적인 논의는 피하기로 한다.

15 위원 5인 중 위원장을 포함한 2인은 대통령이 지명하고 3인은 국회의 추천을 받아 임명을 하는데 국회는 위원 추천을 함에 있어 대통령이 소속되거나 소속되었던 정당의 교섭단체가 1인을 추천하고 그 외 교섭단체가 2인을 추천하도록 되어 있다(방통위법 제5조 제2항).

하며 임기가 대통령보다 짧은 3년으로 되어 있는 점 및 위원이 정무직 공무원으로 정부위원이라는 점에서 신분상으로 대통령의 강한 영향 아래에 있음을 쉽게 알 수 있다.[16] 그러나 문제는 동위원회가 중앙행정기관이라는 점이다. 중앙행정기관의 경우 정부조직법 제11조와 제18조의 규정에 의하여 대통령과 국무총리의 지휘·감독을 받게 되어 있다(다만 방통위법 제3조 제2항에 규정되어 있는 사항에 대해서는 국무총리의 지휘·감독을 받지 않는다). 따라서 대통령이나 국무총리는 방송통신위원회의 「명령이나 처분이 위법 또는 부당하다고 인정하면 이를 중지 또는 취소」할 수도 있다(정부조직법 제11조 제2항, 제18조 제2항. 국무총리가 이 권한을 행사하는 데에는 대통령의 승인이 필요하다.). 이것은 동위원회의 의사결정이 최종적인 것이 아니라 상급행정기관에 의해서 번복될 수 있는 위험성을 내포하고 있다. 독립위원회의 독립성의 정도를 가늠함에 있어서 위와 같은 사안이 매우 중요한 고려요소라는 것은 두 말할 필요도 없을 것이다.

또 앞서 언급한 대로 방송통신위원회의 위원장은 필요한 경우 국무회의에 출석하여 발언할 수 있고 그 소관사무에 관하여 국무총리에게 의

---

16 물론 방통위법 제8조는 다음과 같은 신분보장 등에 관한 규정을 두고 있기는 하다.
제8조(신분보장 등)
① 위원은 다음 각 호의 어느 하나에 해당하는 경우를 제외하고는 그 의사에 반하여 면직되지 아니한다.
1. 장기간 심신장애로 인하여 직무를 수행할 수 없게 된 경우
2. 제10조의 결격사유에 해당하는 경우
3. 이 법 또는 그 밖의 다른 법률에 따른 직무상의 의무를 위반한 경우
4. 이 법 또는 그 밖의 다른 법률에 따른 위원회의 소관직무와 관련하여 부당한 이득을 취한 경우
② 위원은 직무를 수행함에 있어 외부의 부당한 지시나 간섭을 받지 않는다.

안의 제출을 건의할 수 있도록 되어 있다(방통위법 제6조 제2항). 물론 이 제도는 행정부 내에서 대통령과 국무총리가 종합조정을 꾀하는 방법으로 활용되는 것으로 보아야 할 것이다. 그러나 이러한 제도가 본래의 의도와는 달리 위원회의 독립성을 저해하는 요소로 작용할 가능성을 전혀 배제할 수 없다고 할 것이다.

5. 공정거래위원회

공정거래위원회는 「독점규제 및 공정거래에 관한 법률」(이하, 독금법이라 칭한다)에 의한 사무(동법 제55조)를 독립적으로 수행하기 위하여 국무총리 소속하에 설치된 합의제행정기관으로서 「정부조직법」 제2조에서 규정하고 있는 중앙행정기관이다(독금법 제54조). 동위원회는 위원장 1인 및 부위원장 1인을 포함한 9인의 위원으로 구성되며 위원장과 부위원장은 국무총리의 제청으로 대통령이 임명하고 기타 위원은 위원장의 제청으로 대통령이 임명하도록 되어 있다(독금법 제57조 제1항 제2항). 그리고 위원장과 부위원장은 정무직이며 동위원의 사무처장과 함께 정부위원이다(독금법 제57조 제3항, 제4항). 위원장, 부위원장을 포함한 위원의 임기는 3년이며 1차에 한하여 연임할 수 있다(독금법 제39조). 또 위원은 금고이상의 형의 선고를 받거나 장기간의 심신쇠약으로 직무를 수행할 수 없게 된 경우를 제외하고는 그 의사에 반하여 면직되지 아니한다(독금법 제62조).

이상에서 간단히 공정거래위원회의 행정조직법상의 법적 성격과 구성 등에 대하여 살펴보았다. 독립성의 관점에서 먼저 지적할 수 있는 것은 앞서 방송통신위원회의 부분에서 언급했던 것과 마찬가지로 공정거래위원회가 중앙행정기관이기 때문에 정부조직법 제11조(대통령의 행정감독권)와 제18조(국무총리의 행정감독권)의 적용가능성을 배제할 수 없다는 점이다. 또한 공정거래위원회는 국무총리 소속이며 위원장과 부위원장을 국무총리가 제청하여 대통령이 임명하도록 되어 있고 위원들의 임기 또한 3년으로 단기간이라는 점 역시 독립성을 저해하는 요소로 작용한다고 볼 수 있다.

그리고 행정권과의 연락방법의 존재 여부와 관련하여 볼 때, 공정거래위원장 역시 방송통신위원회의 위원장과 마찬가지로 국무회의에 출석하여 발언을 할 수 있도록 되어 있다(독금법 제60조 제2항). 이 점에 대해서는 위에서 언급했으므로 더 이상의 서술은 생략하기로 한다.

6. 국가인권위원회

국가인권위원회는 국가인권위원회법이 정하는 「인권의 보호와 향상을 위한 업무를 수행」하기 위하여 설치된 합의제행정기관으로 그 권한에 속하는 업무를 독립하여 수행한다(국가인권위원회법 제3조). 동위원회는 위원장 1인과 3인의 상임위원을 포함한 11인의 인권위원으로 구성되는데 위원은 인권문제에 관하여 전문적인 지식과 경험이 있고 인권의 보장과 향상을 위한 업무를 공정하고 독립적으로 수행할 수 있다고 인정되는 자 중에서 국회가 선출하는 4인(상임위원 2인을 포함한다), 대통령이 지명하는 4인, 대법원장이 지명하는 3인을 대통령이 임명하도록 되어 있다(국가인권위원회법 제5조 제1항, 제2항). 위원장은 위원 중에서 대통령이 임명하며 위원장과 상임위원은 정무직 공무원으로 보補하고 있다(동법 제5조 제3항, 제4항). 위원장 및 위원의 임기는 3년이며 1차에 한하여 연임할 수 있다(동법 제7조 제1항).

국가인권위원회는 그 업무[17]의 속성상 어느 다른 행정기관보다도 독립성이 강하게 요구된다고 할 수 있다. 그러한 이유에서 국가인권위원회는 어느 행정기관에도 소속되지 않는 독립한 기관으로 설치되어 있다(국가인권위원회법 제3조 제1항, 참조). 이처럼 소속 행정기관이 없이 독자적인 존립근거를 갖는 것은 국가인권위원회의 독립성의 확보에 있어서 매우 중요한 의미를 갖는다고 말할 수 있을 것이다.

그리고 국가인권위원의 구성은 비교적 독립성을 유지할 수 있는 구조로 되어 있으나 위원장의 임명과 관련하여 대통령이 임명권을 적정하게 행사할 수 있도록 하는 제도적인 장치가 마련되어 있지 않은 것은 문제라고 할 것이다. 그리고 위원장과 위원의 임기가 3년으로 단기인 것도 앞서 지적한 것처럼 독립성을 저해하는 요소로 작용할 수 있다.

한편 국가인권위원회의 경우에도 위원장과 행정권과의 연락방법이

---

17 국가인권위원회법 제19조 (업무) 위원회는 다음 각호의 업무를 수행한다.

1. 인권에 관한 법령(입법과정중에 있는 법령안을 포함한다) · 제도 · 정책 · 관행의 조사와 연구 및 그 개선이 필요한 사항에 관한 권고 또는 의견의 표명
2. 인권침해행위에 대한 조사와 구제
3. 차별행위에 대한 조사와 구제
4. 인권상황에 대한 실태조사
5. 인권에 관한 교육 및 홍보
6. 인권침해의 유형 · 판단기준 및 그 예방조치 등에 관한 지침의 제시 및 권고
7. 국제인권조약에의 가입 및 그 조약의 이행에 관한 연구와 권고 또는 의견의 표명
8. 인권의 옹호와 신장을 위하여 활동하는 단체 및 개인과의 협력
9. 인권과 관련된 국제기구 및 외국의 인권기구와의 교류 · 협력
10. 그 밖에 인권의 보장과 향상을 위하여 필요하다고 인정하는 사항

법정화되어 있다. 즉, 위원장은 「국무회의에 출석하여 발언할 수 있으며, 그 소관사무에 관하여 국무총리에게 의안(이 법의 시행에 관한 대통령령안을 포함한다)의 제출을 건의」할 수 있도록 되어 있기 때문이다. 국가인권위원회의 경우 이 점이 독립성의 관점에서 볼 때 어떻게 작용할 것인가에 대해서도 논의가 필요하다고 할 것이다.

Ⅴ. 헌법개정안의 검토

헌법연구 자문위원회의 결과보고서에 의하면 독립위원회와 관련해서는 국가인권위원회를 헌법기관화할 것인가에 관해서 논의한 결과 헌법기관화가 불필요하다는 안이 채택됨으로써 자문위원회의 헌법개정안의 경우 현행헌법과 큰 차이가 없다. 그런데 국가인권위원회의 헌법기관화에 소극적인 의견의 주된 논거는 다음과 같다. 첫째, 국민권익을 담당하는 별도의 기구(국민권익위원회, 헌법재판소 등)가 있으므로 국가인권위원회를 헌법기관화 하는 것은 타당하지 않다. 둘째, 국가인권위원회는 인권상황에 따라 기능과 역할이 변할 수 있으므로 헌법기관화는 바람직하지 않다는 의견이 그것이다.

이에 반하여 국가인권위원회의 헌법기관화가 필요하다는 의견의 주된 논거는 다음과 같다. 첫째로 국가인권위원회는 헌법은 물론 국제적 인권기준에 비추어 인권에 영향을 미치는 정책에 대한 권고, 인권교육을 하는 등 인권선진화에 중요한 기관이므로 정치적 이해관계에 따른 독립성 훼손 시비를 방지하기 위하여 헌법기관으로 규정하는 것이 필요하다. 둘째, 국가인권위원회를 헌법기관화 하는 것은 인권 관련 이슈를 공론화하는 의미가 있으며, 헌법기관화 할 경우에도 권력기관이 아니므로 다른 기관과의 충돌 문제가 발생할 가능성이 낮다는 견해이다.[18]

앞서 본고에서 살펴본 것처럼 독립위원회의 근거규정을 헌법에 둔다고 해서 반드시 해당 위원회의 목적달성이 용이하다거나 독립성이 담보되는 것은 아니라고 할 것이다. 그러나 법률에 근거규정을 두는 경우에는 정권교체 등에 따른 영향을 받기 쉬우므로 헌법에 근거규정을 두는 것이 바람직하다고 할 것이다.

그리고 감사원의 규정에 대한 검토도 필요하다고 할 것이다. 즉, 앞서 살펴본 것처럼 감사원은 헌법상의 기관임에도 불구하고 대통령 소속으로 되어 있고 위원장을 포함한 위원의 임명절차나 업무수행 등에 있어서 독립성을 담보하기에는 문제가 많다고 할 것이다.

이상에서 독립위원회의 독립성을 중심으로 법적 지위 등에 대하여 살펴보았다. 독립위원회의 독립성의 담보는 설치근거법의 법형식도 중요하지만 독립위원회와 행정권과의 관계, 임명절차 및 임기 등 독립성을 판단하는 기준이 되는 사안이 어떻게 규정되어 있는가 하는 점이 더 중요하다는 사실을 알았다. 그 결과 위에서 살펴본 독립위원회 중에서 중앙선거관리위원회를 제외하고 독립성의 확보에 문제가 있음은 위에서 지적한 바대로이다.

2009년 국회에 설치된 헌법연구 자문위원회의 결과보고서에 따르면 독립위원회와 관련해서는 국가인권위원회의 헌법기관화의 여부만을

---

18 헌법연구 자문위원회 결과보고서(2009), 119쪽.

논의한 끝에 개정안에는 도입하지 않기로 결론을 내리고 있다. 앞서 살펴본 것처럼 국가인권위원회는 대통령을 정점으로 하는 국가행정조직법 체계 밖에 위치하는 독립위원회로서 그 기능과 설치근거법령의 독특성에 비추어 볼 때 헌법기관화가 필요한 행정기관이라고 할 수 있을 것이다. 또 국가인권위원회는 정권교체 등 정치적인 상황의 변화에 따라 위원회의 구성과 활동영역 등에 영향을 받기 쉬운 기관이기 때문에 이러한 폐단을 사전에 차단하는 의미에서도 헌법기관화가 필요하다고 할 것이다.

그리고 감사원은 헌법상의 독립위원회이지만 현행법상의 규정으로는 대통령의 영향을 강하게 받고 있어 직무를 독립적으로 수행하는데 문제가 있다고 할 수 있다. 현재 대통령 소속으로 되어 있는 점을 비롯하여 대통령의 영향을 차단할 수 있는 방향으로 개정이 필요하다고 할 것이다.

제7장

금융감독행정과 행정조직법

Ⅰ. 금융위원회와 준사법적 기능

이른바 IMF금융위기를 겪으면서 우리나라의 금융감독제도는 근본적인 변화를 겪게 되었다. 즉 1997년 12월 31일『금융감독기구설치등에 관한 법률』(이하, '금융위원회법'이라 칭함)을 제정하여 종래 은행감독원, 증권감독원, 보험감독원 그리고 재정경제부가 각 금융권역별로 나누어 금융감독을 시행하던 것을 국무총리 산하기관인 금융감독위원회(이하 금감위라 칭함)와 동위원회에 집행기관인 금융감독원(이하 금감원이라 칭함)을 설치하여 통합금융감독체제로 개편하게 되었다. 이러한 금융감독제도의 개편에 의하여 과감하게 부실금융기관에 대한 구조조정작업을 추진함으로써 예상보다 짧은 기간에 금융위기를 극복하고 금융시장을 정상적인 시장경제질서로 복귀시키는 역할을 하였다고 평가할 수 있다. 그 후 법 개정을 통하여(2008년 2월 29일) 금융감독위원회는 금융위원회(이하, '금융위'로 칭함)로 명칭을 바꾸어 오늘에 이르고 있다.

금융위는 후술하는 것처럼 경제의 동맥과도 같은 금융시장을 독립적인 입장에서 규제하는 이른바 행정위원회이다. 즉 금융정책의 내용은 시장에 매우 민감한 영향을 끼치기 때문에 정권이나 정파 또는 특정한 이익집단의 영향에서 벗어난 행정조직에 의해서 행해지는 것이 바람직하다. 금융위는 바로 이러한 목적 하에서 설치된 것이다. 그런데 이러한 목적으로 설치된 행정위원회가 그 기능을 제대로 발휘하기 위해서는 외부로부터의 간섭이 배제되어야 함과 동시에 행정의 집행절차도 일반적인 행정기관의 그것과 달라야 한다. 그 절차란 다름 아닌 준사법절차이다.[1] 외부로부터 독립된 행정기관이 관장하는 영역은 분쟁에 관한 것이거나 주로 이른바 특허기업과 같이 사회의 근간을 이루는 분야에 관한 것이다. 후자의 경우 상대방 기업에 대한 처분은 당해 기업뿐만 아니라 그 기업이 속해있는 시장에도 큰 영향을 미치는 것이 보통이다. 그렇기 때문에 이러한 기업에 대한 처분은 준사법절차에 의해서 신중히 내려져야 하는 것이다. 이처럼 독립한 행정위원회를 둘러싼 법적인 문제는 매우 다양하지만 동위원회가 법을 집행함에 있어서 준사법절차를 취할 수 있도록 법제화되어 있는가의 여부는 그 가운데에서도 매우 중요하다고 할 것이다.

행정위원회의 준사법적 기능의 수행이라는 관점에서 볼 때, 후술하는 것처럼, 금융위가 안고 있는 문제는 매우 심각하다고 할 수밖에 없다. 금융위의 설치의 근거인 금융위원회법과 동위원회의 활동무대인 『금융산업의 구조개선에 관한 법률』(이하 '금산법'이라 칭함)은 위와 같은 점에 대하여 충분히 인식하고 있지 못하기 때문이다. 이 장章에서는 위와 같은 문제점을 염두에 두고 금융위가 국가행정조직법에서 어떠한 위치를 차지하고 있는가 하는 기본적인 문제를 검토한 후 동위원회를 둘러싼 법적 문제에 대하여 살펴보기로 한다.

---

1 헌법 제107조 제3항, 참조.

Ⅱ. 금융위원회의 법적 성격

1. 문제의 소재

금융위는 위원장을 포함한 9인의 의원으로 구성(금융위원회의 설치 등에 관한 법률(이하, '금융위원회법'이라 칭함) 제4조 제1항)되는 합의제행정기관 즉 이른바 행정위원회이다. 그러나 이러한 행정위원회는 각 나라에 따라 설치된 배경이나 기능 등에 있어서 매우 다양하고 법적인 성격도 다르다. 그런데 우리나라의 정부조직법에는 이 행정위원회에 관하여 제5조에 단 1개의 조문만 두고 있을 뿐만 아니라 그 내용도 매우 불명확하다. 또 위의 설치법도 동위원회에 대한 법적 성격에 대하여 아무런 언급이 없다. 그렇기 때문에 동위원회의 법적 성격을 둘러싸고 많은 논란을 불러올 수 있다. 이하에서는 먼저 동위원회의 구성과 사무에 대하여 간단히 언급하고 이어서 국가행정조직법에서 행정위원회가 어떠한 위치를 차지하고 있는가에 대하여 검토를 한 후에 주로 준사법적 기능이라는 관점에서 동위원회의 법적 성격 및 동위원회를 둘러싼 법적 문제에 대하여 살펴보기로 한다.

2. 금융위원회의 구성과 사무

1) 금융위원회의 구성

금융위는 9인의 위원으로 구성되며 위원장, 부위원장과 그 밖의 위원(기획재정부차관, 금융감독원 원장, 예금보험공사 사장, 한국은행 부총재, 금융위원회 위원장이 추천하는 금융 전문가 2명, 대한상공회의소 회장이 추천하는 경제계 대표 1명)으로 구성한다(금융위원회법 제4조 제1항). 위원장은 국무총리의 제청으로 국회의 인사청문회를 거쳐 대통령이 임명하는데(동법 제4조 제2항), 위원장이 다른 위원에 비하여 막강한 권한을 행사할 수 있다는 점[2] 또한 우리나라의 행정위원회의 특징이라고 할 수 있다. 그렇기 때문에 이러한 위원장의 우월한 권한에 바탕하여 행정위원회 제도의 본래 취지와는 달리 독임제 행정기관처럼 운영되기 쉽다는 비판이 제기될 수 있다.

그리고 위원회의 조직에 관해서 필요한 사항은 대통령령으로 정하도록 되어 있는데(금융위원회법 제15조) 이것은 행정조직법정주의에 비추어 볼 때 검토 되어야 할 사항이라고 할 것이다.

2) 금융위원회의 사무

금융위의 주된 사무는 금융감독과 금감원에 대한 지도·감독으로 크게 나누어 볼 수 있다. 전자에는 ①금융에 관한 정책 및 제도에 관한 사항, ②금융기관 감독 및 검사·제재制裁에 관한 사항, ③금융기관의 설립, 합병, 전환, 영업의 양수·양도 및 경영 등의 인가·허가에 관한 사항, ④자본시장의 관리·감독 및 감시 등에 관한 사항, ⑤금융소비자의 보호와 배상 등 피해구제에 관한 사항, ⑥금융중심지의 조성 및 발전에 관한 사

2 예를 들면, 위원장은 금융위원 2인을 추천할 수 있고, 회의에서 의안의 제의는 위원은 3인의 찬성이 필요하지만 위원장은 단독으로 제안을 할 수 있다(금융위원회법 제11조 제3항 단서). 또 『위원장은 내우·외환·천제·지변 또는 중대한 금융경제상의 위기에 있어서 금융감독에 관한 긴급조치가 필요한 경우로서 금융위원회를 소집할 시간적 여우가 없을 때에는 금융위원회의 권한범위 안에서 필요한 조치를 취할 수 있다』(동법 제14조 제1항)

항, ⑦ 위의 사항에 관련된 법령 및 규정의 제정·개정 및 폐지에 관한 사항, ⑧ 금융 및 외국환업무 취급기관의 건전성 감독에 관한 양자 간 협상, 다자 간 협상 및 국제협력에 관한 사항, ⑨ 외국환업무 취급기관의 건전성 감독에 관한 사항 그리고 ⑩ 그 밖에 다른 법령에서 금융위원회의 소관으로 규정한 사항이 있다(금융위원회법 제17조). 그리고 이러한 업무의 구체적인 내용과 집행절차는 금산법에 규정되어 있다.

후자에 관해서는 금융위는 금융위원회법과 또는 다른 법령이 규정하는 바에 따라 금융감독원의 업무·운영·관리에 대한 지도·감독을 하며, 다음의 사항을 심의·의결한다. 즉 ①금융감독원의 정관변경에 대한 승인, ② 금융감독원의 예산 및 결산승인 그리고 ③기타 금융감독원을 지도·감독하기 위하여 필요한 사항이다(금융위원회법 제18조).

3. 법적 성격

정부조직법 제5조(합의제행정기관의 설치)는 『행정기관에는 그 소관사무의 일부를 독립하여 수행할 필요가 있는 때에는 법률이 정하는 바에 의하여 행정위원회 등 합의제행정기관을 둘 수 있다』고 규정하고 있다. 그리고 금융위원회법 제3조(금융위원회의 설치 및 지위)는 다음과 같이 규정되어 있다.

제3조(금융위원회의 설치 및 지위)

① 금융정책, 외국환업무 취급기관의 건전성 감독 및 금융감독에 관한

업무를 수행하게 하기 위하여 국무총리 소속으로 금융위원회를 둔다.

② 금융위원회는 「정부조직법」 제2조에 따라 설치된 중앙행정기관으로서 그 권한에 속하는 사무를 독립적으로 수행한다.

금융위원회의 법적 성격에 대해서 이것이 중앙행정기관에 속하는 가에 대하여 논의가 있었다. 이러한 논의는 정부조직법(제2조 제2항)과 금융위원회법(제3조 제2항)의 개정을 통하여 해결되었지만, 이것으로 금융위원회를 둘러싼 법적 문제가 해결되는 것은 아니다. 주요한 쟁점은 동위원회와 소속행정청과의 관계 그리고 동위원회가 준사법적 기능을 갖춘 행정위원회인가 하는 점이다.

먼저 동위원회와 소속행정청과의 관계이다. 이 점은 앞서 살펴본 것처럼 금융위원회의 경우 의사결정과정은 물론 지휘감독도 행사할 수 없고 다만 인사권만을 가지고 있는 소할所轄의 관계라고 말할 수 있다. 그런데 일부에서는 동위원회의 설치근거는 정부조직법 제5조가 아니라 대통령과 병렬관계에 있는 이른바 독립행정청이며 헌법상 명문의 규정은 없지만 이의 정당성의 선언은 헌법재판소만이 할 수 있다는 견해를 피력[3]하고 있으나 이는 검토를 요한다고 할 것이다. 국가행정조직법의 법원인 헌법과 정부조직법의 규정에 의하여 3권분립이 엄격하게 되어 있는 우리나라의 입법례에서는 미국의 독립규제위원회와 같은 대통령의 통제밖에 있는 행정위원회의 설치는 불가능하기 때문이다.

두번째는 동위원회가 준사법적 성격의 위위원회인가의 문제이다. 이

---

3 강현호, 금융감독원의 법적 성격, 공법연구, 제31집 제3호, 135-136쪽.

점에 대해서는 앞서 간단히 살펴본 것처럼 금융위원회는 준사법적인 기능을 갖는 행정위원회로 보아야 할 것이다. 즉 행정위원회제도의 원형은 19세기말에서 20세기에 걸쳐서 주로 미국에서 발달하였다. 19세기말에서 20세기에 걸쳐서 사회정책적 내지 사회주의적인 색채를 띤 입법이 격증하였고 이와 함께 행정권의 활동이 현저히 확대 강화되었다. 새롭게 발전한 행정분야에는 특정한 당파에 의해 정책이 영향을 받지 않고 보다 광범위하고 영속적인 견지에서 주도면밀한 조사를 기초로 하여 기술적·합리적인 정책을 수립하는 것이 바람직한 분야, 정당의 압력에서 벗어나 공정하고 중립적일 뿐만 아니라 능률적으로 운영·실시되어야 할 분야, 각 방면의 이해관계자들의 참여를 필요로 하는 분야 등이 적지 않았다. 위와 같은 분야에서는 행정부로부터 어느 정도 독립한 행정위원회를 설치하여 이 행정위원회로 하여금 행정을 맡도록 함과 동시에 그 사항의 정치적 중립성·기술적 전문성·이해대립성 등에 유의하면서 그에 관한 입법적 기능 및 사법적 기능까지를 행정위원회로 하여금 행사하도록 하였다(행정위원회의 이른바 준입법적 기능, 준사법적 기능).[4] 위와 같은 행정위원회는 각 나라에 따라 설치된 배경이나 기능 등에 있어서 각각 다르지만, 행정조직법상에서 보았을 때, 일반행정부로부터 어느 정도 독립성을 지니고 있다는 점 그리고 활동면에서 보았을 때, 준입법적 및 준사법적인 기능을 한다는 점은 공통적이라고 말할 수 있다. 이러한 관점에서 볼 때 금융위원회의 경우 준사법적 기능을 하는 행정위원회라고 보기에는 미비한 규정이 너무 많지만 동위원회의 준사법적 성격을 갖는 행정위원회라는 점을 부인할 수는 없을 것이다.

---

4 田中二郎外, 新版 行政法 中卷, 有斐閣(1988), 53-54쪽.

이상에서 살펴본 것처럼 금융위원회의 법적 성격과 관련하여 가장 중요한 사항은 역시 동위원회의 준사법적 기능에 관한 사항이라고 할 수 있다. 따라서 동위원회에 관한 법률의 규정에 대해서도 이 준사법적 기능의 관점에서 검토하여 미비점을 시급히 보완하여야 할 것이다. 이하에서는 이러한 점을 염두에 두고 행정위원회가 준사법적 기능을 수행하기 위해서 어떠한 요건이 필요한 가를 살펴보고 이러한 요건에 비추어 볼 때 현행법제에는 어떠한 문제점이 있는가에 대하여 살펴보기로 한다.

III. 행정위원회의 준사법적 기능

행정위원회에서 주목해야 하는 가장 중요한 사항은 행정위원회의 준사법적인 기능이라고 할 수 있다. 지금까지의 행정의 관행을 볼 때 우리나라의 행정은 경제적 규제의 영역에서 사무처리의 능률성을 강조해 왔을 뿐만 아니라 정치적인 중립성도 견지하기 힘들었기 때문에 행정사안의 결정에 있어서 절차의 중요성을 그다지 의식하지 않았던 것이 사실이다. 그러나 이러한 환경에는 커다란 변화가 있었다. 즉 1996년 12월 31일 행정절차법이 공포·시행되게 된 점이 바로 그것이다. 이것은 대륙법계의 영향을 받고 있는 우리나라 행정법학의 핵심원리인 『법률에 의한 행정의 원리』의 형식논리적, 관료주의적인 해석·적용에 대한 비판과 반성의 결과라고 할 수 있다. 그런데 이러한 결과에 이르기까지 많은 영향을 주었던 것은 역시 절차를 중시하는 영미법의 전통이었으며 행정위원회도 그중의 하나라고 할 수 있다.

우리나라에서의 행정위원회의 준사법적 기능에 대한 논의는 행정위원회의 행정심판의 기능의 차원, 즉 주로 행정구제법체계의 과제로서 행해져 왔다고 할 수 있다. 다시 말하면 이 논의는 일차적으로 행정처분이 내려진 후 이 처분에 대하여 위법 또는 부당함을 다투는 사후적 구제절차를 행정위원회가 담당하며 그때의 절차는 사법절차에 준한다는 것을 기본구도로 하고 있다. 우리나라 헌법도 제107조 제3항에서 『재판의 전심절차로서 행정심판을 할 수 있다』고 규정하여 기본적으로 위와 같은 입장에 서 있다.

그러나 행정위원회의 준사법적인 기능은 분쟁해결절차, 즉 제2차적인 사후적 구제절차에서만이 아니라 행정문제의 제1차적인 사안처리에 있어서도 의미가 있다는 점이다. 즉 이것은 사전절차에도 준사법절차를 채용하는 것으로 이른바 행정절차의 「사법司法 형식화」라고 한다.[5] 예를 들면 미연방행정절차법 제7조의 청문에 관한 규정이나 제11조의 심사관에 관한 규정 등이 바로 이러한 예이다. 우리나라의 실정법에서는 행정절차법에서 청문절차 등을 두어서 위와 같은 경향에 따르는 추세이지만 아직 채용하고 있지는 않다. 가장 채용이 시급한 공정거래위원회의 심결절차에도 아직 채용되고 있지 않은 실정이다.

그런데 행정위원회의 준사법적 기능이 적절·공정·타당하게 운영되기 위해서는 기구적 측면이 정비되어야 하며 이는 준사법적 기능의 중핵적 내용을 이루는 심사절차의 요건과 불가분의 관계에 있다. 이하에서는 이 두 가지 요건에 대하여 간단히 살펴보기로 한다.

---

5 和田英夫, "行政委員會の準司法的機能", 公法の理論 中, 有斐閣((1983), 965-966쪽.

1. 기구적 요건

준사법적 기능과 관련하여 행정위원회기구에 가장 절실하게 요구되는 요건은 독립한 제3자적인 재판의 전심기관이어야 한다는 점이다. 이 점은 직권을 행사하는 데 있어서 독립성과 공정성을 어떻게 보장할 것인가, 또 이를 위한 제3자적 성격이 인적 구성면에서 충분히 유지될 것인가 하는 점으로 귀착된다고 할 수 있다. 이와 관련해서는 다음과 같은 세 가지 점을 지적할 수 있다.

첫째, 행정조직체계에 있어서 심사기구의 독립성이다. 제3자적인 독립성이 강한 심사기관으로부터 규제를 받으면 집행기관으로서는 행정책임을 지기 어렵다는 견해도 있으나 현대행정의 본질은 사법국가 혹은 법의 지배하에 있어서 실질적인 「법률에 의한 행정」에 있기 때문에 엄격한 제3자적인 심사기관의 감시와 심사를 받고 또 그러한 감시와 심사에 견딜 수 있는 행정의 자세야말로 바람직하다고 할 수 있다. 행정위원회의 준사법적 기능에서 사안이 위법·적법의 쟁점에 관해서만 아니라 당·부당이라는 행정의 판단에까지 미치는 것을 생각하면 복잡다기한 행정책임은 단순하고 일원적이어서 경직되어 있는 관료주의적 하이어라키조직을 유지하는데 있는 것이 아니라 오히려 행정 그 자체에 다원적이며 어느 정도 유연한 체크시스템과 피드백 기능을 내포하고 있는 현대행정조직체계에 의해서만 달성될 수 있을 것이다.

둘째로, 심사기구의 제3자적 성격은 특히 구체적인 사안처리라고 하는 직권행사의 면에서 관철되지 않으면 안 된다. 이를 위해서는 사법절차에 있어서 본질적이며 고유한 문제인 심사관기피의 원칙 내지는 「편견의 원칙」(rule of bias)[6]이나 정규의 재판관의 직권의 독립에 유사한 제도가 심리기구의 개개의 멤버에 대해서도 요구되어야 할 것이다.

셋째로, 심리기관이 채용하고 있는 심리방식에는 직접심리주의와 간접심리주의의 두 가지 방식이 있는데 이 두 가지 방식 중 어느 방식이 나은지에 대해서는 논의가 있지만 이 문제도 준사법적 기능을 둘러싼 심사기구의 존재양식 그리고 조직운영과 관련하여 중요하다.

일반적으로 직접심리주의는 당사자의 진술이나 증거조사를 당해 사안에 대하여 재결·결정하는 심사원이 구두심리를 통하여 직접 행하는 방식으로 진술의 취지를 심사원이 직접 듣고 구체적으로 분석하여 파악한 진상을 바탕으로 하여 심증을 형성할 수 있게 한다는 점에서 매우 뛰어나다고 할 수 있다. 간접심리주의는 당사자의 진술이나 증거조사를 심사원이 직접 구두심리를 통해서 하는 것이 아니라 별도의 조직에서 진술이나 증거조사를 행하고 이 조직을 통해서 얻은 자료를 바탕으로 하여 심증을 형성하는 것을 말한다. 이 심리방식은 신속하고 간편하게 진행할 수 있다는 장점이 있지만 심증을 형성하는데 쓰이는 자료의 증거능력이 떨어진다는 단점이 있다.

행정위원회의 준사법적 기능과 관련하여 기구적인 조건에서 세 가지 점을 살펴보았다. 그 내용은 세 가지 모두 제2차적 절차, 즉 일단 내려진 처분에 대한 분쟁을 전제로 한 사후적 구제절차를 다루는 행정위원회를 상정하고 기술된 것임을 쉽게 알 수 있을 것이다. 그러나 이러한 조건들은 금융위와 같은 제1차적 절차, 즉 사전적 절차를 다루는 행정위원회

---

6 배심원의 선임절차에 있어서, 어느 배심원후보가 사건에 관하여 예단을 표시한 경우 그 후보는 배심원의 선임에서 제외되고, 도 재판관이 재판을 진행하는 과정에서 어느 한 다앗자에게 예단을 표시한 경우에 그 재판관에 대한 기피신청을 할 수 있다는 원칙. 田中英夫, 英美法辭典, 東京大學出版會(1991), 97쪽, 참조.

에도 적용될 수 있다. 단 여기에는 전제조건이 있다. 그것은 처분절차에 있어서 당사자의 구도를 지금의 2자구도에서 3자구도로 바꾸는 것이다.[7] 즉 지금은 처분청이 거의 직권주의적으로 조사를 한 후에 상대방에게 처분을 하는 2자구도이다. 원래 행정위원회의 이러한 기능을 통상 준사법적 기능이라고 한다.[8] 즉 행정위원회의 준사법적 기능의 본질 역시 재판관의 그것에서 찾을 수 있을 것이다. 따라서 행정위원회가 준사법적인 기능을 수행하기 위해서는 재판절차의 기구적 조건에 상응하는 조건을 갖추어야만 한다. 그리고 금융위원회처럼 제1차적 절차의 집행 그것도 불이익처분을 하는 행정위원회가 갖추어야 할 재판의 기구적 조건의 모델은 형사재판이 되어야 할 것이다. 즉 재판관에 해당하는 심판관, 검사에 해당하는 소추관 그리고 피고에 해당하는 상대방의 3자구도가 바로 그것이다. 금융위원회가 수행하는 부실금융기관의 결정이나 계약이전명령 등은 당해 금융기관의 주주를 비롯한 수많은 이해관계자가 관련되어 있기 때문에 그 절차는 위와 같은 구도 하에서 신중히 그리고 당사자들이 납득할 수 있는 형태로 이루어져야 할 것이다.

---

7 구 독점규제및공정거래에관한법률 제24조의2 위헌제청(전원재판부 2003. 7. 24. 2001헌가25), 재판관 한대현, 재판관 권성, 재판관 주선회의 반대의견, 참조.

8 和田, 上揭論文, 965쪽.

2. 절차적 요건

앞에서 이미 언급한 것처럼 행정위원회의 준사법적 기능에 있어서의 핵심적인 사항은 심리절차에 의해서 형성되는 행정위원회의 심리구조 혹은 심리를 진행시키는 과정의 메커니즘이다.[9] 앞에서 살펴본 기구적 요건도 실제로는 이 절차적 요건과 밀접하게 관련되어 있음은 말할 것도 없다.

여기서 행정위원회의 준사법적 기능에 적합한 심리구조 내지 진행과정의 메커니즘이 어떠해야 하는지에 대한 검토는 소송심리의 전형적인 예인 민사소송절차를 참고로 하여 행하는 것이 생산적일 것이다. 그러나 여기서 전제가 되어야 할 사항은 행정위원회의 준사법적 기능이라고 하여도 위원회의 성격에 따라서 그 심리절차가 다르다는 점이다. 즉 그 절차가 제1차적 절차로서 행해지는 경우와 제2차적 절차 내지 사후구제절차(특히, 쟁송대립적인 심판절차)로서 행해지는 경우는 다를 것이기 때문이다. 그러나 이들 절차의 본질적인 부분에서는 그렇게 큰 차이가 없기 때문에 일률적으로 논의하고자 한다.

민사소송의 심리구조는 다양한 부분으로 이루어져 있지만 그중에서 가장 중핵적인 부분은 변론절차(구두변론)와 증거 부분이다. 민사소송에서 법관은 법정에서 양당사자의 공방을 거친 증거만을 기초로 하여 심증을 형성해야 한다. 따라서 이 부분이 준사법절차에 원용될 때에 법정에서와 동일한 절차로 엄격히 진행되지는 않는다 하여도 본질적인 부분은 그대로 유지되어야 할 것이다.

---

9 和田, 上揭論文, 973쪽.

그리고 준사법절차에서 고려해야 할 또 한 가지 사항은 관련 당사자의 구도이다. 예를 들면, 행정위원회에서 불이익처분을 내리기 위해서 절차를 진행시킬 경우 이것은 형사재판과 유사하기 때문에 소추관과 심판관 그리고 상대방의 3자구도로 진행되어야 할 것이다.

위와 같은 기준에서 현행 금융위원회의 법집행절차를 보면, 준사법절차와 아주 거리가 멀다. 위에서 언급한 기구적 요건은 물론이고 절차적 요건에 있어서도 부실금융기관의 지정이나 계약이전결정 등과 같은 당해 금융기관에 있어서 존립에 관계되는 중대한 사항에 대해서조차도 대립형의 청문절차가 명문으로 규정되어 있지 않다(금융산업의 구조개선에 관한 법률, 제2조 제2호, 제10조, 제14조 등 참조). 따라서 현행 금융감독위원회와 관련된 법적 논의는 형식적인 사항에 그칠 것이 아니라 행정위원회로서 준사법기능을 충분히 발휘할 수 있도록 법제를 정비하는 일이 시급하다고 할 것이다. 이 점에 대해서는 후술하기로 한다.

Ⅳ. 금융위원회를 둘러싼 법적 문제

1. 독립성과 합의제행정기관의 기능결여

금융위원회가 안고 있는 문제는 매우 다양한데 그중에서 독립성과 합의제 행정기관의 기능이 결여되어 있다는 점을 지적할 수 있다.

먼저 동위원회의 독립성의 문제에 대하여 살펴보기로 한다. 금융위원회는 앞서 살펴본 대로 금융기관에 대한 검사·제재와 같은 단순한 규제

뿐만 아니라 금융기관의 설립, 합병, 전환, 영업양수·도 등의 인·허가에 이르기까지 금융기관에 대한 거의 모든 권한을 행사하는 '슈퍼' 금융감독청이다. 따라서 동위원회가 국가권력이나 특정정파의 영향을 받지 않고 독자적으로 활동할 수 있도록 보장받는 것이 무엇보다도 중요하다고 할 것이다. 이를 위해서는 동위원회의 구성절차의 공정성과 객관성이 담보되어야 하며 구성원의 신분이 보장되어야 한다.

현행법에 의하면 동위원회는 위원장과 부위원장을 포함한 9인으로 구성된다(금융위원회법 제4조 제1항). 이때 위원장은 국무총리의 제청으로 국회의 인사청문을 거쳐 대통령이 임명하도록 되어 있다(동법 제4조 제2항). 그리고 동위원회의 나머지 7인의 위원 가운데 당연직 4인과 당해 추천기관의 추천을 받아 대통령이 임명하는 3인도 대통령이 임명한다(동법 제4조 제3항). 따라서 동위원회는 1차적으로 대통령의 강한 영향력 아래에 있다고 할 수 있을 것이다. 나아가 동위원회 위원들의 구성을 좀 더 자세히 살펴보면 7인의 위원 중 6명이 관료이거나 관료가 추천하는 사람이고 나머지 1명마저도 대한상공회의소라는 정부의 강한 영향 아래 있는 단체의 장이 추천하는 사람이다. 이렇게 되면 결국 동위원회는 자연히 정부와 업계의 강한 영향력 하에 놓이게 되어 독립성을 확보하는데 커다란 장애로 작용할 것은 명약관화한 사실이다. 따라서 위원장이나 위원의 임명은 국회 등과 같이 대통령과 견제와 균형관계에 있는 기관이나 시민단체 등과 같이 소비자의 입장을 대변할 수 있는 단체 등에게 추천권을 부여함과 동시에 위원장과 위원의 능력과 정치적 중립성 등에 대한 철저한 검증절차를 거치도록 해야 할 것이다.

이와 아울러 위원장과 위원의 신분보장도 문제이다. 동법에는 위원장과 임명직위원에 대해서는 임기를 3년으로 하고 1차에 한하여 연임할 수 있으며(동법 제6조 제1항) 동법 제8조 제1항에서 규정하고 있는 사유에 해당하지 않는 한 본인의 의사에 반하여 해임되지 않는다는 신분보장규정을 두고 있다. 그러나 지금까지 관례에서 알 수 있는 것처럼 대통령이 바뀌는 경우 위원장이 임기 중인 경우에도 그 직을 물러나고 있다. 따라서 위원장과 임명직 위원은 특별한 사정이 없는 한 임기가 보장된다는 점을 좀 더 확실하게 규정할 필요가 있다. 또한 임기도 3년으로 대통령의 임기보다 짧기 때문에 이를 연장해야 할 필요성도 있다.

이어서 금융위의 합의제 행정기관으로서의 기능의 결여 문제이다. 합의제 행정기관 즉, 이른바 행정위원회를 설치하는 이유는 앞서 살펴본 것처럼 매우 다양하지만 그중에서도 독임제의 폐해의 방지, 즉 행정결정의 신중성을 확보할 수 있다는 점도 빼놓을 수 없다. 그러나 현행법의 규정을 보면, 앞서 살펴본 것처럼, 위원장에게 권한이 집중되어 있어 위원장이 독임제에 있어서의 장과 같은 권한을 행사하고 있어서 합의제 행정기관으로서의 장점을 거의 살리지 못하고 있다는 것이 지배적인 의견이다. 이러한 현상을 반영하듯 어느 당연직 위원은 위원회의 회의에 거의 참석하고 있지 않다고 한다. 따라서 금융위원회가 합의제 행정기관으로서의 장점을 살리기 위해서는 현재 위원장에게 집중되어 있는 권한을 행정위원회 그 자체로 환원하는 법 개정이 시급히 이루어져야 할 것이다.

2. 금융감독원과의 불분명한 역할분담

금감원은 「금융위원회나 증권선물위원회의 지도·감독을 받아 금융기관에 대한 검사·감독 업무 등을 수행하기 위하여」(동법 제24조 제1항) 설립된 무자본 특수법인이다(동법 제24조 제2항). 즉 금감원은 금융위의 집행기관이라고 할 수 있다. 따라서 금융위는 금감원에 대하여 「업무·운영·관리에 대한 지시·감독을 하며」 금감원의 정관변경에 대한 승인 등 금감원 조직 자체에 대한 거의 모든 부문에 대한 심의·의결권을 가지고 있다(동법 제18조). 그리고 동법에는 금융위와 금융위 위원장이 직·간접적으로 금감원의 업무에 개입할 수 있는 규정이 산재해 있는 것에서도 알 수 있듯이 금감원이 금융위의 하위기관의 지위에 있기 때문에 양자 사이에 업무영역을 둘러싸고 갈등이 일어날 수 있는가에 대하여 의아하게 생각할 것이다. 그러나 실제로 금융위는 정책업무의 많은 부분을 집행기관인 금감원에 위임하여 실제로 금감원은 법령과 규정에 의한 고유업무 이외에도 규정의 제·개정, 인·허가 등의 업무를 수행하고 있다. 이 과정에서 행정절차를 장악하고 있는 금융위 사무국(공무원 조직)과 금감원(민간인 조직) 간에 역할 분담이 명확하지 않아 감독업무가 중복되고 조직 간의 알력·갈등이 발생할 수 있다. 앞으로 검토가 필요하다고 할 것이다.

3. 집행절차의 불비

위에서 금융위가 안고 있는 문제점을 행정조직법의 측면에서 살펴보았다. 그러나 금융위에 대한 이러한 행정조직법적 측면에서의 고찰도 궁극적으로는 적정한 집행절차, 즉 준사법절차에 의한 정책 및 행정의 집행을 확보하기 위함이다. 이러한 관점에서 볼 때 현행법제의 내용은 어떠한가? 상황은 매우 심각하다. 앞서 언급한 기구적인 요건과 관련하여 금융감독위원회가 영업정지나 계약이전명령 등 불이익처분을 함에 있어서 당사자의 구도가 3자구도가 아니며 그 처분 절차 역시 준사법절차를 취하고 있지 않다. 그뿐만이 아니다. 심지어 위의 영업정지나 계약이전명령 등 불이익처분의 전제가 되는 '부실금융기관'이 정식의 지정절차 없이 예금보험공사의 예금보험위원회의 결정이나 금융위원회의 판단으로 결정되고 있는 실정이다. 이상의 점에 대해서 이하에서 좀 더 자세히 살펴보기로 하자.

1) '부실금융기관'의 결정과 행정행위

법령에 의해서 사인과 행정주체와의 사이에 존재하는 추상적인 권리·의무관계가 구체적인 권리·의무관계로 되기 위해서는 일정한 법률사실(=법률요건)이 필요하다.[10] 그리고 이들 법률사실 가운데에서 가장 대표적인 것이 이른바 행정행위라는 것은 말할 필요도 없을 것이다. 행정행위의 개념에 대해서는 다양한 의견이 있지만 그 논의는 여기서의 주제는 아니며 단지 행정청의 공권력의 행사로서 사인에 대하여 구체적으로 법률관계를 규율하는 것이라고 이해하는 것으로 족하다고 할 것이다.[11] 행정행위가 법률사실로서 갖는 의미는 무엇보다도 행정청의 일방적인[12] 의사표시에 의해서 사인과의 법률관계가 형성된다는 점에 있다. 따라서 이러한 행정행위가 성립하기 위해서는 행정행위를 할 수 있

---

10 塩野宏, '行政法 I', 第二版 有斐閣(1994), 90쪽.

11 小早川光郎, '行政法 上', 弘文堂(1999), 265쪽.

12 여기서 일방적이라는 말은 결코 자의적이라는 말은 아니다.

는 권한을 가진 정당한 행정청이 적정한 절차에 의하는 등의 엄격한 요건에 맞추어서 행해져야만 한다.[13]

'금산법' 제2조 제2호 가목에서 규정하고 있는 부실금융기관의 '결정'은 행정행위이다. 금융기관이 부실금융기관으로 결정되면, 앞에서 살펴본 것처럼, 이것을 근거로 하여 금융위원회에 의해 계약이전명령을 받거나 영업정지 또는 영업의 인·허가의 취소가 기획재정부에 요청되는 등의 불이익을 받는다(금산법 제10조, 제11조 제12조, 제14조 등). 이처럼 어느 금융기관이 부실금융기관으로 결정되면 당해 금융기관과 금융위원회를 비롯한 감독기관 사이에는 구체적인 법률관계가 형성된다. 따라서 어느 금융기관이 부실금융기관으로 결정되느냐의 여부는 당해 금융기관은 물론 금융위원회를 비롯한 감독기관에 있어서도 중대한 문제이다.

그러나 '금산법'은 이 부실금융기관의 '결정'을 행정행위로 인식하고 있지 못하고 있다. 그 이유는 다음과 같다.

먼저 결정의 주체의 문제이다. 금산법 제2조 제2호 가목을 보면 결정의 주체는 금융위원회와 예금보험공사에 설치되어 있는 운영위원회이다. 그런데 이 운영위원회는 행정행위를 할 수 있는 행정기관이 아니고 예금보험공사의 심의기관에 불과하다(예금자보호법 제8조). 더구나 예금보험공사 자체도 위의 결정을 할 수 있는 행정기관이 아니다. 위의 '결정'은 금융감독행정의 일환으로 이루어지는 행정행위인데 예금보험공사는 금융기관에 대한 감독권한을 가지고 있지 않기 때문이다. 결국 금산법은 이 '결정'을 금융감독기관과 금융기관사이의 법률관계를 구체적

---

13 김동희, '행정법 Ⅰ', 박영사(1999), 277-282쪽.

으로 결정하는 행정행위로 보지 않고 단지 어느 금융기관이 부실한 상태에 있다는 점에 대한 '인식'이라는 의미로 받아들이고 있다. 이 점은 금산법 제10조 제1항과 제14조 제2항을 살펴보면 더 확실히 드러난다. 즉 앞에서도 살펴본 것처럼 이 두 조항을 종합해서 보면 제10조 제1항의 (불이익 처분을 내리기 위한) 추상적인 요건을 제14조 제2항의 일정한 작업을 거쳐 내려진 구체적인 결과인 '부실금융기관'과 동일시하고 있기 때문이다. 이처럼 금산법은 '결정'을 행정행위로 인식하지 않기 때문에 동법에 '결정(=처분)'절차를 두고 있지 않다. 즉 만약 금산법이 위의 '결정'을 행정행위로 인식했다면 이 결정은 불이익처분이기 때문에 이에 대한 구체적인 처분절차를 두고 결정을 하여야만 한다. 물론 행정절차법이라는 행정처분을 하는데 일반적으로 적용되는 절차법이 있기 때문에 이 법에 의하여 처분을 할 수도 있으나 위의 부실금융기관 결정이라는 처분은 전문성이 요구되는 등 일반적인 처분과는 다른 강화된 요건의 처분절차가 요구된다.

이상에서 살펴본 것처럼 금산법이 부실금융기관의 결정을 행정행위가 아니라 단순히 부실상태의 '인식'으로 취급하고 있는 것은 잘못이다. 따라서 행정절차법보다 강화된 요건의 처분절차를 규정하여 결정하여야 할 것이다.

2) 금융위의 「행정처분」 절차

금산법에 규정된 금융위의 권한 중 준사법적 기능과 관련하여 고려의 대상이 되는 부분은 동법 제3장 「부실금융기관의 정비」의 부분에 집중되어 있다. 부실금융기관의 정비와 관련하여 금융위는 ① 적기시정조치(동법 제10조), ② 적기시정조치의 이행을 위한 지원조치(동법 제11조), ③

부실금융기관에 대한 정부 등의 출자 (동법 제12조) 그리고 ④ 행정처분 (동법 제14조) 등의 조치를 취할 수 있다. 이들 조치 중에서 공통적으로 문제가 되는 사항은 다음과 같다.

첫째로 임·직원의 인사에 대한 관여의 문제이다. 즉 적기시정조치의 일환으로 금감위는 부실금융기관의 임·직원에 대한 주의·경고·견책 또는 감봉 그리고 임원의 직무 정지 또는 임원의 직무를 대행하는 관리인의 선임 등을 권고·요구 또는 명령할 수 있다(동법 제10조 제1항 제1호, 제4호). 그러나 기업의 임직원의 선임 등 인사에 관한 사항은 기업활동에 있어서 기본적인 요소에 속하는 것으로서 기업의 고유한 권한에 속한다고 할 것이다(상법 제382조, 제385조, 제409조, 제415조 등 참조). 따라서 왜 금융위가 기업의 인사에 관여를 할 수 있는지 정당성의 근거와 그 한계를 밝힘이 없이 이러한 권한을 행사하는 것은 법적으로 문제가 된다고 할 것이다.

둘째로 영업활동에 대한 관여의 문제이다. 즉 금감위는 역시 부실금융기관에 대한 적기시정조치로써 보유자산의 처분 또는 점포·조직의 축소 그리고 채무불이행 또는 가격변동 등의 위험이 높은 자산의 취득 금지 또는 비정상적으로 높은 금리에 의한 수신의 제한을 권고·요구 또는 명령할 수 있다(동법 제10조 제1항 제2호, 제3호). 그러나 아무리 부실금융기관이라 하여도 영업 활동의 자유는 인정되는 것이기 때문에 당해 금융기관의 영업에 대하여 행정지도, 즉 본 조항에서 말하는 권고는 할 수 있지만 적극적으로 명령하는 것은 역시 문제가 된다고 할 것이다.

셋째로 기업의 활동 및 주주와 관련된 문제이다. 즉 부실금융기관의 정비와 관련하여 금융위의 권한으로 자본의 증가 또는 감소, 주식의 소각 또는 병합 등을 권고·요구 또는 명령할 수 있다(동법 제10조 제1항, 제

3호, 제5호, 제12조 제3항 등). 그런데 기업의 자본의 증감이나 주식의 소각 등은 말할 것도 없이 기업의 고유의 권한이기 때문에 금감위의 일방적인 명령에 의해서 이 권한을 박탈할 수 있는지는 의문이다(상법 제416조, 제438조 내지 제446조 등 참조).

마지막으로 합병이나 계약의 이전 등 기업의 존립 그 자체에 관한 권한의 문제이다. 금융위는 부실금융기관에 대한 적기시정조치, 적기시정조치의 이행을 위한 지원조치 그리고 행정처분 등과 관련하여 합병 또는 제3자에 의한 해당 금융기관의 인수, 영업의 양도 또는 예금·대출 등 금융거래에 관련된 계약의 이전 등을 명할 수 있다. 그러나 이러한 권한은 기업을 운영하는 데 있어서 가장 핵심적인 것으로 이 부분이 보장되지 않고서는 우리의 경제질서를 자유주의 시장경제질서라고 결코 할 수 없을 것이다. 특히 계약이전에 관한 권한의 부분은 매우 심각한 상태에 있다고 할 수 있다. 즉 계약이전을 명하는 자체가 문제가 되는데 거기에 그치지 않고 계약이전결정에 관한 금융위의 권한의 내용이 더욱더 문제이다. 즉 계약이전결정에 있어서 (계약이전을 받는 금융기관의 이사회의 동의를 얻도록 되어 있기는 하지만) 상대방을 결정하는 권한은 물론 계약내용 그 자체를 결정하는 권한이 금융위에 부여되어 있는 것이다(동법 제14조 제1항 제5호). 이것은 금융위에의 계약의 백지위임이나 마찬가지라고 할 것이다. 이러한 계약의 백지위임은 소유권의 이전의 주요한 수단을 계약이라고 할 경우 사실상 금융위가 당해 부실금융기관의 소유권을 수용하는 의미가 있다고 할 것이다. 따라서 이러한 해석이 가능하다면 수용에 대한 절차나 보상규정을 명확히 규정하지 않은 채 재산권을 수용하는 것은 헌법 제23조의 취지에도 반한다고 할 것이다.

이상에서 설명한 근거에 비추어 볼 때 적어도 위에서 언급한 사항에 대한 행정처분은 준사법절차에 따라서 행해져야 할 것이다. 그러나 금산법에는 이에 대한 규정이 어디에도 없다. 따라서 위의 모든 처분은 일반행정기관의 행정처분과 마찬가지로 행정절차법에 규정된 절차에 따라 행해지게 된다. 그러나 거듭 강조하는 바이지만 만약 준사법절차에 의한 신중한 처분이 행해지지 않는 한 금융행정의 파행은 앞으로도 피할 수 없게 될 것이다.

이상에서 살펴본 바와 같이 금융위는 정부조직법 제5조와 「금융위원회법」 제3조의 규정에 의하여 설치된 국무총리 소속하의 이른바 행정위원회이다. 동위원회의 법적 성격에 관해서 논의의 대상이 될 수 있는 사항은 매우 다양하지만 그 주된 것으로 소속행정기관과의 관계, 행정위원회의 준사법적 기능 그리고 동위원회를 둘러싼 법적 문제점에 대하여 살펴보았다.

먼저 소속행정기관과의 관계에서 보았을 때, 이것은 독립성과 관련되는 부분인데, 현재의 위원장과 부위원장의 임명권과 임명절차 그리고 나머지 구성원의 구성을 보았을 때 대통령과 행정부로부터의 영향에서 벗어나기 어려운 구조로 되어 있음을 알았다.

둘째로 행정위원회가 준사법적인 기능을 수행하기 위해서는 행정위원회가 상대방의 위반 등에 대하여 제재처분을 함에 있어서 소추관과 심판관을 따로 분리하여 상대방과의 3자구도에서 처분절차를 진행시켜야 한다(기구적 요건). 이러한 구도 하에서 재판절차에 준해서 증거조사와 수집 그리고 이에 대한 공방절차가 이루어지도록 절차가 정비되어야 한다.

마지막으로 위와 같은 관점에서 보았을 때 금감위가 안고 있는 법적 문제는 다양한데 먼저 독립성과 합의제 행정기관의 기능의 결여, 금감원과의 불분명한 역할분담 그리고 집행절차의 불비 등을 들 수 있다.

위와 같은 지적에 대하여 많은 부분에서 이를 개선하기 위한 노력이 계속되고 있지만, 금융위를 규율하고 있는 「금융위원회법」이나 금산법은 여전히 행정위원회의 준사법적 기능에서 비롯되는 법적 의미는 물론 행정행위를 기본으로 하고 있는 처분개념조차 알지 못하고 있는 실정이다. 이에 대한 시급한 논의와 법 개정이 필요하다고 할 것이다.

제8장

행정조직법과 공무원법

Law of Administrative Organization

Ⅰ. 공무원법에 대한 분석의 시점

종래 우리나라의 많은 행정법교과서는 공무원법이 행정조직법에 속하는 것으로 취급해 왔다.[1] 그러나 공무원법이 왜 행정조직법에 속하는지 즉, 공무원법과 행정조직법이 어떠한 관계인가에 관한 구체적인 언급은 거의 없다고 해도 과언이 아니다. 이 점에 대해서 대부분이 광의의 행정조직법의 개념아래 공무원은 행정기관을 구성하는 인적 요소이기 때문에 양자는 밀접한 관련을 가지고 있고 따라서 함께 고찰하는 것이 적절하다는 정도의 기술을 하고 있다.[2] 이에 대하여 공무원법이 별개의 독립된 법분야를 형성하고 있기 때문에 행정조직법에서 분리하여 고찰해야 한다는 입장도 최근 등장하고 있다. 이 입장은 종래의 통설의 바탕이 된 공무원의 근무관계에 있어서 특별권력관계이론이 부정되고 또 공무원법이 공무원의 근무관계를 주된 규율대상으로 하고 있는 등의 점을 들어 별개의 독립된 법으로 취급하여야 한다고 한다.[3]

그렇다면 과연 행정조직법과 공무원법의 관계를 어떠한 관점에서 어떻게 이해하고 고찰해야 할 것인가? 위의 이론에 의하면 전자는 양자가 아주 밀접한 관계에 있다고 하면서도 그 점에 대하여 아무런 설명이 없

1 김도창, 일반행정법론(하), 청운사(1974), 이상규, 신정판 신행정법론(하), 법문사(1985), 박윤흔, 개정27판 최신행정법강의(하), 박영사(2004), 김동희, 제20판 행정법Ⅱ, 박영사(2014) 등을 그 예로 들 수 있다.

2 예를 들면, 김동희, 상게서, 3-4쪽.

3 김철용, 제10판, 행정법Ⅱ, 박영사(2010), 4-5쪽, 박균성, 제16판 행정법론(하), 박영사(2018), 3쪽.

고, 후자는 아예 양자의 관련성을 법적으로 의미가 없는 것으로 보아 별개의 테마로 취급하자고 제안한다.

행정조직은 행정청을 정점으로 그 아래에 복수의 보조기관, 집행기관 등의 행정기관으로 체계를 이루고 이 행정기관들을 담당하는 것이 바로 공무원이다. 이러한 점에서 행정조직법과 공무원법은 접점을 이룬다. 따라서 양자에 대한 고찰은 여기에서부터 시작된다고 할 수 있다. 또 공무원법 역시 이 점을 염두에 두고 규정되어야 한다.

이 장章에서는 위와 같은 점을 염두에 두고 행정조직법과 공무원법의 접점과 이 점과 밀접한 관련이 있는 국가공무원의 공직분류방식에 대하여 살펴보기로 한다.

II. 행정조직법과 공무원법의 접점

그렇다면 과연 양자는 어떠한 관계에 있는가? 이 점에 대해서 여기서 충분히 설명은 할 수 없지만 다만 다음과 같은 점에 대해서만 언급하기로 한다.

행정기관을 사무배분적 개념과 작용법적 개념으로 파악할 때 후자는 공무원법에서 규정하는 공무원이 맡아서 수행하는 직職과 동일한 개념으로 파악할 수 있을 것이다. 이렇게 볼 때 행정조직법상의 작용법적 개념에 맞춰서 공무원법의 내용을 규율할 필요가 있다고 본다(그 반대의 경우도 성립한다). 행정조직법은 공무원법을 받아들이기에 적합한 내용으로 규정되어야 하는 것이다. 이하에서는 위와 같은 점에 한정하여 현행정부조직법과 국가공무원법의 내용에 대하여 간단히 살펴보고자 한다.

제2장에서 살펴본 것처럼 헌법과 정부조직법의 규정을 보면 우리나라의 국가행정조직은 대통령을 정점으로 하여(헌법 제66조 제4항) 보좌기관인 국무총리(헌법 제86조 제2항) 그리고 그 아래에 행정각부의 장長인 장관(헌법 제94조, 정부조직법 제26조 이하)이 위치하게 된다. 그리고 이와는 별도로 국무총리 아래에 처處의 장長(정부조직법 제22조의 3, 제23조, 제25조)과 실室의 장長, 행정각부 아래에 청廳의 장長(정부조직법 제26조 이하)이 위치하고 있다. 그리고 부·처·청을 중앙행정기관이라고 하는데(정부조직법 제2조 제2항) 그 아래에 보조기관과 부속기관 등이 설치된다. 중앙행정기관의 보조기관은 이 법과 다른 법률에 특별한 규정이 있는 경우를 제외하고는 차관·차장·실장·국장 및 과장으로 되어 있다(정부조직법 제2조 제3항 본문).

이상에서 볼 수 있는 것처럼 국가행정조직에서 일정한 일을 분담하여 이를 실제로 처리하는 것은 자연인인 공무원이다. 그리고 이 각각의 공무원에게 부여되어 있는 지위가 「직職」이다. 대통령, 국무총리, 장관, …, 국장 및 과장이 이에 해당한다. 또 정부조직법에서 이 「직職」이라는 용어를 직접 원용하고 있는 경우도 있다. 즉, 정부조직법 제2조 제7항은 다음과 같이 규정하고 있다.

제2조(중앙행정기관의 설치와 조직 등)

⑦ 제6항에 따라 중앙행정기관의 보조기관 또는 보좌기관을 보하는 경우 차관보·실장·국장 및 이에 상당하는 보좌기관은 고위공무원단에 속하는 공무원 또는 특정직공무원으로 보補하고, 과장 및 이에 상

당하는 보좌기관의 직급은 대통령령으로 정하는 바에 따른다(밑줄은 필자).

위의 조문에서 특정직과 '직'급에서의 '직'은 각 공무원에게 부여되는 지위인 「직職」에 해당한다.

한편 국가공무원법은 공무원을 「경력'직'」과 「특수경력'직'」으로 나누고 있다(국가공무원법 제2조 제1항). 여기서 말하는 「직職」이란 위에서 살펴본 정부조직법상의 「직職」과 실질적으로 같은 의미이다. 따라서 현행법상 이 「직職」의 개념이 양자의 접점을 이루고 있다고 말할 수 있다.[4] 이와 관련하여 정부조직법은 제8조 제1항 본문에 「각 행정기관에 배치할 공무원의 종류와 정원, 고위공무원단에 속하는 공무원으로 보하는 직위와 고위공무원단에 속하는 공무원의 정원, 공무원배치의 기준 및 절차 그 밖에 필요한 사항은 대통령령으로 정한다.」라는 규정을 두고 있다. 이 규정에 따라 「공무원배치의 기준 및 절차」에 관한 사항을 규정하고 있는 대통령령이 「행정기관의 조직과 정원에 관한 통칙」이다. 이 통칙에 따르면 공무원의 정원의 배정은 행정기관의 업무의 양 및 성질에 따라 정하는데, 「직급 또는 고위공무원단에 속하는 공무원으로 보하는 직위에 해당하는지의 여부는 업무의 성질·난이도·책임도」(동 통칙 제23조 제1항 제1호) 등을 고려하여 정하도록 하고 있다. 여기서 직위에 해당하는지의 여부를 판단하는 기준인 「업무의 성질·난이도·책임도」 등은 국가공무원법에서 채용하고 있는 원칙을 원용하고 있는 것

---

4 藤田宙靖, 行政組織法, 有斐閣(2005), 270쪽, 참조.

이다(국가공무원법 제22조, 참조). 이처럼 행정조직법(정부조직법)과 공무원법(국가공무원법)은 바로 이 「직職」을 매개로 하여 연결되어 있다는 것을 알 수 있다.

III. 공직公職의 분류

공직公職을 어떠한 기본개념과 논리구조로 포섭할 것인가 하는 문제는 공무원법의 체계적인 구성에 있어서 가장 핵심적인 사항이라고 할 수 있다. 이 점과 관련하여 기존의 공무원법체계에서 취하고 있는 대표적인 방식에는 다음과 같은 두 가지 방식이 있다.

먼저 일정한 절차를 거쳐 선발된 자에게 일정한 「신분身分(=계급)」의 공무원으로 임용한 후에 일정한 직職을 부여하는 방식이다. 이것은 「사람」을 중심으로 전개되는 방식으로 여기에서 관官과 직職, 임관任官과 보직補職이라는 두 가지 개념이 성립하는데 이러한 방식을 이른바 계급제라고 한다. 이 계급제의 특성으로는 후술하는 직위분류제 방식과 비교하여 1)계급군 간의 폐쇄성과 차등성, 2)일반행정가의 원리, 3)폐쇄형 충원, 4)계급의 신분화, 5)신분보장 그리고 6)조직과의 동일시 경향 등을 들 수 있다.

이어서 계급제와 대비되는 직위분류제職位分類制는 「직무」를 중심으로 전개된다. 직위분류제란 「조직이란 직무·직책의 체계이며 조직의 개개 직위position에는 그 직위에 할당되어 있는 범위의 직무·직책을 수행하는 데에 필요하고 자격·능력을 가진 인재를 임용해야 한다」라는 고

전적인 조직편성이론에 입각해 있다. 직위분류제의 특성은 계급제와 비교해 볼 때, 1)서로 다른 직무 사이에 엄격한 경계를 구분하는 수평적 폐쇄성, 2)전문행정가의 원리, 3)개방형 충원, 4)약한 신분보장 그리고 5)담당 직무와 자신과의 동일시 경향 등을 들 수 있다.

현행 국가공무원법은 공직의 분류방식에 관하여 계급제를 중심으로 하고 부분적으로 직위분류제를 채용하고 있다. 그러나 이것은 논리적으로 양립하기 어려운 사안으로 국가공무원법에 대한 정확한 이해와 효율적인 인사행정을 수행하는 데 큰 지장을 주고 있다고 할 수 있다. 이하에서는 그 이유가 무엇이며 어떻게 대응하여야 하는가에 대하여 이하에서 간단히 살펴보기로 하자.

1. 국가공무원법과 계급제

국가공무원법에서 계급제와 관련한 규정으로는 먼저 동법 제4조 제1항을 들 수 있다.

제4조(일반직공무원의 계급 구분 등)

① 일반직공무원은 1급부터 9급까지의 계급으로 구분하며, 직군職群과 직렬職列별로 분류한다. 다만, 고위공무원단에 속하는 공무원은 그러하지 아니하다. <개정 2010.6.8., 2011.5.23., 2012.12.11.>

이어서 국가공무원법 제4조 제1항 본문의 설명을 위하여 편의상 「교육부와 그 소속기관 직제」 중에서 아래와 같은 조항을 열거해 보기로 한다.

제9조(운영지원과)

① 운영지원과장은 3급 또는 4급으로 보한다.

제20조(총무과)

① 총무과장은 4급으로 보한다.

위의 규정에서 국가공무원법은 일반직공무원에 있어서 일정한 계급에 임용된 공무원을 일정한 관직에 보補하는 이른바 계급제를 채용하고 있음을 알 수 있다. 그렇다면 위의 공무원에게 직職을 보補하는 것이 직위분류제와 어떠한 관련성을 갖는가? 먼저 공무원임용령 별표 1(본서 197, 198쪽)을 보기로 하자. 이 별표 1은 국가공무원법 제4조 제1항에 따라 계급을 구분하는 일반직공무원의 직군·직렬·직류 및 직급의 명칭을 나타내고 있다(공무원임용령 제3조 제1항).

별표 1에서 알 수 있는 것처럼 직급으로 표시되어 있는 서기관, 행정사무관 등은 위의 직職을 보補하는 과정에서 아무런 언급이 없는 것을 알 수 있다. 이것은 국가공무원법과 공무원임용령이 직급職級에 대한 이해를 잘못하고 있는 데에서 유래한다. 이에 대해서는 다음과 같은 두 가지 점을 지적할 수 있다. 첫째로 들 수 있는 것은 국가공무원법이 계급의 단위로 사용하고 있는 1급-9급이 별표 1의 직급과 중복되어 같은 기능을 수행하고 있다는 점이다. 즉, 위의 과정은 계급을 직職을 보補함으로써 발생하는 개념이 직급職級이기 때문에 계급의 개념은 불필요하다고 할 것이다. 둘째로 이것은 용어와도 관련이 되는 사항이다. 즉, 국가공무원법상의 직급職級이란 '직무의 종류·곤란성과 책임도責任度(동법 제5조 제2호), 바꾸어 말하면 '직종職種'과 '등급等級'의 조합組合을 말한다.[5] 따라서 만약 직무의 책임도責任度, 즉 등급을 현재보다 확대하게 될 경우 이에 대응하는 용어를 또 개발할 것인가? 문제는 여기서 그치지 않는다. 국가공무원법이 규정하고 있는 계급에 대한 용어도 문제이다. 즉, 1급, 2급 등의 용어는 일상생활에서 흔히 쓰는 용어로 이 용어를 듣고 국가공무원의 계급을 반드시 떠올릴 수는 없을 것이다. 따라서 계급제를 채용하는 경우 오히려 공무원임용령에서 사용하고 있는 직급용어를 계급용어로 사용하고 직급용어는 아라비아 숫자를 사용하는 것이 합리적이라고 할 것이다.

2. 국가공무원법과 직위분류제

1) 직위분류제의 의의意義 및 연혁

직위분류제는 직위를 직무의 종류·곤란성·책임도 및 자격요건의 차이에 따라 분류, 정리하는 계획을 말한다(구 직위분류법(1963.11.1. 법률 제1434호) 제3조 제1항). 직위분류제는 공무원법에 규정된 보수결정원칙의

5 藤田, 상게서, 266쪽, 273쪽, 참조.

통일적이고 공정한 기초를 제공하며 임용·시험·훈련 및 근무성적의 평정과 이들에 관련되는 각 부문의 인사행정에 이용되는 제도이다(구 직위분류법 제3조 제2항).

직위분류제는 미국에서 20세기 초엽에 엽관제개혁=민주적 과학적 인사행정의 확립과정에서 과학적 관리법으로서 1921년 시카고시가 처음으로 채용했는데 그 후 국가기능의 다양화·전문화에 의한 분류관직의 확대를 배경으로 하여 1923년 직위분류법(Classification Act)에 의하여 연방정부 차원에서도 채용되어 점차 발달해 온 제도이다.[6]

우리나라의 경우 1963년 11월 1일 법률 제1434호로 직위분류법이 제정되어 1967년 1월 1일부터 실시하도록 되어 있었으나 그 후 1973년 2월 5일 동법은 폐지되어 국가공무원법에 일반규정만 두고 구체적인 사항은 대통령령으로 정하도록 하였으며(국가공무원법 제21조) 직위분류제는 대통령령으로 정하는 바에 따라 그 실시가 쉬운 기관, 직무의 종류 및 직위부터 단계적으로 실시할 수 있게 하였다(국가공무원법 제24조).

2) 국가공무원법의 이념·목적과 직위분류제

국가공무원법 제1조는 다음과 같이 규정하고 있다.

제1조(목적)

이 법은 각급 기관에서 근무하는 모든 국가공무원에게 적용할 인사행정의 근본 기준을 확립하여 그 공정을 기함과 아울러 국가공무원에게 국민

6 基本法コンメンタール 地方公務員法, 日本評論社(1991), 83쪽.

전체의 봉사자로서 행정의 민주적이며 능률적인 운영을 기하게 하는 것을 목적으로 한다. [전문개정 2008. 3. 28.]

본조는 국가공무원법의 적용대상, 이념 그리고 목적을 규정하고 있는데 이것은 자의성恣意性을 배제한 과학적인 인사행정을 펼칠 것을 요구하는 것이다. 여기서 먼저 국가공무원법의 이념·목적인 1)국민전체의 봉사자, 2)행정의 민주적 운영 그리고 행정의 능률적 운영의 의미에 대해서 간단히 살펴보기로 하자.

첫째로 '국민전체의 봉사자'의 의미이다. 이것은 과거 전제군주국가시대의 공무원제도에서 볼 수 있었던 공무원이 전제군주와 같은 특정인을 위한 관리官吏라는 사고를 전면으로 부인하는 것이다. 이 점에 대하여 헌법 제7조 제1항 전단前段도 '공무원은 국민전체에 대한 봉사자이며...'라고 규정하고 있다. 이것은 국민주권의 이념이 공무원제도에 투영되어야 할 것을 명백히 한 것으로 공무원이 특정한 개인, 이익집단을 위해서가 아니라 국민 전체를 위한 것임을 선언하고 있다고 할 수 있다.

이어서 '행정의 민주적 운영'의 의미이다. 여기서 '민주적'이라는 용어는 앞서 살펴본 '국민전체의 봉사자'라는 용어의 다른 표현이라고 할 수 있다. 이것을 부연하여 설명하면 공무원은 국민의 요구에 부응하며 국민 전체에 대하여 책임을 진다는 의미(헌법 제7조 제1항 후단後段)이다. 즉, 공무원은 자신이 하고 있는 일에 대하여 설명할 수 있어야 한다(이른바 설명(accountability) 책임). 현행 국가공무원법에서 규정하고 있는 공무원제도는 위와 같은 행정의 민주적 운영을 확보하기 위한 방법으로 구성되어 있다.

마지막으로 '행정의 능률적 운영'의 의미이다. 공무원제도의 이념은 민주성과 적정성의 두 가지를 들 수 있는데 능률성은 바로 후자에 대한 미국식의 표현이라고 할 수 있다. 여기서 능률이란 일정한 목표를 최소한의 시간과 비용으로 실현하는 것이라고 정의할 수 있다.[7]

이상과 같은 국가공무원법의 이념·목적에 비추어 볼 때 공무원법제도는 오직 개개의 공무원의 객관적 사무능력의 내용만을 기반으로 해서 구축되어야 하며 이와 같은 공무원의 능력·사무의 능률과 같은 객관적인 요소 이외의 것이 공무원제도의 조직과 운영에 영향을 주는 일이 있어서는 안 된다고 말할 수 있을 것이다. 그리고 이에 대한 단적인 제도적 표현이 다름 아닌 직위분류제이다.[8]

3) 직위분류제의 원칙

(1) 직위와 직무·책임

직위분류제에서 분류의 대상으로서 정리되는 것은 공무원의 직위이지 공무원이 아니다. 여기서 '직위職位'란 「1명의 공무원에게 부여할 수 있는 직무와 책임」을 말한다(국가공무원법 제5조 제1호, 구舊직위분류법 제4조 제1호). 또 '직무職務'라 함은 「각 직위에 배당된 업무」(구舊직위분류법 제4조 제2호)를 말하고 '책임'이란 「공무원이 직무를 수행하거나 직무의 수행을 감독할 의무」(구舊직위분류법 제4조 제3호)를 가리킨다.

---

7 小早川, 상게서, 135-141쪽.

8 藤田, 상게서, 266쪽.

(2) 직위분류의 기준

직위분류제는 공무원의 직위를 첫째 직무의 종류, 둘째 직무의 곤란성 및 책임도를 기준으로 하여 분류한다. 전자는 직무의 종류가 유사한 것을 한 묶음으로 모아 놓은 것으로 이는 '직종職種'이라고 해서 횡적橫的인 분류이다. 후자는 동일한 직종 내에서 직무의 복잡성과 책임의 정도에 의해서 구분되며 이는 '등급等級이라고 해서 종적縱的인 분류이다. 따라서 위의 두 가지 기준에서 볼 때 「직무의 종류·곤란성과 책임도가 상당히 유사한 직위의 군群」이 직급職級(국가공무원법 제5조 제2호)을 형성한다.[9] 그리고 이 직급을 기준으로 하여 「직무의 종류가 유사하고 그 책임과 곤란성의 정도가 서로 다른 직급의 군群」은 직열職列(국가공무원법 제5조 제8호)로, 또 이 '직열職列'을 기준으로 하여 「직무의 성질이 유사한 직렬의 군群」은 '직군職群'(국가공무원법 제5조 제7호)으로 분류된다. '직급職級'은 공무원의 직위를 분류하는 최소의 단위로 「직급이나 같은 직무등급에 속하는 직위에 대하여는 동일하거나 유사한 보수가 지급되도록 분류」하고 있다(국가공무원법 제22조).

4) 실시절차

(1) 직무분석

'직무분석'이란 「해당 직위의 성과책임 규명, 직무평가 및 직무수행요건 규명 등 각종 직무정보를 체계적으로 수집·분석하는 모든 활동」을 말한다(직무분석규정 제4조 제1호). 이러한 직무분석은 직위분류는 물론 채용·인적자원계획·교육훈련·평가·보수 등의 합리적인 인사관리에 유용

9 基本法コンメンタール 地方公務員法, 85쪽.

한 자료가 된다.[10]

직무분석의 실시는 중앙인사관장기관의 장 또는 소속장관이 실시하며(국가공무원법 제22조의 2 제1항 본문) 직무분석의 실시와 그 결과의 활용 등에 필요한 사항은 대통령령 등으로 정하도록 되어 있는데(국가공무원법 제22조의 2 제2항) 이 규정에 근거하여 제정된 것이 직무분석규정이다. 그리고 소속 장관 및 인사혁신처장은 채용, 승진, 전보, 보수지급 및 성과관리 등 각종 인사운영에 직무분석 결과를 적극 활용하도록 되어 있다(직무분석규정 제11조).

(2) 직위의 정급定級

국회사무총장, 법원행정처장, 헌법재판소사무처장, 중앙선거관리위원회사무총장 또는 인사혁신처장은 법령(국회규칙, 대법원규칙, 헌법재판소규칙 및 중앙선거관리위원회규칙을 포함한다)으로 정하는 바에 따라 직위분류제의 적용을 받는 모든 직위를 어느 하나의 직급 또는 직무등급에 배정하도록 되어 있다(국가공무원법 제23조 제1항). 직무등급의 배정은 직무분석 결과를 기초로 하여 직무의 곤란성 및 책임도의 차이에 따라 이뤄진다(직무분석규정 제8조 제1항). 이 때 고위공무원단 직위의 직무등급은 가등급과 나등급으로 구분하여 정급定級한다(직무분석규정 제8조 제2항).

5) 직위분류제의 실시

직위분류제는 대통령령으로 정하는 바에 따라 그 실시가 쉬운 기관, 직

10 유민봉·임도빈, 상게서, 108쪽.

무의 종류 및 직위부터 단계적으로 실시할 수 있다(국가공무원법 제24조). 현재 관련법령의 제정, 개정을 통하여 직위분류제가 계속 확대되는 추세에 있는데 외교부가 가장 폭넓게 실시하고 있다.

위에서 살펴본 것처럼 행정조직법과 공무원법은 「직職」이란 개념을 매개로 하여 서로 연결되어 있다. 그리고 실정법에서 이 점에 대하여 직접적으로 언급하고 있는 것이 정부조직법 제8조이다. 동조는 각 행정기관에 배치할 공무원의 종류와 정원 등과 공무원배치의 기준 및 절차 등에 대해서 대통령령으로 정할 것을 규정하고 있다. 이 규정에 따라 제정된 「행정기관의 조직과 정원에 관한 통칙」은 「업무의 성질·난이도·책임도」 등을 공무원배치의 주된 기준으로 삼고 있다. 그런데 이 기준은 국가공무원법에서 채용하는 기초개념이다(국가공무원법 제5조, 참조). 이것은 정부조직법이 국가공무원법의 기본적인 내용과 체계를 염두에 두고 규정되었다는 것을 의미한다. 따라서 체계적인 국가공무원법이 성립하는지의 여부는 정부조직법에도 큰 영향을 미친다고 할 수 있다.

그러나, 앞서 살펴본 것처럼, 현행 국가공무원법은 직위분류제의 단계적인 도입을 명시하고 이에 관한 몇몇 규정을 두고 있지만 어정쩡한 상태에 머물러 있다. 이처럼 국가공무원법은 공직의 분류에 관하여 직위분류제적 요소를 인정하면서도 여전히 계급제를 중심으로 구성되어 있다. 예를 들면, 고위공무원단제도(동법 제2조의 2), 전입轉入, 전직轉職시의 시험제도(동법 제28조의 2, 제28조의 3), 개방형 직위제의 채용(동법 제28조의 4) 그리고 공모직위제의 도입(동법 제28조의 5) 등이 그것이다. 즉, 국가공무원법은 직위분류제적 요소가 가미된 계급제를 채용하고 있는 것이다. 그러나 이것은 어디까지나 기능적인 측면이지 논리적으로 일관성을 유지할 수 없다.

그렇다면 현행 국가공무원법의 위와 같은 규정방식에 대하여 어떻게 생각해야 할 것인가? 이에 대하여 기능적인 측면에서 볼 때 양자는 서로 보완관계에 있기 때문에 각각의 장점을 살리는 방향으로 발전시켜 나가야 한다는 학자의 주장도 있다.[11] 그러나 이러한 주장이 기능적으로는 타당하다고 할지라도 논리적으로 통용될 수 없다고 생각한다. 현행 국가공무원법이 난해하고 체계성을 결여하게 된 가장 큰 원인이 바로 여기에 있다고 할 것이다. 또한 체계적인 정부조직법의 정립을 위한 전제조건이라는 관점에서도 국가공무원법의 직위분류제와 계급제의 혼용混用에서 오는 난맥상을 시급히 바로잡아야 할 것이다.

[별표 1] 〈개정 2016. 6. 24.〉(편의상 행정직군의 부분만 전재轉載함)

일반직공무원의 직급표(제3조 제1항 관련)

직군	직렬	직류	계급 및 직급						
			3급	4급	5급	6급	7급	8급	9급
	교정	교정			교정관	교감	교위	교사	교도
	보호	보호			보호 사무관	보호 주사	보호 주사보	보호 서기	보호 서기보
행정	검찰	검찰	부이사관	서기관	검찰 사무관	검찰 주사	검찰 주사보	검찰 서기	검찰 서기보
	마약 수사	마약 수사			마약수사 사무관	마약수사 주사	마약수사 주사보	마약수사 서기	마약수사 서기보
	출입국 관리	출입국 관리			출입국 관리 사무관	출입국 관리 주사	출입국 관리 주사보	출입국 관리 서기	출입국 관리 서기보

11 예를 들면, 유민봉·임도빈, 상게서, 124-126쪽.

직군	직렬	직류	계급 및 직급						
			3급	4급	5급	6급	7급	8급	9급
행정	철도경찰	철도경찰	부이사관	서기관	철도경찰 사무관	철도경찰 주사	철도경찰 주사보	철도경찰 서기	철도경찰 서기보
	행정	일반행정			행정 사무관	행정 주사	행정 주사보	행정 서기	행정 서기보
		인사조직							
		법무행정							
		재경							
		국제통상							
		운수							
		고용노동							
		문화홍보							
		교육행정							
		회계							
	직업상담	직업상담				직업상담 주사	직업상담 주사보	직업상담 서기	직업상담 서기보
	세무	세무				세무 주사	세무 주사보	세무 서기	세무 서기보
	관세	관세				관세 주사	관세 주사보	관세 서기	관세 서기보
	사회복지	사회복지			사회복지 사무관	사회복지 주사	사회복지 주사보	사회복지 서기	사회복지 서기보
	통계	통계			통계 사무관	통계 주사	통계 주사보	통계 서기	통계 서기보
	사서	사서			사서 사무관	사서 주사	사서 주사보	사서 서기	사서 서기보
	감사	감사		감사관	부감사관	감사 주사	감사 주사보	감사 서기	감사 서기보
	방호	방호			방호 사무관	방호 주사	방호 주사보	방호 서기	방호 서기보
		경비							

제2부

지방자치와 행정조직법

Law of Administrative Organization

제9장

지방자치와 국가주도의 사회구성

Ⅰ. 국가와 지방자치제도

지방자치는 지극히 근대적인 개념이다. 어느 지역에 사는 사람이 자신들이 생활해 가는데 공통적으로 필요한 일들을 공동으로 처리하는 모습은 동서고금東西古今 어디에서나 볼 수 있다. 그러나 지방자치는 근대 이후 중앙집권적인 근대국가를 전제로 한 개념이다. 즉, 근대국가 이전에 아무리 자율적으로 어느 공동체사회가 영위되었다 하더라도 그것은 지방자치라고 하지는 않는다. 이렇게 지방자치와 관련하여 근대국가를 강조하는 것은 현재의 지방자치에서의 법적인 문제를 포함하여 주된 문제가 국가와 지방자치단체와의 관계에서 발생되고 있기 때문이다. 그리고 또 한 가지의 이유는 역시 근대국가에서의 개인의 기본권을 비롯하여 헌법상 보장된 권리를 지방자치단체도 국가의 연장선상에서 동일하게 고려해야 한다는 점에서이다. 따라서 지방자치제도의 전개과정은 그 사회의 근대성의 수용과 확산과정과 밀접한 관련이 있다고 할 수 있다.

한국의 근대적인 지방자치제도는 다른 근대화시스템의 수용과정과 마찬가지로 일본에 의해서 본격적으로 도입되었다. 그 과정을 여기서 자세하게 설명할 여유는 없지만 가장 중요한 사실은 지방자치에 있어서 핵심요소의 하나인 국가와 지방자치단체와의 관계에 있어서 일본의 메이지시대의 전통을 따라 철저한 중앙집권적인 지방자치제도가 정착되어 오늘날에 이르고 있다는 사실이다. 아시아의 후발자본주의 국가가 유럽의 선진자본주의 국가를 따라잡기 위해서는 중앙집권적인 통치구조가 불가피했다고는 하지만 그 그늘은 우리에게 너무 짙게 드리워져 있다. 아이러니칼 한 것은 세계 제2차 대전 후, 일본의 경우, 점령군인

맥아더사령부의 주도하에 민주개혁을 추진하는 과정에서 지방자치에 있어서 중앙집권적인 요소를 많이 탈색시켰다. 그러나 한국의 경우 국제적인 냉전체제와 권위주의체제의 이해관계가 맞물려 오히려 지방자치에 있어서 중앙집권적인 요소가 강화되어 온 것이 현실이다. 일본의 어느 행정학자는 메이지시대의 지방자치제도를 보려면 한국의 그것을 보라는 말을 스스럼없이 하는 것을 필자는 들었다. 그러나 이제 지방분권은 국제적인 흐름으로 한국도 그 물결에서 비켜서 있는 것은 아니다. 우여곡절을 겪기는 하였지만 1991년 6월 30일에 민선民選의 지방의회가 구성되었고 1995년에 지방자치단체의 장長의 주민에 의한 선거가 실시되어 형식적으로 지방자치의 틀을 갖추게 되었다. 그러나 후술하는 것처럼 지방분권의 흐름에 정부가 전적으로 동의하고 이에 적극적으로 참여하고 있는 것은 결코 아니다. 여전히 이전과 같은 중앙집권적인 인식의 틀에서 벗어나지 못하고 임기응변적으로 이러한 흐름을 넘기려는 모습이 곳곳에서 보이기도 한다.

그러나 지방자치가 가지는 의미는 지방자치의 본래의 의미 「자신의 일을 자신의 책임하에 처리」한다는 것 이상의 의미를 갖는다. 즉, 지금까지 국가주도로 성장위주의 개발정책을 일관되게 이끌어온 결과 교육, 환경, 소비자 문제 등 매우 풀기 어려운 문제들이 우리들 앞에 산처럼 버티고 있는 것이다. 이러한 문제는 이미 국가의 힘만으로 풀 수 있는 단계를 넘었다. 즉, 지방의 시각에서의 접근이 필요한 것이다. 이처럼 지방자치는 본래의 고유한 의미를 넘어서 최근의 국가가 안고 있는 문제를 풀 수 있는 중요한 매개체로서 주목을 받고 있으며 또 이에 부응한 지방자치제도를 확립해야 한다는 의무를 동시에 부여받고 있는 것이다.

Ⅱ. 실정법에 나타난 중앙집권적인 요소

1. 미약한 권한부여기능과 방어기능

지방자치는 헌법이 보장하고 있는 제도이다. 헌법은 제117조와 제118조에 지방자치에 관한 규정을 두고 있는데 이 규정은 지방자치단체에 대한 권한부여기능과 국가권력으로부터의 간섭을 배제할 수 있는 방어기능을 수행한다. 그런데 이 규정들의 내용은 위의 기능을 수행하기에는 매우 빈약한 내용으로 되어 있다. 먼저 권한부여기능을 수행하고 있는 제117조부터 보기로 하자. 헌법 제117조는 다음과 같이 규정하고 있다.

제117조

① 지방자치단체는 주민의 복리에 관한 사무를 처리하고 재산을 관리하며, 법령의 범위 안에서 자치에 관한 규정을 제정할 수 있다.

② 지방자치단체의 종류는 법률로 정한다.

이 조문에서 중심이 되는 것은 제1항이며 이것은 다시 세 가지 사항으로 나눌 수 있다. 즉, ①사무처리, ②재산관리 그리고 ③자치에 관한 규정의 제정이 그것이다. 먼저 사무처리의 경우 지방자치와 관련해서 문제가 되는 것이 이 사무에 이른바 권력적 사무가 포함되느냐 하는 점이다. 제헌헌법에서는 명백히 사무가 아니라 행정사무라고 표시하여 권력적 사무도 지방자치단체가 처리한다는 점을 명백히 규정하고 있었다. 이 내용은 제4차 개헌 때까지는 그대로 존속되었으나 5.16쿠데타 이후의 제5차 개헌인 제3공화국헌법에서부터 이 행정사무가 단지 사무로 바뀌게 된다. 여기에는 제3공화국 정부가 지방자치를 약화시키려는 의도가 숨어있었다고 추측해 볼 수 있을 것이다. 어쨌든 현재의 규정으로는 지방자치단체가 권력적 사무를 수행할 수 있다는 것을 헌법이 보장하고 있지 못하다.

이어서 재산관리에 관한 사항이다. 이와 관련해서 문제가 되는 것은 이 재산관리의 내용에 지방자치단체가 자주적으로 조세를 부과할 수 있는 권한이 있는가 하는 점이다. 현재의 규정은 중립적으로 되어 있기 때문에 어느 쪽으로도 이야기를 할 수 있지만 현재의 통설은 지방자치단체에게는 조세권이 부여되어 있지 않다는 것이다.

마지막으로 자주입법권 즉, 조례제정권에 관한 문제이다. 위의 규정에 의할 경우 법령의 범위 내에서 조례를 제정할 수 있다는 해석이 가능하지만 이러한 해석은 지방자치법 제28조 제1항 단서조항에 의해서 부인되고 있다. 즉, 제28조 제1항 단서는 주민에게 권리를 제한하거나 의무를 부과하는 조례는 법률의 위임이 있는 경우에 한해서 조례를 제정할 수 있다고 규정하고 있기 때문이다.

이상에서 살펴본 바와 같이 헌법 제117조의 지방자치단체에 대한 권한부여기능은 매우 불완전한 상태로 되어 있음을 알 수 있다. 헌법을 개정할 경우 반드시 논의되어야 할 사안이다.

이어서 국가권력의 간섭을 배제할 수 있는 방어기능을 수행하고 있는 제118조의 규정을 보기로 하자. 제118조는 다음과 같이 규정하고 있다.

제118조

① 지방자치단체에 의회를 둔다.

② 지방의회의 조직·권한·의원선거와 지방자치단체의 장의 선임방법 기타 지방자치단체의 조직과 운영에 관한 사항은 법률로 정한다.

제118조의 경우 지방자치단체의 의회와 장長이 문제가 된다. 그런데 여기서도 양자의 내용에 문제가 있다. 그것은 의회의 조직, 권한, 의원선거와 장長의 선임에 관하여 법률로 정한다고 규정하고 있기 때문이다. 거듭 말하자면 지방자치단체의 자치를 제한하는 제1의 세력은 국가이다. 따라서 적어도 의회의 구성과 장長의 선임은 주민의 선거에 의해서 행해진다는 점을 명문으로 규정해야 한다. 따라서 이 규정도 앞으로의 헌법개정논의에 반드시 포함시켜야 할 사항이다.

2. 사무구분의 애매성과 기관위임사무의 과잉

지방자치단체가 처리하는 사무는 보통 국가 등이 지방자치단체의 장長 등의 기관에 위임한 기관위임사무(지방자치법 제115조, 116조), 지방자치단체에 위임한 단체위임사무, 그리고 지방자치단체의 고유한 자치사무의 세 가지로 나눌 수 있다(지방자치법 제11조~제13조). 그러나 현재 지방자치법상의 규정을 보면 기관위임사무와 단체위임사무를 구별할 실익이 별로 없고 또 단체위임사무와 자치사무의 구별도 명확하지 않다. 실제로 자치단체의 공무원들은 자신들이 현재 처리하고 있는 사무는 쉽게 구별이 되지 않을 분만 아니라 실제로 어느 사무에 속하는지 거의 의식하지 않고 처리를 하고 있는 것이 보통이다. 따라서 이처럼 크게 기능을 발휘하고 있지 못하는 사무구분은 포기하고 객관적인 기준에 의해서 다시 사무를 설정해야 할 것이다.

3. 주민의 권리

주민의 권리와 관련해서 논의의 초점이 되는 것은 지방자치에의 주민의 직접참여의 문제이다. 논의되어야 할 사항으로는 ① 주민투표(지자법 제18조), ② 조례의 제정 및 개폐청구(동 제19조), ③ 규칙의 제정과 개정·폐지청구(동 제20조), ④ 주민의 감사청구(동 제21조), ⑤ 주민소송(동 제22조) 그리고 ⑥ 주민소환(동 제25조) 등이 있다.

먼저 주민투표가 헌법에서 보장하고 있는 권리인가 하는 것에 관한 다툼이 있었는데 헌법재판소는 이것을 부인하였다(헌재결 2001. 6. 28, 2000헌마735).

이어서 조례의 제정 및 개폐청구에 관한 사항이다. 지방자치법 제15조는 주민이 일정한 요건을 갖춘 경우 조례의 제정 및 개폐청구를 할 수 있다고 규정하고 있다. 그런데 여기에는 다음과 같은 많은 문제점을 안고 있다. 먼저 서명자의 수數가 너무 많다는 점이다. 즉, 조례의 제정 및 개폐청구에 관하여 규율하고 있는 「주민조례발안에 관한 법률」(이하 주민발안법이라 한다) 제5조 제1항은 주민조례의 청구요건으로 서명자의 수數에 대하여 다음과 같이 규정하고 있다.

제5조 주민조례청구 요건

① 청구권자가 주민조례청구를 하려는 경우에는 다음 각 호의 구분에 따른 기준 이내에서 해당 지방자치단체의 조례로 정하는 청구권자 수 이상이 연대 서명하여야 한다.

1. 특별시 및 인구 800만 이상의 광역시·도: 청구권자 총수의 200분의 1
2. 인구 800만 미만의 광역시·도, 특별자치시, 특별자치도 및 인구 100만 이상의 시: 청구권자 총수의 150분의 1
3. 인구 50만 이상 100만 미만의 시·군 및 자치구: 청구권자 총수의 100분의 1
4. 인구 10만 이상 50만 미만의 시·군 및 자치구: 청구권자 총수의 70분의 1
5. 인구 5만 이상 10만 미만의 시·군 및 자치구: 청구권자 총수의 50분의 1
6. 인구 5만 미만의 시·군 및 자치구: 청구권자 총수의 20분의 1

위의 요건은 종래의 기준을 대폭 완화하였지만 여전히 이용하기에는 쉽지 않은 조건으로 남아 있다. 이어서 청구대상에서 ① 지방세·사용료·수수료·부담금의 부과·징수 또는 감면에 관한 사항과 ② 행정기구를 설치하거나 변경하는 것에 관한 사항이나 공공시설의 설치를 반대하는 사항을 제외하고 있는 것 역시 검토의 여지가 있다(동법 제15조 제2항).

이어서 주민의 감사청구(법 제21조)에 관한 사항이다. 주민의 감사청구에 대해서도 다음과 같은 문제점을 지적할 수 있다. 즉, 감사청구의 상대방의 문제이다. 동법은 기초지방자치단체의 사무에 관한 것은 광역자치단체장, 광역지방치단체에 관한 것은 주무부장관에게 감사를 청구하도록 되어 있다. 그러나 우리나라에서처럼 중앙집권이 강한 나라에서는 지방자치단체의 사무처리가 대부분 주무부장관이나 광역자치단체장의 지시를 받아 이루어지는 것이 보통이기 때문에 공정하고 객관적인 입장에서 감사를 하는 것이 어려울 것이다. 따라서 주민을 감사위원으로 한 감사위원회를 구성하여 이 위원회에서 감사를 하도록 하는 것이 가장 바람직하다고 할 것이다.

한편, 주민소송의 경우 다음과 같은 문제점이 지적되고 있다. 즉, 주민감사청구 전치주의를 채택하면서 주민감사청구를 하는 주민 수를 다수로 정하고 있는 점, 짧은 제소기간, 주민소송의 대상적격(재무회계상의 위법한 행위 또는 부작위)의 한계, 2단계의 소송을 거치도록 하고 있는 제4호 소송의 구조적 모순, 소송비용의 부담 등으로 인하여 주민소송의 활용도가 매우 낮다는 점이다.[1]

마지막으로 주민소환제에 관해서이다. 지금까지의 운영상황을 살펴보면 주민소환제도는 활용도가 매우 낮고 또 주민소환에 이른 경우가 매우 드물다는 점이다.[2] 이처럼 이 제도의 실효성이 낮은 데에는 여러

---

1 조경애, 주민소송제도의 문제점 및 최근 판례에 관한 검토-일본 주민소송제도와의 비교를 바탕으로-, 일감법학 제39호(2018. 2.), 198쪽.

2 주민소환제도가 본격적으로 시행된 2007년부터 2022년 12월 말까지 주민소환투표까지 진행한 선출직 지방공직자는 11명이고, 이 중 2명의 기초의회의원이 해직되었다고 한다. 하혜영, 선출직 지방공직자 주민소환제도 현황과 향후 과제, NARS 현안분석(국회입법조사처), 제296호(2023. 7. 21.), 5-10쪽.

가지 이유가 있지만 가장 문제가 되는 점은 청구요건 가운데 주민소환투표를 청구하기 위한 서명자 수가 너무 많다는 점이다. 즉, 이 점에 대하여 「주민소환에 관한 법률」(이하, 주민소환법이라 한다) 제7조는 다음과 같이 규정하고 있다.

제7조 주민소환투표의 청구

① 전년도 12월 31일 현재 주민등록표 및 외국인등록표에 등록된 제3조 제1항 제1호 및 제2호에 해당하는 자(이하 "주민소환투표청구권자"라 한다)는 해당 지방자치단체의 장 및 지방의회의원(비례대표선거구시·도의회의원 및 비례대표선거구자치구·시·군의회의원은 제외하며, 이하 "선출직 지방공직자"라 한다)에 대하여 다음 각 호에 해당하는 주민의 서명으로 그 소환사유를 서면에 구체적으로 명시하여 관할 선거관리위원회에 주민소환투표의 실시를 청구할 수 있다.

1. 특별시장·광역시장·도지사(이하 "시·도지사"라 한다): 당해 지방자치단체의 주민소환투표청구권자 총수의 100분의 10이상
2. 시장·군수·자치구의 구청장: 당해 지방자치단체의 주민소환투표청구권자 총수의 100분의 15이상
3. 지역선거구시·도의회의원(이하 "지역구시·도의원"이라 한다) 및 지역선거구자치구·시·군의회의원(이하 "지역구자치구·시·군의원"이라 한다): 당해 지방의회의원의 선거구 안의 주민소환투표청구권자 총수의 100분의 20이상

② 제1항의 규정에 의하여 시·도지사에 대한 주민소환투표를 청구함에 있어서 당해 지방자치단체 관할구역 안의 시·군·자치구 전체의 수가

3개 이상인 경우에는 3분의 1이상의 시·군·자치구에서 각각 주민소환투표청구권자 총수의 1만분의 5이상 1천분의 10이하의 범위 안에서 대통령령이 정하는 수 이상의 서명을 받아야 한다. 다만, 당해 지방자치단체 관할구역 안의 시·군·자치구 전체의 수가 2개인 경우에는 각각 주민소환투표청구권자 총수의 100분의 1이상의 서명을 받아야 한다.

③ 제1항의 규정에 의하여 시장·군수·자치구의 구청장 및 지역구지방의회의원(지역구시·도의원과 지역구자치구·시·군의원을 말한다. 이하 같다)에 대한 주민소환투표를 청구함에 있어서 당해 시장·군수·자치구의 구청장 및 당해 지역구지방의회의원 선거구 안의 읍·면·동 전체의 수가 3개 이상인 경우에는 3분의 1이상의 읍·면·동에서 각각 주민소환투표청구권자 총수의 1만분의 5이상 1천분의 10이하의 범위 안에서 대통령령이 정하는 수 이상의 서명을 받아야 한다. 다만, 당해 시장·군수·자치구의 구청장 및 당해 지역구지방의회의원 선거구 안의 읍·면·동 전체의 수가 2개인 경우에는 각각 주민소환투표청구권자 총수의 100분의 1이상의 서명을 받아야 한다.

④ 주민소환투표청구권자 총수는 전년도 12월 31일 현재의 주민등록표 및 외국인등록표에 의하여 산정한다.

⑤ 지방자치단체의 장은 매년 1월 10일까지 제4항의 규정에 의하여 산정한 주민소환투표청구권자 총수를 공표하여야 한다.

주민소환제도의 활용을 저해하는 또 하나의 요소는 주민소환투표결과의 확정조건이 너무 높다는 점이다. 즉, 주민소환은 주민소환투표권

자 총수의 3분의 1이상의 투표와 유효투표 총수 과반수의 찬성을 얻어야 확정된다(주민소환법 제22조 제1항). 이 요건 역시 현실적으로 매우 달성하기 어렵다는 점이 현재까지 운용결과 밝혀지고 있다.

4. 조례제정권의 범위

지방자치에 있어서 조례제정권이 어느 정도 허용되는가 하는 점의 중요성은 아무리 강조해도 지나치지 않다고 할 것이다. 앞서 간단히 살펴본 대로 헌법 제117조 제1항에서 규정하고 있는 내용대로라면 크게 문제는 되지 않을 것이다. 그러나 지방자치법 제28조 제1항 단서는 주민의 권리를 제한하고 의무를 부과하는 조례는 법률의 위임이 없는 경우에는 제정할 수 없다고 규정하고 있다. 이렇게 되면 대법원이 법률의 위임의 범위를 매우 유연한 입장에서 파악하고 있다고는 하지만(대판 1997. 4. 25, 96추244), 현재의 규정대로라면 지방자치단체는 법률의 위임이 없는 한 권력적인 사무는 독자적으로 처리할 수 없으며 오직 서비스에 관한 사무를 처리할 수 있을 뿐이다. 이 제28조 제1항 단서조항에 대하여 학계의 다수설은 위헌설의 입장에 서있으나 헌법재판소는 합헌결정을 내리고 있다(대판 1995. 5. 12, 94추28, 헌재결 1995. 4. 20, 92헌마264·279).

5. 지나친 국가의 관여

이상에서 간단히 살펴보았지만 지방자치에 관한 제규정이 매우 불충분하다는 점을 알 수 있을 것이다. 그런데 여기에 지방자치법 제9장은 다음과 같이 국가의 지방자치단체에 대하여 매우 엄격하고 다양한 관여방법을 규정하고 있다.

1) 지방자치단체의 사무에 대한 지도와 지원

중앙행정기관의 장이나 시·도지사는 지방자치단체의 사무에 관하여 조언 또는 권고하거나 지도할 수 있으며, 이를 위하여 필요하면 지방자치단체에 자료의 제출을 요구할 수 있다(동법 제184조 제1항).

2) 국가사무나 시·도사무 처리의 지도·감독

지방자치단체나 그 장이 위임받아 처리하는 국가사무에 관하여 시·도에서는 주무부장관의, 시·군 및 자치구에서는 1차로 시·도지사의, 2차로 주무부장관의 지도·감독을 받도록 되어 있다(동법 제185조 제1항).

3) 위법·부당한 명령·처분의 시정

지방자치단체의 사무에 관한 그 장의 명령이나 처분이 법령에 위반되거나 현저히 부당하여 공익을 해친다고 인정되면 시·도에 대하여는 주무부장관이, 시·군 및 자치구에 대하여는 시·도지사가 기간을 정하여 서면으로 시정할 것을 명하고, 그 기간에 이행하지 아니하면 이를 취소하거나 정지할 수 있다. 다만, 이 경우 자치사무에 관한 명령이나 처분에 대하여는 법령을 위반하는 것에 한하고 있다(동법 제188조 제1항).

4) 지방자치단체의 장에 대한 직무이행명령

지방자치단체의 장이 법령의 규정에 따라 그 의무에 속하는 국가위임사무나 시·도위임사무의 관리와 집행을 명백히 게을리하고 있다고 인정되면 시·도에 대하여는 주무부장관이, 시·군 및 자치구에 대하여는 시·도지사가 기간을 정하여 서면으로 이행할 사항을 명령할 수 있도록 되어 있다(동법 제189조 제1항).

III. 지방분권의 움직임

20세기는 이른바 총력전의 시대[3]라고 말해지고 있는 것에서도 알 수 있는 것처럼 동서양을 막론하고 국가주도의 정책수행이 보통이었다. 그러나 그 정도는 유럽의 문명을 19세기 후반부터 본격적으로 도입하기 시작한 아시아의 여러 나라에서는 국가주도의 정도가 훨씬 강했다는 것은 다시 설명하지 않아도 쉽게 알 수 있을 것이다. 이미 앞서 살펴본 것처럼 한국의 경우도 예외는 아니다. 그러나 이제 이러한 국가주도의 정책은 그 역할을 다하게 되었고 오히려 기능부전機能不全으로 인하여 1980년대 초부터 국가는 시장에서 물러나 민간이나 지방에 그 기능을 이양하는 것이 일반적인 추세이다. 이른바 지방분권은 전 세계적인 흐름인 것이다. 예를 들면, 유럽평의회가 제정한 유럽자치헌장과 국제자치체연합(IURA)이 기초한 세계지방자치선언은 지방분권에 대하여 이른바 보충원칙을 규정하고 있다. 즉, 기초지방자치단체가 담당할 수 있는 것은 기초자치단체의 사무로 하고 기초자치단체가 담당할 수 없는 것은 원칙

3 山之内靖外編, 総力戦と現代化, 柏書房(1995), 참고.

적으로 광역자치단체가 담당하는 것으로 하며 광역자치단체에서도 담당할 수 없는 것은 국가가 담당한다고 하는 원칙이다. 이처럼 이미 유럽의 국가들을 비롯하여 세계의 많은 국가들은 일정한 원칙 하에서 지방분권을 추진하고 있는 것이다.

한국의 경우에도 오래전부터 지방분권의 논의가 각계각층에서 전개되었고 현재도 논의는 진행형이다. 이러한 가운데 국가차원에서는 김대중 정부 이래 정권이 바뀔 때마다 특별법을 제정하여 지방분권의 실시를 위한 프로젝트를 실시해 왔다.[4] 이 프로젝트의 핵심내용은 국가사무를 지방자치단체에 이양하는 것이다. 그러나 원래 지방자치법상 국가사무와 자치사무의 구별기준이 불분명한 사실에서 알 수 있는 것처럼 사무의 이양기준이 불분명하고 특히 사무이양에 따른 재정지원이 법제화되지 않는 등의 이유로 해서 지방분권의 측면에서 보았을 때 이양의 효과는 미미하다고 밖에 할 수 없는 실정이다.

이처럼 현재까지 정부에 의하여 추진되어 온 프로젝트는 지방분권을 실현하기에는 극히 미온적인 것으로 과연 정부가 지방분권을 시행할 의지가 있는가 하는 의구심마저 든다. 즉, 지금까지의 과정을 살펴보면 지방분권의 세계적인 흐름에 발맞추어 시행되고 있는데 그 내용은 임기응변적인 것으로서 한국지방자치제도가 안고 있는 지나친 중앙집권적인 구조를 바꾸기에는 역부족이다.

개인이든 국가든 사회적, 역사적인 제약에 따라서 다양한 문제점을

4 김대중 정부에서는 '중앙행정권한의 지방이양촉진 등에 관한 법률', 이명박 정부 '지방분권촉진에 관한 특별법', 박근혜 정부 '지방분권 및 지방행정체제 개편에 관한 특별법', 윤석열 정부 '지방분권 및 지역균형발전에 관한 특별법'이 그것이다.

안고 있는 것은 지극히 당연한 일이라고 할 수 있다. 보다 중요한 것은 그러한 문제점이 새로운 변화에 노출되었을 때 여기에 어떻게 반응을 보이는가 하는 점이다. 개인이나 국가에 부여된 환경은 중립적인 것이다. 다만 그 환경에 대응하는 방법이 다르기 때문에 결과가 각각 달리 나오는 것뿐이다.

현재 한국에서의 국가와 지방자치단체의 예속적인 관계는 몇 가지 중앙행정권한을 지방자치단체에 이양한다고 해서 해소될 문제가 아니다. 헌법에 규정된 지방자치제도에 대한 규정에서부터 지방자치법과 지방재정법 기타 법률에서 규정하고 있는 지방자치단체에 대한 국가의 구조적인 개입에 대한 문제까지 근본적인 개혁이 시급히 요청된다.

제10장

지방분권과 행정구역개편의 행정법적 문제

Ⅰ. 행정구역 개편의 시점

참여정부 이래로 각 정권은 지방분권을 중요한 추진과제의 하나로 내세우고 있으며, 이를 실현하기 위하여 지방분권특별법, 국가균형발전특별법 등을 제정하는 등 지속적인 노력을 기울이고 있다. 그 결과 지방분권이라는 말이 우리 사회의 화두로 자리 잡고 있으며 각 자치단체도 지방분권의 이념 하에 자치행정을 펼치기 위해 많은 노력을 기울이고 있다. 그럼에도 불구하고 우리나라에서의 지방분권의 추진은 현 단계에서 큰 성과를 거두지 못하고 있다고 할 수 있다. 이에 대한 원인은 매우 다양하지만 그중의 중요한 이유의 하나가 바로 행정구역개편의 문제와 밀접한 관련이 있다.

현재 우리나라의 행정구역은 지방에서 수도권으로의 인구 유출로 인하여 각 자치단체의 규모가 매우 불안정한 상태에 있다. 그러나 이보다 더 중요한 사실은 지방자치단체가 중앙정부의 지방행정관청으로서의 역할을 수행하게 하는 구조를 지탱해주고 있는 것이 바로 현행 행정구역제도라는 점이다. 따라서 현재 정부가 추진 중인 지방분권정책을 성공적으로 시행하기 위해서 시급히 그리고 진지하게 고려해야 하는 문제가 바로 행정구역개편이라고 할 수 있다.

이 장章에서는 위와 같은 인식하에 지방자치법에 규정되어 있는 행정구역개편과 관련된 절차, 특히 주민참가를 중심으로 간단히 살펴보고자 한다.

Ⅱ. 지방분권과 행정구역개편의 의미

지방분권을 실현하기 위해서는 먼저 지방자치단체는 자신의 관할구역의 종합적인 행정을 수행하기에 적합한 체제를 정비하고 확립해야 한다.[1] 이처럼 지방자치단체의 체제를 정비·확립하기 위해서는 행정개혁, 의회의 활성화나 행정절차와 정보공개제도의 정비 등 검토해야 할 사항은 많지만 이 가운데서도 가장 중요한 사안은 역시 행정구역개편이라고 할 수 있다.

현재 우리나라의 경우 지방인구의 도시로의 유출, 특히 수도권에 인구가 집중됨으로써 지방은 극심한 과소현상을 보이고 있다. 그 결과 산업의 공동화는 물론 지방자치에 있어서도 행정조직, 재정, 교육이나 복지 등의 면에서도 심각한 불균형상태에 빠져 있다. 따라서 이러한 불균형상태를 해소하지 않고서는 지방분권정책의 성공을 기대하기 어려울 것이다. 즉, 행정구역의 개편과 정비는 매우 시급한 과제인 것이다. 그러나 문제는 그렇게 간단하지 않다.

행정구역은 지방자치와 관련하여 법적, 정치적으로 다양한 의미를 갖는다. 즉, 행정구역의 규모와 행정계층의 다양한 조합에 의해서 중앙정부와 지방자치단체와의 관계, 지방자치단체 상호 간의 관계, 지방자치단체의 재정 그리고 주민에의 서비스 등에 있어서 커다란 차이를 가져온다. 이처럼 행정구역은 지방자치단체에 있어서 가장 기초적이면서도

---

1 山下 淳, 地方公共団体の行政体制の整備·確立ー概説, ジュリスト増刊 新しい地方分権, 2000年12月30日, 97쪽.

중요한 의미를 갖고 있다. 그럼에도 불구하고 현재 추진 중인 지방분권 정책에는 행정구역에 대한 충분한 인식이 결여되어 있다. 즉, 지방분권에 관한 기본원칙과 추진체계 등을 규정하고 있는 지방분권특별법 제10조 제4항은 「국가는 지방자치단체가 지역개발의 정도, 지리적 여건 등을 고려하여 필요한 경우 그 주민의 의사에 따라 관할구역을 조정할 수 있도록 보다 합리적인 제도를 마련하여야 한다.」라고 규정하여 매우 소극적인 입장을 나타내고 있다. 이것은 어떻게 보면 중앙정부의 지방자치와 지방분권에 관한 시각을 역설적으로 보여주고 있다고 할 수 있다. 지금까지 중앙정부는 지방자치단체를 보통지방행정관청, 즉 국가행정조직의 일부로 파악해 왔던 것이다. 과다한 기관위임사무나 조례제정권의 범위, 국가의 지방자치단체에 대한 지휘감독권 등 많은 예를 들지 않더라도 이것은 쉽게 이해할 수 있을 것이다.[2] 이처럼 한국에서의 지방자치는 위와 같은 근본적인 한계를 안고 있다. 따라서 행정구역에 대한 개편과 정비도 중앙정부가 기존의 시각을 바꾸지 않는 한 큰 의미를 찾을 수 없을 것이다.

Ⅲ. 현행법상 행정구역이 갖는 법적 의미

앞서 잠깐 언급한 것처럼 행정구역은 단순한 구역의 획정이 아니라 지방자치제도상 중요한 법적 의미를 지니고 있다. 이하에서 간단히 살펴

2 이에 대한 자세한 분석은 제9장 참조.

보기로 하자.

먼저 사무분배에 관해서이다. 지방자치법은 제11조에서 사무배분의 기본원칙을, 제13조에서 지방자치단체가 처리할 수 있는 사무의 범위를 예시하고 제14조에서 지방자치단체의 종류별 사무배분기준을 제시하고 있다. 그런데 여기서 행정구역개편과 관련하여 눈길을 끄는 것은 지방자치법 제14조 제1항 제2호의 규정이다. 즉, 시·군 및 자치구와 같은 기초지방자치단체일지라도 인구 50만 이상의 시에 대하여는 도가 처리하는 사무의 일부를 직접 처리하고 있기 때문이다. 이 규정에 따라 지방자치법시행령 별표 3은 50만 이상의 시가 직접 처리할 수 있는 도의 사무 25종류를 규정하고 있다. 이 이외에도 지방자치법 제198조 제1항(대도시 등에 대한 특례인정)의 규정에 의하여 서울특별시와 광역시를 제외한 인구 50만 이상의 대도시는 개별법에 사무처리에 관한 특례를 둘 수 있다.

조직에 있어서도 인구 50만 이상의 시에는 자치구가 아닌 구(=행정구)를 둘 수 있으며(지방자치법 제3조 제3항), 기구의 설치에 있어서도 특례규정이 있다(지방자치단체의 행정기구와 정원기준 등에 관한 규정 제19조 이하).

지방재정제도 역시 행정계층에 따라서 재정제도가 달라진다. 즉, 지방세에 있어서는 특별시와 광역시는 특별·광역시세와 자치구세로 구분되며 도는 도세와 시·군세로 구분된다. 세목稅目에 있어서도 특별·광역시의 경우 특별·광역시세가 9개 세목, 자치구세가 2개 세목이며 도의 경우에는 도세가 6개 세목 시·군세가 5개 세목으로 구성되어 있다(2024년 3월 현재). 그리고 행정계층간 재정조정에 있어서도 중앙정부는 지방교부세로 중앙과 지방 그리고 모든 자치단체, 특별·광역시는 조정교부금으로 도와 시·군은 재정보전금으로 수직적, 수평적 재조정을 하고 있다. 이 경우 중앙정부는 지방양여금, 국고보조금을 모든 자치단체에 일정한 기준으로 배분하며 이 과정에서 재정력을 고려하는 차등지원이 이루어지며, 특별·광역시와 도는 기초자치단체에 보조금을 일정한 기준으로 배분하고 있다. 그리고 중앙정부는 광역자치단체와 기초자치단체로 구분하여 재정관리 및 운영의 기준을 삼고 있기 때문에 설령 인구 100만이 넘는 일반시의 경우에도 기초자치단체의 기준에 준하여 재정운영이 이루어지고 있다. 이처럼 광역자치단체와 기초자치단체로 구분하여 재정운영의 기준을 삼고 있지만 특별한 상황에서는 재정특례를 인정하는 경우도 있다.[3]

IV. 행정구역개편과 법

1. 지방자치법상의 규정

지방자치법은 행정구역의 개편, 즉 지방자치단체의 폐치廢置·분합分合은 법률에 의하도록 규정하고 있다(동법 제5조 제1항).[4] 이 경우 주민투표법에 의하여 주민투표를 실시하지 않는 경우에는 관계지방자치단체의 의회의 의견을 듣도록 되어 있다(동법 제4조 제3항). 한편 자치구가 아닌

3 전국대도시시장, 대도시 행정체제 개편방안연구(2003. 10.), 112-113쪽.

4 시·군 및 자치구의 관할구역 경계변경은 대통령령에 의하도록 되어 있다(지방자치법 제4조 제1항).

읍·면·동의 폐치廢置·분합分合은 행정자치부장관의 승인을 얻어 당해 지방자치단체의 조례로 정하고 그 결과를 시·도지사에게 보고하도록 되어 있다(동법 제7조 제1항). 그리고 폐치·분합시의 사무와 재산의 승계는 새로 그 지역을 관할하게 된 지방자치단체가 그 사무와 재산을 승계한다(동법 제8조 제1항). 이 경우 지역에 의하여 지방자치단체의 사무 및 재산을 구분하기 곤란한 때에는 시·도에 있어서는 행정자치부장관이, 시·군 및 자치구에 있어서는 시·도지사가 그 사무와 재산의 한계 및 승계할 지방자치단체를 지정하도록 되어있다(동법 제8조 제2항).

한편 지방자치단체의 폐치·분합에 따라 새로 지방자치단체의 장을 선거하여야 하는 경우에는 그 지방자치단체의 장이 선출될 때까지 시·도지사는 행정자치부장관이, 시장·군수 및 자치구의 구청장은 시·도지사가 각각 그 직무를 대행할 자를 지정하도록 되어있다(지방자치법 제110조 본문). 다만 2 이상의 동격의 지방자치단체를 통·폐합하여 새로운 지방자치단체를 설치하는 경우에는 종전의 지방자치단체의 장 중에서 당해 지방자치단체장의 장이 직무를 대행할 자를 지정한다(동법 제110조 단서).

그리고 지방자치단체가 분합하여 새로운 지방자치단체가 설치되거나 지방자치단체의 격이 변경된 때에는 당해 지방자치단체의 장은 필요한 사항에 관하여 새로운 조례 또는 규칙을 또는 규칙이 제정·시행될 때까지 종래 그 지역에 시행되던 조례 또는 규칙을 계속 시행할 수 있다(지방자치법 제31조).

그런데 행정구역의 개편, 즉 지방자치단체의 폐치·분합에 있어서 가장 문제가 되는 것은 해당 자치단체 주민들의 의사를 어느 정도 어떻게 수렴하며, 또 이를 법적으로 어떻게 보장할 것인가가 문제가 된다. 이하에서는 이 점에 대하여 헌법재판소의 결정을 소재로 하여 살펴보기로 한다.

2. 행정구역개편과 주민참가

1) 주민참가의 함의含意

행정구역의 개편이 가져오는 이익은 주민 각자에게 직접 돌아오는 부분도 있지만 개인적인 차원을 넘어서는 것이다. 따라서 행정구역개편을 논의함에 있어서는 이들 양자에 대하여 균형 있는 시각을 유지할 것이 요구된다. 그러나 현실은 그렇지 않다. 이미 방폐장의 선정 등과 같은 국책사업의 특정지역으로의 유치과정에서 여실히 드러났듯이 그곳에서는 적나라한 개인의 이해의 충돌만이 있었을 뿐이다. 이것은 주민에게 해당 사업에 대한 충분한 정보제공이 없었고 또 주민들 스스로 그 사업에 대하여 주체적으로 판단할 수 있는 자세와 노력이 결여되어 있었다는 점을 말해준다.

행정구역의 개편보다 이해관계라는 측면에서 훨씬 약한 각종의 지방자치법상의 지방자치단체 간의 협력제도가 우리나라에서 잘 활용되지 못하고 있는 주된 이유는 협력에 의하여 얻게 되는 수혜와 주도권을 어느 쪽이 행사할 것인가에 대한 절차가 불투명하다는 점이 지적되고 있다.[5] 따라서 행정 측에서 당장의 정책목표를 달성하기 위하여 몇 가지 장밋빛의 효과를 캐치프레이즈로 하여 주민을 설득하려는 원시적인 방

---

5 한표환·김선기·김필두, 자치단체간 협력사업 활성화 방안, 한국지방행정연구원 보고서(2002.12), 77쪽 이하, 참조.

법은 삼가야 할 것이다. 만약 행정구역개편 과정에서 이러한 방법을 계속 사용하게 된다면 주민들은 감정론이나 이해관계에 의한 판단으로 흐를 것은 자명한 일이다.[6]

결국 가장 바람직한 방법은 주민이 능동적으로 행정구역개편에 관한 논의에 참가하는 일이다. 그러나 이와 같이 주민이 적극적으로 논의에 참여하기 위해서는 이미 주민들이 단체를 조직하여 지역의 일에 적극적으로 발언할 수 있는 경험의 축적이 필요하다. 그렇지만 현재 우리나라의 상황에서는 이러한 여건을 기대하기 어려운 실정이다. 따라서 이에 대한 차선책으로 행정 측에서 주민들에게 행정구역개편이 갖는 의미를 객관적으로 분석한 양질의 정보를 제공함으로써 주민들로부터 생산적인 토론을 이끌어내는 방법을 생각해 볼 수 있을 것이다. 그러나 현재 앞서 언급한 것처럼 이 점과 관련한 지방자치법의 규정은 빈약하기 짝이 없다. 그렇다면 과연 행정구역개편에 있어서 주민참가의 법적 근거는 어디서 이끌어낼 수 있는가? 이하에서 헌법재판소의 결정을 소재로 살펴보기로 하자.

2) 전원재판부 1995. 03. 23. 94헌마175
(경기도 남양주시 등 33개 도농복합형태의 시설설치 등에 관한 법률·제8조 위헌확인)

(1) 사건의 개요
국회는 제166회 임시회에서 지방자치단체의 구역개편의 근거가 되는

6 今村 晃, 市町村合併における情報と住民参加, 都市問題 第94巻第2号(2003年2月), 45쪽.

지방자치법을 개정 · 의결하였고, 그 개정법률은 1994. 3. 16. 법률 제4741호로 공포되었다. 이에 따라 역사적으로 동질성을 갖거나 생활권이 같은 시와 군을 통합하여 새로운 시를 만들 수 있는 근거법률(같은 법 제7조 제2항, 제3조 제3항)이 마련되었고, 이에 정부는 1994. 3. 22. 지역균형발전을 도모하고, 도시계획 · 상하수도 쓰레기처리 등 광역행정 수행상의 애로점을 해소하며, 예산절감 등을 통한 지방자치단체의 경쟁력을 제고시키고, 전통문화의 계승발전과 주민화합에 기여하기 위하여 전국 49개시 43개군을 통합권유대상지역으로 선정하여 그 통합을 추진하게 되었다.

포항시와 영일군도 위 통합권유대상지역으로 선정되었고, 영일군수는 그 통합 여부에 관한 공청회를 개최하였고 주민의 의견조사를 실시한 결과, 영일군 총세대수 52,475세대 중 48,591세대가 참여하여 통합에 찬성 83.5%, 반대 16.5%의 결과가 나왔고, 통합의견서 제출안을 군의회에 제출한바, 영일군의회의 제26차 임시회의에서 재적의원 16명 중 찬성 4, 반대12로 부결하였으나 영일군수는 위 통합에 관한 기본계획을 수립하여 경상북도 도지사에게 건의하였다. 한편 경상북도의회는 1994. 6. 17. 제86회 임시회에서 포항시와 영일군 통합의견서 제출안을 재적의원 87명 중 54명이 참석하여 찬성 26, 반대 26, 무효 2로 부결하였으나, 경상북도 도지사는 포항시 · 영일군 통합안을 작성하여 내무부장관에게 건의하였다. 이어서 내무부는 포항시와 영일군의 통합을 포함한 도농복합형태의시설치 등에 관한 법률안을 입안하여 국무회의의 의결을 거쳐 국회에 제출하였고, 국회는 경기도 남양주시 등 33개 도농복합형태의시설치 등에 관한 법률을 제정하였다. 위 법률은 1994. 8. 3. 법률 제4774호로 공포되었고 1995. 1. 1.부터 시행됨으로써 영일군이

동 법률 제4조에 의하여 폐지되고 인근 포항시에 흡수·편입되었다. 청구인들은 위 법률시행을 눈앞에 둔 1994. 9. 1. 위 법률 제8조 제1항 중 영일군을 폐지하는 부분과 동조 제2항 중 영일군 일원을 관할구역으로 하여 포항시를 설치하는 부분이 청구인들의 기본권을 침해한다고 주장하여 이 사건 심판청구를 하였다.

(2) 판단

헌법재판소는 적법절차원칙에 관한 결정[7]을 원용하면서 다음과 같이 판시하고 있다.

① 이 사건 법률제정절차와 관련한 지방자치법 제4조 제2항 및 같은 법 제13조의2 제1항 소정 각 절차는 이른바 청문절차로서 자치단체와 그 주민은 자신의 이해관계와 관련하여 그 법적 지위를 확보하기 위하여 국가적인 재편계획에 대하여 의견을 표명할 기회를 주어야 한다는 것이다. 입법자가 공공복리를 이유로 지방자치단체의 폐지·병합의 결정을 내리기 전에 일반적으로 상반되는 이익들 간의 형량이 선행되어야 하고, 이러한 이익형량은 이해관계자들의 참여 없이는 적정하게 이루어질 수 없는 까닭이다. 국회는 이러한 절차를 통하여 비로소 자신의 결정에 앞서 중요한 사항들에 관한 포괄적이고 신빙성 있는 지식을 얻게 된다. 그러므로 자치단체의 폐지와

---

7 "헌법 제12조 제3항 본문은 동조 제1항과 함께 적법절차원리의 일반조항에 해당하는 것으로서, 형사절차상의 영역에 한정되지 아니하고 입법, 행정 등 국가의 모든 공권력의 작용에는 절차상의 적법성뿐만 아니라 법률의 실체적 내용도 합리성과 정당성을 갖춘 실체적인 적법성이 있어야 한다는 것을 헌법의 기본원리로 명시하고 있다."(헌재 1992. 12. 24. 선고, 92헌가8 결정 등).

병합에 의한 시설치에 있어 이해관계자들의 참여 즉, 의견개진의 기회부여로서 위에 본 바 해당 지방자치단체의 의회의 의견을 듣고 주민투표를 붙일 수도 있도록 규정하였다. 따라서 이 의견개진의 기회부여는 헌법적 의미 있는 절차이지만 청문절차이므로 영일군과 포항시 통합의 본질적 내용에 관한 사항과 그 근거에 관하여 이해관계인에게 고지하고 그에 관한 의견의 진술기회를 부여하는 것으로 족하고 그 진술된 의견은 국회에 입법자료를 제공하여 주는 기능은 하되, 입법자가 그 의견에 반드시 구속되는 것은 아니다.

② 그러므로 지방자치단체의 의회의 의견청취절차를 밟은 것 자체로 헌법적 의미의 적법절차는 준수되었다고 보아야 하고, 단지 그 결과는 국회가 입법할 때 판단의 자료로 기능하는 데 불과하다고 해석된다. 그러하지 아니하고 국회가 지방자치단체의 의회의 의견에 구속된다면 지방자치단체의 폐치·분합은 법률의 규정에 의하도록 한 지방자치법 제4조 제1항 의 입법취지가 몰각될 뿐만 아니라 국회에 대한 지방자치단체의 의회의 우위優位를 초래하는 결과가 될 것이다. 그리고 위에서 본 자치제도의 보장은 지방자치단체에 의한 자치행정을 일반적으로 보장한다는 것뿐이고 특정자치단체의 존속을 보장한다는 것은 아니며 지방자치단체의 폐치·분합에 있어 지방자치권의 존중은 위에서 본 법정절차의 준수로 족한 것이다. 그러므로 군 및 도의회의 결의에 반하여 법률로 군을 폐지하고 타시에 병합하여 시를 설치한다 하여 주민들의 자치권을 침해하는 결과가 된다거나 헌법 제8장에서 보장하는 지방자치제도의 본질을 침해하는 것이라고 할 수 없다. 더구나 이 사건의 경우는 주민의견조사 결과 주민의 압도적 다수가 영일군의 폐지와 포항시와의 통합에 찬성

하였으므로 지방자치단체의 의회(군·도)의 의견에 반하여 영일군을 폐지하고 폐지된 영일군 일원과 포항시를 통합하여 포항시를 설치하였다 하여 적법절차에 흠이 있거나 지방자치제도의 본질을 침해한 것이라고 할 수 없다.

③ 주민투표실시에 관한 지방자치법 제13조의2는 규정문언상 임의규정으로 되어 있고, 실시 여부도 지방자치단체의 장의 재량사항으로 되어 있으며 아직 주민투표법이 제정되지도 아니하였고, 주민투표절차는 위에서 살펴본 바와 같이 청문절차의 일환이며 그 결과에 구속적 효력이 없다. 따라서 이 사건 법률의 제정과정에서 주민투표를 실시하지 아니하고 이에 갈음하여 주민의견조사만을 하였다고 하여도, 지방자치법의 제정목적이 지방자치행정의 민주성과 대한민국의 민주적 발전을 도모함을 목적으로 한다고 규정한 동법 제1조의 정신에 반한다거나 적법절차원칙을 위반하였다고는 할 수 없다.

영일군수가 주민투표에 갈음하여 실시한 영일군과 포항시의 통합에 관한 주민의견조사는 위에서 본 바와 같이 청문절차의 일종으로서 영일군과 포항시의 통합에 관한 중요한 사항과 그 근거에 관하여 청구인들을 비롯한 주민들에게 고지하고 자유롭게 의견을 진술할 기회를 부여한 것으로 족한 것이고 반드시 비밀리에 의견개진을 하게 하여야 하는 것은 아니다. 기록에 의하면 그와 같은 정도의 의견조사를 충분히 하였음이 인정되고, 그 외 영일군의 폐지 및 영일군과 포항시의 통합에 관한 공청회도 개최하였으므로 청문절차로서의 주민의견개진 기회부여에 하자가 있다 할 수 없다. 그러므로 주민의견개진 기회부여에서도 적법절차원칙이 준수되지 않았다고 할 수 없다. 그리고 위 법 소정의 주민투표에 갈음하여 적법절차에 따른 주민의견조사가 실시되었으므로 그 조사과정에 공무원과 이·동장이 동원되었다거나 주민의견개진의 비밀보장이 되지 않은 경우가 있다고 하더라도 이로써 주민의 참정권이 침해되었다고 할 수는 없다.

④ 재판관 조승형의 반대의견反對意見

지방자치법 제4조 제2항 과 제13조의2의 각 규정을 종합하여 볼 때, 국회로서는 이 사건 법률을 제정하기 이전에 최우선적으로 지방자치법 제13조의2 제2항 소정의 주민투표에 관한 법률을 제정하고 그 시행 후 지방자치단체의 장이 주민투표를 부치는지 여부를 지켜보고, 주민투표에 부쳤다면 그 투표결과를 확인한 후 주민의 의사와 지방자치단체의 의회의 찬성의결贊成議決 내용을 참작하고, 그 의사나 의결내용이 상반하면 주민의사에 따라 입법 여부를 결정하고, 그 의사나 의결이 동일하면 그대로 입법 여부를 결정해야 할 것이며, 그 의사나 의결에 반하여 입법해야 할 정도로 극단의 사정이 있을 때 비로소 그 의사나 의결에 반하여 입법할 수 있을 것인데, 그와 같은 순차로 입법사전절차를 밟아야 함은 헌법상의 적법절차適法節次 원칙에 의하여 요구되는 것이다. 그런데 이 사건 법률의 경우를 살피면 국회는 우선 입법을 하여야 할 주민투표법을 제정하지 아니하고, 따라서 적법한 주민투표에 의한 주민의사를 확인하지 아니하였으므로 적법절차를 밟지 아니한 채 국회 임의로 제정한 것에 불과하여 위헌·무효이다.

(3) 검토

헌법재판소는 위의 결정에서 행정구역개편의 문제를 침해행정의 차원에서 파악하고 있다. 이것은 적법절차원리를 위법판단의 기준으로 삼고 있으며 지방자치법 제4조 제2항의 의견을 듣는 절차를 청문절차로 단정하고 있다는 점에서 쉽게 알 수 있다. 그러나 이것은 명백한 오류이다. 헌법 제12조 제3항이 규정하고 있는 적법절차원리는 이른바 법치주의를 말하며 법치주의는 개인의 자유와 재산을 공권력의 침해로부터 보호하는 것을 그 이념으로 하고 있다. 그러나 행정구역개편과정에서의 지방의회의 의견청취나 주민투표 등은 주민의 정책결정(입법을 포함함)과 집행과정에의 참여의 문제이지 자유와 재산의 침해에 관한 사항은 아니다. 물론 정책과정과 집행에 의하여 궁극적으로 주민 개개인의 자유와 재산에 어떠한 형태로든 영향을 주게 되겠지만 법치주의가 의도하는 범위는 거기까지 미치지 않는다.

행정구역개편은 개인의 자유와 재산의 차원뿐만 아니라 앞서 간단히 살펴본 것처럼 지방의 과소화 문제, 재정, 효율적인 주민에의 서비스 등 오히려 공익적인 성격을 강하게 띠고 있다. 따라서 행적구역개편에 관한 지방자치법 제4조 제2항의 의견청취제도와 심판대상의 법률조항이 법적으로 어떠한 관계에 있는가를 살피기 위해서는 적법절차원리보다는 헌법이 보장하고 있는 지방자치제도의 본래의 취지에 비추어볼 때, 헌법이 행정구역개편과정에서 주민의 참가를 어느 정도까지 인정하고 있는가에 대하여 정면에서 논해야 했을 것이다. 결국 이 문제는 헌법 제117조와 제118조의 해석문제로 귀결된다.

그런데 이들 두 조문도 위의 문제를 해결하는데 큰 도움이 되지 않는다. 그 이유는 이른바 권한부여기능과 방어기능[8]을 수행해야 할 두 조

8 塩野 宏, 行政法Ⅲ, 有斐閣(2001年), 107-108쪽.

문의 내용이 불완전하게 규정되어 있을 뿐만 아니라 지방자치단체 관련 사안에의 주민의 직접 참여를 헌법이 보장하고 있는지의 여부를 이들 조문으로부터는 이끌어 낼 수 없기 때문이다. 그러나 달리 생각하면 현행 헌법의 규정이 주민의 직접적인 참여의 문제에 대해서 침묵하고 있기 때문에 오히려 헌법재판소가 이른바 지방자치의 본래의 취지에 비추어 새로운 이론을 정립할 수도 있을 것이다. 물론 이 점에 대해서 헌법재판소는 주민투표권과 같은 참정권을 헌법이 인정하고 있지 않다는 판단을 하고 있다(2001. 6. 2000헌마735).[9] 그러나 이와 같은 헌법재판소의 입장은 행정구역은 지방자치의 요소의 하나로 이에 대한 개편은 이른바 지방자치제도의 본질적인 부분에 해당하기 때문에 재검토되어야 할 것이다.

한편 본 사건에 있어서 헌법재판소의 입장처럼 지방자치법 제4조 제2항에 규정되어 있는 절차가 청문절차이고 헌법적 의미를 갖는 것이라고 한다면, 본 결정의 논리는 그 자체로서 모순이다. 헌법재판소는 지방자치법 제4조 제2항에 규정되어 있는 「의견개진의 기회부여는 헌법적 의미 있는 절차이지만 청문절차이므로 영일군과 포항시 통합의 본질적 내용에 관한 사항과 그 근거에 관하여 이해관계인에게 고지하고 그에 관한 의견의 진술기회를 부여하는 것으로 족하고 그 진술된 의견은 국회에 입법자료를 제공하여 주는 기능은 하되, 입법자가 그 의견에 반드시 구속되는 것은 아니다.」라고 하고 있다. 그러나 과연 부여된 의견진술의 내용과 절차 그리고 진술된 의견의 취급 등에 대하여 심층적인 검

---

9 이 점에 대해서는 대법원도 같은 입장이다. 대법원 1993. 2. 26. 선고 92추109 판결 【완주군의회회의규칙중개정규칙재의결취소등】

토 없이 단지 법에 규정된 절차만 거치는 것으로서 족하다는 판단을 하면서 이것을 어떻게 헌법적 의미를 갖는 것이라고 할 수 있겠는가? 실제로 본 건에서 영일군 의회와 경북도 의회는 압도적인 다수로 포항시와의 통합을 반대하였었다. 헌법재판소는 의견청취제도가 왜 존재하는가라는 원초적인 물음에 대하여 진지하게 고민해야 할 것이다.

3) 분쟁해결수단

행정구역개편과 관련해서는 이해관계가 대립하는 경우가 많기 때문에 다양한 유형의 분쟁형태가 발생할 수 있다. 따라서 원만한 행정구역개편을 단행하기 위해서는 효과적인 분쟁해결수단을 마련해 두는 것이 필수적임은 두 말할 필요가 없을 것이다. 이 점과 관련해서는 요건을 갖추고 있는 경우 지방자치법 제165조 이하의 지방자치단체 간의 상호 분쟁조정에 관한 규정의 활용을 기대해 볼 수 있다. 그러나 이 제도는 분쟁조정에 관한 절차의 규정이 미흡하여 효과적인 분쟁조정기능을 발휘할지는 미지수이다. 따라서 현행 지방자치법상의 제도와는 별도로 행정구역개편을 둘러싼 분쟁을 전담하여 처리하는 위원회형식의 기구의 설립과 분쟁처리절차를 새롭게 제정할 필요가 있다고 하겠다.

이상에서 살펴본 것처럼, 행정구역개편은 지방분권을 실현하기 위한 기초 작업으로서 시급히 검토되어야 할 과제라고 할 수 있다. 이를 위해서는 여러 가지 조건이 필요하지만 무엇보다도 주민들의 능동적인 참여가 필수적이라는 점을 알았다. 이 점과 관련하여 헌법과 지방자치법은 매우 불완전한 규정을 하고 있어 주민참여를 헌법상의 권리로서 이끌어 내는데 어려움이 있을 뿐만 아니라, 지방자치법 자체의 규정도 매우 빈약한 내용으로 되어 있다. 게다가 헌법재판소는 지방자치법 제4조 제2

항에 규정되어 있는 지방의회의 의견청취절차를 청문절차로 파악하는 등, 행정구역개편과 관련하여 주민의 직접 참여에 대하여 매우 소극적인 입장을 취하고 있다. 이에 대한 근본적인 원인은 헌법상의 지방자치제도에 대한 규정이 권한부여기능과 방어기능을 제대로 수행하지 못한 데에서 유래하지만, 헌법재판소 자신의 주민참여에 대한 인식의 부족도 큰 문제라고 하지 않을 수 없다. 따라서 행정구역개편을 둘러싼 분쟁해결수단의 정비를 포함하여 주민의 적극적인 참여를 보장하기 위한 헌법해석과 법률의 정비가 시급하다고 하겠다.

제11장

지방자치단체의 파산방지를 위한 법제정비방안

일본의 경험과 그 시사점을 중심으로

Ⅰ. 현실로 다가온 지자체의 파산

2006년 6월 20일에 홋카이도 유바리시夕張市 시장이 시의회에서 국가의 관리하에 재정재건을 추진하는 「지방재정재건촉진특별법」에 근거한 「준용재건단체」로 이행할 방침을 표명하자 일본 전역은 충격에 휩싸였다. 이처럼 유바리시의 재정파탄소식이 일본 국민들에게 충격적으로 들린 것은 다음과 같은 이유 때문이다. 즉, 1)마을 만들기의 선구적인 도시로 알려진 유바리시가 파탄했다는 점, 2)후쿠오카현의 구舊아카이케 쬬赤池町가 파탄한 이래 15년 만에 다시 자치단체가 파탄하게 되었다는 점, 3)유바리시 이외의 다른 자치단체의 파탄가능성이 있는 것은 아닌가 하는 점 그리고 4)금융시장에서의 자치단체의 재정에 대한 우려가 그것이었다.[1]

그 후 유바리시의 문제는 지방자치단체의 부실한 재정운영을 막기 위한 근본적인 논의를 불러일으켰고 이러한 논의는 2007년 6월 「지방공공단체의 재정건전화에 관한 법률」을 공포하게 되었다.

유바리시와 같은 지방자치단체의 부실한 재정운영에 의한 지방재정의 위기는 우리나라에서도 이미 강 건너 불이 아닌 현실로 다가왔다. 호화청사로 물의를 빚었던 경기도 성남시가 청사를 짓느라 판교신도시 조성을 위한 판교특별회계에서 빌려 쓴 돈 5200억 원을 갚을 수 없다며 지급유예(모라토리엄) 선언을 한 적이 있고,[2] 공무원 월급 미지급 사태에

---

1 吉田博, 夕張財政破たんの本質とは, 地方財政(2007年2月号), 71쪽.

2 헤럴드경제, 2010년 7월 13일자.

봉착했던 대전 동구청이 대전시의 시비 보조금 반환 유예조치로 가까스로 위기를 모면하기도 하였다.[3] 이 뿐만이 아니다. 민선 4기 지자체 기간 동안(2006년~2010년 6월) 지방공기업 부채의 99%를 차지하는 51개 지방공사의 부채가 2배 이상 급증한 것으로 나타나고 있다. 행정안전부가 최근 국회에 제출한 지방공사 연도별 부채현황에 따르면, 2006년 말 22조 3,866억 원에서 2010년 6월 말 기준 46조 1,933억 원으로 23조 8,067억 원이 증가했다. 이 같은 부채로 인해 지방공사들이 2006년부터 2010년 6월까지 지불한 이자는 4조 5,193억 원으로 연평균 이자가 1조원에 달했으며, 향후 2014년까지 지불해야 할 이자는 5조 6,295억 원으로 집계되고 있다.[4]

이 장章에서는 위와 같은 현실상황을 염두에 두고 유바리시가 어떻게 하여 재정파탄에 이르렀으며 이에 대한 대비책으로 탄생한 「지방공공단체의 재정건전화에 관한 법률」의 내용은 무엇인지 분석함으로써 우리나라의 제도에 대한 시사점을 얻고자 한다.

---

3 대전시 동구청은 지난(2010년) 11월 29일 6급 이상 직원 193명의 12월분 월급 13억 원을 반영하지 못한 채 구의회에 제3회 추가경정예산안을 제출했다. 이에 따라 직원 월급을 주지 못할 상황에 처했었다. 그러나 다행히 대전시가 지난연도 집행 결산에 따른 12억9000만 원의 시비 보조금 반환을 내년으로 유예하기로 결정해 위기를 넘겼다(동아일보, 2010년 12월 3일자).

4 민선 4기중(2006년~2010년 6월) 부채증가 규모가 높은 지역은 서울(8조 7,634억 원), 경기(4조 5,987억 원), 인천(4조 2,580억 원), 부산(2조 3,371억 원), 강원(1조 2,245억 원) 순이었으며, 증가율은 전북(723%), 강원(354%), 제주(353%), 전남(299%), 인천(259%) 순으로 드러났다. 또 부채증가 규모가 높은 지방공사는 SH공사(9조 9,704억 원), 인천도시개발공사(4조 2,947억 원), 경기도시공사(3조 7,164억 원), 부산도시공사(1조 7,151억 원), 강원도개발공사(9,334억 원) 순으로 나타났다. 이와 함께 지방공사의 건전성을 나타내는 부채비율도 2006년 말 105%에서 2010년 6월 기준 146%로 41% 증가했다(광남일보, 2010년 11월 16일자).

Ⅱ. 유바리시와 지방자치단체의 파산

1. 유바리시에 대한 기본정보

유바리시는 홋카이도의 거의 중앙에 위치한 곳으로 주위가 산으로 둘러 싸여 있고 해발 약 200m의 구릉지대로 되어 있으며 삿포로시로부터 약 40km 떨어져 있다. 유바리시는 다이로도우大露頭탄광의 발견과 함께 시작되어 약 1세기 동안 석탄과 함께 영고성쇠를 함께 했다. 유바리시에는 한 때 24개의 탄광이 있었으나 1990년 미쯔비시 미나미오오유바리 탄광이 문을 닫음으로써 모든 탄광이 사라지게 되었다. 이와 함께 1960년 4월에 최고 116,908명을 헤아리던 인구도 2005년에는 약 10분의 1인 13,002명으로 크게 줄어들었다.

한편 정부에서도 그동안 탄광지역에 대한 진흥책으로 1961년 「산탄産炭지역진흥임시법」을 제정하여 산탄지역에서의 광공업 등의 신속하고도 계획적인 발전을 도모하였다. 동법은 한시입법으로 1966년, 1981년, 1991년 세 차례 연장되어 2001년까지 존속하였다. 이외에도 구체적인 산탄지역 진흥을 위한 지원책으로서는 산탄지역진흥임시교부금(유바리시는 1969~2001년도까지 총 67억 엔을 교부받았다.), 지방세감면에 대한 지방교부세에 의한 보전補塡, 특정공공사업에 대한 기채起債충당률의 인상, 시정촌의 특정공공사업에 대한 국고보조부담비율의 인상, 보통교부세의 산탄産炭보정補正 등이었다.

그러나 위와 같은 노력에도 불구하고 당시의 산탄지역진흥심의회답신에 따르면 위의 「산탄産炭지역진흥임시법」의 폐지를 앞두고 산탄지역

전체를 볼 때 과소過疎지역수준과 비교하여 손색이 없으나 유바리시 등은 고령화, 재정상황의 악화 등 극히 심각한 타격을 입고 있어 일정기간 동안 적절한 배려가 불가피하다고 지적하고 있다.

그렇지만 그 때까지 행해진 일련의 지원조치는 신新산업도시, 공업정비특별지역에의 재정지원과 거의 같은 정도의 내용으로 국가의 지원책만으로는 이미 벌어져 있는 지역간의 격차는 메꾸어지지 않았고, 결국 어떻게 내발內發적인 지역활성화[5]를 실현해갈 것인가 하는 점이 그 지역의 장래를 결정하게 된다는 점에 모두 공감하게 되었다.

유바리시의 경우 석탄자원은 유한하고 또 해외석탄과의 경쟁이 치열해져 갔기 때문에 에너지안보차원의 관점을 제외한다면 해외와의 경쟁 속에서 번영을 계속하는 것은 어렵다고 판단하였다. 결국, 유바리시는 이러한 난국을 관광으로 타개하기로 방향을 선회하였다.

2. 석탄산업에서 관광산업으로[6]

1979년에 취임한 금융기관출신의 나카타 유바리시장은「석탄에 미래는

---

5 내발적 발전에 의하여 지역활성화를 이룬 한 사례로 드는 것이 홋카이도 이케다쵸(池田町)이다. 동지역은 1956년 도카치(十勝)근해지진과 계속되는 냉해로 재정재건단체가 되었다. 이러한 재정위기를 극복할 수 있게 해준 것이 이미 널리 알려진 도카치(十勝)와인이다. 도카치와인은 동지역에 자생하고 있던 머루를 소재로 하여 제조되고 있는데 그 후 일본의 고도경제성장이라는 시대의 흐름도 있었고 무엇보다도 지역주민들의 이해와 협력으로 지역에 뿌리내린 내발적 발전을 이루었다고 평가되고 있다. 지금까지 와인생산으로 약 480억 엔의 매상이 있었고 그 이익은 주민홀, 체육관건설 그리고 학교급식비 보조 등에 충당되었다. 吉田博, 전게논문, 75쪽.

6 吉田博, 전게논문, 75-76쪽에서 요약.

없다」라는 캐치프레즈 아래 신新산업유치로노선을 변경하였다. 물론 이 시기에 미쯔비시 미나미오오유바리탄광이 조업을 개시하는(1970년) 등 아직 많은 사람들이 탄광에서 가능성을 찾고 있을 때였기 때문에 나카타의 방침에 반발도 있었다고 한다.

그러나 사업은 계속 진행되어 1980년에 석탄박물관개관(총사업비 14억 9천만 엔), 1983년에는 석탄역사촌을 전면 오픈하였다. 그 후 1985년 프라자합의에 의한 엔고불황극복을 위한 저금리정책에 의하여 통화량 증가에 따른 거품경기를 타고, 1990년에는 고향부활기금 1억 엔을 활용하여 유바리국제모험 팬터스틱영화제를 개최하였고 그 후에도 거액을 들여 이 사업을 계속해 왔다. 이것은 연중관광을 목표로 하여 스키리조트와의 연계를 염두에 둔 것이었다. 이를 위하여 1996년에는 호텔을 매입하고 이어서 스키장도 취득하게 되었다.

위와 같은 노력은 관광객의 현저한 증가로 이어졌다. 즉, 나카타시장 취임 이전의 관광객수는 41만 명이었지만, 1983년 석탄역사촌을 전면 개방한 때에 137만 명, 1991년에는 최고인 230만 명을 기록하게 되었다. 그러나 거품경기가 걷히면서 감소되기 시작하여 2004년에는 거품경기 이전의 숫자인 152만 명으로 줄어들게 되었다.

한편 유바리시의 관광시책은 「바리바리 유바리」라는 CM과 함께 전국에 알려지게 되었고 유바리시의 새로운 브랜드를 핵核으로 하는 사업도 진행되어 감에 따라서 선진적인 마을만들기로서 각계로부터 주목을 받게 되었다. 1986년의 경제동우회상賞인 「아름다운 도시만들기」를 시작으로 1988년부터 2년연속, 홋카이도신문광고상, 1989년에 석탄역사촌이 통산성이 주최한 「고향산업 50선」에 선정되었고, 1990년에는 「활력 있는 마을만들기 우량지방공공단체」로서 자치대신표창, 1992년에는 영화제가 후지산케이그룹 광고대상, 1994년에는 역시 영화제가 일본패선협회 생활문화상, 1998년에 파리국제도시활성화기술회의에서 유바리시장이 특별영예상, 2003년에 제12회 일본영화비평가대상으로 선정되는 등 화려한 수상경력을 자랑하였다.

위와 같은 노력은 탄광폐쇄에 따른 유바리시의 어두운 이미지를 불식시키는 데에는 일단 성공했다고는 할 수 있을 것이다. 그러나 원래의 목적인 석탄산업의 단일한 산업구조에서 전환하여 다각화를 이루는 것이었지만 공장유치는 1985년 이후로 공업사업소수와 종업원수 모두 감소하였고 제품출하액도 예년 수준을 유지하고 있는데 그치고 있다. 또 전국브랜드로 성장한 유바리멜론은 유바리시의 또 하나의 견인차역할을 해왔지만 생산량은 30억 엔으로 같은 수준을 유지하는 상태가 계속되고 있다.

이러한 상황은 유바리시의 재정에 그대로 반영되었고 1991년 아카이케쵸가 재건단체신청을 정부와 협의하고 있을 때 유바리시도 함께 해야 하는 것은 아닌가 하는 논의가 있었다고 한다.

〈표1〉 유바리시 결산의 추이

구분		1955	비율	1960	비율	1965	비율	1969	비율	1970	비율	1975	비율	1980	비율	1981
세입	지방세	414,088	55.5	545,816	55.0	622,576	34.3	728,420	28.8	969,624	30.8	1,326,024	17.0	2,050,501	15.3	
	지방교부금	34,557	4.6	112,448	11.3	411,058	22.7	885,540	35.0	1,091,435	34.6	2,860,062	36.6	3,853,223	28.7	
	국고지출금	94,512	12.7	124,200	12.5	358,226	19.7	481,275	19.0	78,862	2.5	1,443,996	**18.5**	2,743,151	20.4	

세입	지방채	129,700	17.4	149,531	15.1	188,282	10.4	51,600	2.0	197,400	6.3	504,300	6.5	1,639,800	12.2	
	기타	73,675	9.9	59,866	6.0	234,101	12.9	382,738	15.1	815,395	25.9	1,676,223	**21.5**	3,129,625	23.3	
	계	746,532	100	991,861	100	1,814,243	100	2,529,573	100	3,152,716	100	7,810,605	100	13,416,300	100	12,141,309
세출		733,209		968,705		1,814,238		2,527,720		3,049,146		7,802,576		13,412,281	100	12,422,477
수지		13,323		23,156		5		1,853		103,570		8,029		4,019		−281,168
인구		107,332		107,972		85,141				69,871		50,131		41,715		
직원수				615		687				775		780		705		
직원 1인당 인구				176		124				90		64		59		

3. 유바리시의 재정악화와 파산[7]

〈표1〉에서 볼 수 있듯이 1955년 유바리시에서 지방세가 차지하는 비율은 55.5%이며, 지방교부세는 4.6%였는데 이것은 그 당시 전국 시정촌 전체로는 지방세가 44.4%, 지방교부세는 15.0%와 비교해 볼 때 매우 풍족한 편이었다고 할 수 있다. 그 이유는 광산세의 수입이 있었고, 수도나 오락시설, 교통기관까지도 탄광회사가 종업원을 위하여 정비를 하고 있었기 때문에 그만큼 행정 측은 부담을 덜 수 있었기 때문이었다. 그러나 탄광의 폐쇄와 더불어 점차 재정상황이 악화되어 1969년에는 지방교부세가 지방세를 상회하게 되었고 그 후 지방세의 비율은 계속 낮아지게 되었다.

---

7 日本財政法学会編, 地方税財源確保の法制度, 龍星出版(2004), 3-6쪽을 참조하여 요약함.

또한 앞서 살펴본 것처럼 유바리시는 1970년 이후 석탄산업에서 관광산업으로 정책을 바꾸면서 여러 가지 사업을 펼치는 과정에서 재정적자는 눈덩이처럼 불어나 결국 2006년 6월에 재정재건단체의 적용을 신청하기에 이르게 된다. 유바리시가 파산을 선언한 후 홋카이도청이 바로 조사에 착수한 결과 다음과 같은 사실이 드러나게 되었다.

관광사업이나 병원사업에서 안고 있던 적자를 일반회계에서 차입한 일시차입금을 융통하여 흑자처럼 보이게 했던 것이다. 구체적으로는 일반회계에서 일시적으로 민간금융기관으로부터 차입한 자금을 적자인 사업회계에 대부금으로 빌려주고 출납정리기간(4월 1일부터 5월 31일)을 포함한 연도 내에 사업회계로부터 변제받음으로써 일반회계의 세입세출예산에 차입금이 계상되지 않고 사업회계를 흑자 화하고 있었다. 이러한 수법(유바리시에서는 "샴푸"라고 불렀다고 한다)을 반복하여 파탄을 피해왔다.

이처럼 부적정한 회계처리를 계속한 결과 변제해야 할 차입금은 거액에 이르게 된다. "샴푸"는 1992년 하수도사업에서 시작하여 관광사업이나 병원사업, 택지조성사업, 개호介護보험사업 등 대부분의 사업으로 퍼지게 되어 그 액수도 불어나게 되었다. 나아가 또 관광사업회계로부터 제3섹터에도 같은 수법으로 대부가 행해지고 있었다. 최종적으로 도청의 조사보고(2006년 9월) 등에서 나타난 유바리시가 해결해야 할 적자액은 보통회계(결산통계상의 회계구분으로 유바리시에서는 일반회계와 주택관리회계)의 적자액 60억 엔, 병원사업폐쇄에 따른 누적채무청산액 45억 엔, 관광사업폐쇄에 따른 누적채무청산액 186억 엔 등 합계 353억 엔에 이르렀다. 이것은 유바리시의 표준재정규모(44억 엔)의 8배에 달하는 금액이다. 예전에 파산을 선언한 후쿠오카현 아카이케쵸의 적자액이 표준재정규모의 1.3배에 지나지 않았다는 점에 비추어 보면 유바리시의 적자액이 얼마나 거액인가를 알 수 있을 것이다.

전대미문의 적자를 안고 파산한 유바리시는 결국 2005년에 실질수지비율이 20%를 넘는 적자결산을 확정했기 때문에 2007년 3월에 재정재건단체로 지정되어 2007년부터 2024년까지 18년에 걸쳐서 353억 엔이라는 거액의 적자를 갚아가지 않으면 안 되게 되었다. 재건계획에 따르면 최초의 10년간 매년 10~15억 엔, 그 후에는 20~30억 엔을 갚을 예정으로 되어 있다. 그 내용을 보면 시민세는 균등할이 3,000엔에서 3,500엔으로 소득할은 6%에서 6.5%로, 고정자산세가 1.4%에서 1.45%로 각각 세율을 인상하는 외에 경자동차세는 1.5배가 되었다. 나아가 시설사용료나 하수도사용료, 각종 교부交付수수료가 일제히 인상되었다.

다른 한편 행정서비스는 유바리시의 단독사업은 모두 폐지되고 국가의 보조사업만이 남게 되었다. 나아가 초·중학교는 통폐합되고, 도서관은 폐지, 시민병원은 진료소로 되는 등 어린이와 고령자에게도 혹독한 내용의 구조조정이었다. 물론 시공무원정수와 인건비의 대폭적인 삭감도 있었다.

유바리시가 파산선언을 한 후 1년 동안 인구 5%에 해당하는 600여 명이 유바리시를 떠났다. 특히 젊은 세대를 보면 10%가 감소하고 있다. 남은 약 13,000명의 주민도 10년 후에는 6,000명으로 감소할 것으로 예상되고 있다.

〈표2〉 주된 세입의 확보

세목	인상내용
시민세(균등할)	3,000엔 → 3,500엔
시민세(소득할)	6.0% → 6.5%

세목	인상내용
고정자산세	1.4% → 1.45%
경자동차세	현행세율의 1.5배
입탕세	숙박(150엔)·단일치기(50엔)
시설사용료	50%인상
시영주택사용료	체납자에 대한 징수강화
하수도사용료	1,470엔/10㎥ → 2,400엔/10㎥
각종교부수수료 등	각종교부·열람 등(100엔~500엔)
쓰레기처리수수료(신설)	가정계혼합쓰레기(2엔/ℓ)·대형쓰레기(20엔/kg)

〈표3〉 주된 삭감내용

구 분	재검토 내용
일반직급여 등	직원수(2006)269 → (2010)103(4년간 166명감소) 급여 기본급평균 30% 및 각종수당삭감 ※연수 평균(640만 엔 → 400만 엔), 관리직(820만 엔 → 420만 엔)
특별직급여 등	급료(천 엔) 시장(862 → 259), 조역(699 → 249), 교육장(589 → 239) 수당 기말수당(80%이상 삭감), 퇴직수당(당분간 미지급)
의원보수	보수(천 엔) 의장(371 → 230), 부의장(321 → 200), 의원(301 → 180) 기말수당지급률 4.45월 → 2.45월 정원 18 → 9명
그 밖의 위원보수	각종위원회의 위원보수 등은 평균 60% 삭감
물건비	사무사업의 재검토에 의한 삭감 외에 내부관리경비의 삭감
유지보수비	공공시설의 폐지·통합에 의한 삭감
보조비 등	각종 단체보조 및 회의부담금의 폐지·감축

4. 유바리시의 변칙재정운영의 배경과 파산요인

유바리시가 이른바 분식회계에 의한 변칙적인 재정운영에 의한 결과 거액의 부채를 안고 파산을 선언하기에 이른 배경에 대해서는 앞에서 산발적으로 언급하였으나 정리하면 주로 다음과 같다.

1)급격한 인구감소가 계속되었다는 점, 2)폐광처리에 따른 부담의 증가, 3)일본경제가 계속해서 상승곡선을 그리고 있던 중에 거품이 꺼지고 이어서 찾아온 불황이 장기화 되는 것을 예측하지 못했던 점, 4)고이즈미구조개혁에 의해 지방재정이 악화된 점 등 외적요인도 크게 작용했다. 이외에도 5)지역활성화를 위한 사회기반정비사업이 지나쳤다는 점, 6)산업구조의 전환을 위하여 관광사업에 대한 투자가 지나쳤다는 점을 들 수 있다.[8]

그리고 위와 같은 사정이 있었음에도 불구하고 유바리시가 파산하게 된 최대의 요인은 말할 것도 없이 거버넌스의 결여라고 할 것이다. 시장이 거액의 적자를 오랜 기간에 걸쳐 숨겨올 수 있었다는 것은 감사나 의회의 체크가 전혀 작동하지 않았다는 것을 의미한다. 즉, 형식에 치우친 감사와 의회기능의 저하가 시장의 독단적이며 전제적인 시정운영을 허용하게 된 원인이라고 해야 할 것이다.[9]

그리고 또 하나의 요인은 현금주의現金主義회계제도의 한계이다. 현금주의회계제도는 현금의 수입과 지출을 장부에 기록하는 방법인데, 이 방법에 의하면 고정자산을 구입하거나 인건비를 지불하여도 지출이 되

8 大門正彦, 夕張市財政問題を考える, 月刊自治研 48(565), 16-17쪽.

9 日本財政法学会編, 地方税財源確保の法制度, 龍星出版(2004), 5쪽.

고 역으로 차입금이나 세금도 수입이 된다. 또 현재 자치단체가 도로라든가 학교와 같은 큰 자산을 갖고 있고 부채도 거액을 안고 있는 경우가 있다. 그런데 이 경우에도 현금주의회계에 의할 경우 재정전체를 파악하기 어렵게 된다.[10] 유바리시의 경우 거액의 적자를 감출 수 있었던 것도 바로 현금주의회계제도를 채택하고 있었기에 가능했다고 할 수 있다. 최근 일본의 자치단체에서 이 현금주의회계제도의 한계를 극복하기 위하여 복식부기·발생주의회계제도를 채택하기 시작한 것은 바로 이러한 이유에서이다.

III. 신新지방재정건전화법

1. 법률제정의 배경

지방자치단체의 재정재건제도에 관해서는 지방재정재건촉진특별조치법(1955년 법률 제195호. 이하 「재건법」이라 한다)에 의한 적자赤字인 지방자치단체에 대한 재정재건제도와 지방공영기업법(1952년 법률 제292호)에 의한 적자기업에 대한 재정재건제도가 설치되어 있었다. 지방분권을 추진하는 가운데 이 재건제도의 바람직한 모습이 무엇인가에 대한 검토를 하기 위하여 2006년 8월 총무성에 「새로운 지방재생제도연구회」가

10 鵜川正樹, 新しい自治体会計と行財政改革ー東京都の会計改革を事例としてー, http://www.soumu.go.jp/iken/pdf/kagawa_070214_2.pdf, 5쪽.

설치되고 같은 해 12월 그 검토결과가 「새로운 지방재생제도연구회보고서」로 엮어져 나오게 되었다. 이 가운데에서 종래의 제도에 대해서는 알기 쉬운 재정정보의 개시나 조기시정기능이 없다는 등의 과제가 지적되어 재정지표를 정비하여 공표제도를 설치함과 동시에 재정의 조기건전화 및 재생을 위한 새로운 제도를 정비할 것이 제언되었다.

이러한 논의를 참고하여 정부는 제166회 국회에 「지방공공단체의 재정의 건전화에 관한 법률안」을 제출하고 동법안은 국회의 심의를 거쳐서 2007년 6월 22일에 공포되었다(2007년 법률 제94호 이하 「건전화법」이라 한다). 또 법률에서 정성령政省令사항으로 되어 있던 재정지표의 산정방법의 세목이나 재정의 조기건전화·재생의 기준 등에 관해서는 「지방공공단체의 재정의 건전화에 관한 법률시행령」(2007년 정령 제397호) 및 「지방공공단체의 재정의 건전화에 관한 법률시행규칙」(2008년 총무성령 제8호)에 의해 규정되었다.[11]

2. 건전화법제정의 의의

1) 목적

동법은 제1조에서 이 법률은 「지방공공단체의 재정의 건전성에 관한 비율의 공표제도를 설치하고 당해 비율에 따라서 지방자치단체가 재정의 조기건전화 및 재정의 재생 그리고 공영기업의 경영의 건전화를 도모

11 총무성, 지방재정백서(2010년), http://www.soumu.go.jp/menu_seisaku/hakusyo/chihou/22data/mokuji.html.

하기 위한 계획을 책정하는 제정을 규정함과 동시에 당해 계획의 실시를 촉진을 도모하기 위한 행재정상의 조치를 강구함으로써 지방공공단체의 재정의 건전화에 이바지할 것을 목적으로」한다 라고 규정하고 있다.

위의 목적을 달성하기 위하여 제정된 건전화법은 구舊재건법과는 다음과 같은 점에서 다르다. 즉, 1)자주재건의 선택제도를 없앴다는 점, 2)모든 자치단체를 대상으로 하고 있다는 점, 3)파산전에 「조기건전화」의 단계를 두고 2단계에서 건전화에 착수한다는 점, 4)감사위원과 의회에도 책임을 요구한다는 점, 5)건전화의 재정지표(건전화판단비율)를 법정화한 점 등을 들 수 있다. 이처럼 건전화법은 단순히 파산을 위한 법률이 아니라 항시 재정건전화를 촉진하는 것을 의도하고 있다.

또한 건전화법의 특징으로 들 수 있는 것은 첫째로 모든 자치체에 건전화 판단비율을 매년도 감사위원의 심사를 받고 나서 의회에 보고하고 공표할 것을 의무로 부과하고 있다는 점과 둘째는 파산 전에 「조기건전화」 단계를 설치하여 파산하게 되는 「재정재생」 단계와 함께 두 단계로 건전화와 재생을 도모하는 시스템을 도입했다는 점이다. 여기서 건전화판단비율 중 어느 하나라도 정령에서 정한 조기건전화기준(자주적인 재정건전화가 필요한 단계) 내지 재정재생기준(자주적인 재정건전화가 곤란한 단계)을 상회하면 재정건전화계획 내지 재정재생계획을 의회의 의결을 거쳐서 책정하여 공표함과 동시에 지사·총무대신에게 보고할 것을 자치단체에 요구하고 있다. 또 재정재생단계에서는 총무대신의 허가를 얻으면 적자분을 적자지방채(재생대체특례채)로 대체하는 것이 인정된다. 나아가 공영기업에 대해서도 「경영의 건전화」 단계를 두어 공영기업별로 자금부족비율을 구하고 이것이 경영건전화기준(자주적인 재정건전화가 필요한 단계) 이상이 되면 경영건전화계획의 책정이

의무로 되어 있다.[12]

이처럼 건전화법은 모든 자치단체가 법정화된 룰rule로 명확한 기준에 따라 2단계로 조기에 건전화를 도모할 것을 목표로 한 것으로 이렇게 함으로써 항상 행정과 의회 거기에 주민이 각각 재정을 체크하여 파산을 미연에 방지할 수 있도록 하고 있다.

2) 건전화판단비율의 공표 등

지방자치단체(도도부현, 시정촌)의 장은 매년 건전화판단비율을 감사위원의 심사를 거쳐 의회에 보고하고 이를 공표해야만 한다(건전화법 제3조 제1항). 여기서 건전화 판단비율은 다음과 같은 4가지 재정지표로 되어 있다.

① 실질적자비율
- 당해 지방자치단체의 일반회계 등을 대상으로 한 실질적자액의 표준재정규모에 대한 비율

② 연결실질적자비율
- 당해 지방자치단체의 전全회계를 대상으로 한 실질적자액 또는 자금부족액의 표준재정규모에 대한 비율

③ 실질공채비비율
- 당해 지방자치단체의 일반회계 등이 부담하는 원리상환금 및 준準원리상환금의 표준재정규모를 기본으로 한 액額에 대한 비율

④ 장래부담비율(지방공사나 손실보상을 행하고 있는 출자법인 등에 관련

12 日本財政法学会編, 地方税財源確保の法制度, 龍星出版(2004), 23-24쪽.

된 것을 포함하여 당해 지방자치단체의 일반회계 등이 장래 부담해야할 실질적인 부채의 표준재정규모를 기본으로 한 액額에 대한 비율)

3) 재정의 조기건전화

지방자치단체는 건전화판단비율 중 어느 하나라도 조기건전화기준 이상인 경우에는 당해 건전화판단비율을 공표한 연도 말일까지 당해 연도를 첫해로 하는 재정의 조기건전화를 위한 계획을 세우지 않으면 안 된다(건전화법 제4조 제1항 본문). 재정건전화계획은 재정상황이 악화한 요인의 분석결과에 입각하여 재정의 조기건전화를 도모하기 위하여 필요한 최소한도의 기간 내에 실질적자액이 있는 경우에는 일반회계 등에 있어서 세입과 세출과의 균형을 실질적으로 회복할 것을 연결실질적자비율, 실질공채비율 또는 장래부담비율이 조기건전화기준 이상인 경우에는 각각의 비율을 조기건전화기준 미만으로 할 것을 목표로 하여 다음과 같은 사항을 포함시키도록 하고 있다(건전화법 제4조 제2항).

1. 건전화판단비율이 조기건전화기준 이상으로 된 요인
2. 계획기간
3. 재정의 조기건전화의 기본방침
4. 실질적자액이 있는 경우에 있어서는 일반회계 등에 있어서 세입과 세출과의 균형을 실질적으로 회복하기 위한 방책
5. 연결실질적자비율, 실질공채비율 또는 장래부담비율이 조기건전화기준 이상인 경우에 있어서는 각각의 비율을 조기건전화기준 미만으로 하기 위한 방책
6. 각 연도별 전前2호의 방책에 관한 세입 및 세출에 관한 계획

7. 각 연도별 건전화판단비율의 전망

8. 전前각호에 열거한 사항 이외에 재정의 조기건전화에 필요한 사항

이어서 재정건전화계획의 책정절차인데 동계획은 지방자치단체의 장이 작성하고 의회의 의결을 거쳐서 확정하도록 되어 있다(건전화법 제5조 제1항). 지방공공단체가 재정건전화계획을 정한 경우에는 신속하게 이를 공표하고 도도부현 및 지정도시의 경우에는 총무대신에게, 시정촌 및 특별구에 있어서는 도도부현지사에게 보고하지 않으면 안 된다. 당해 보고를 받은 도도부현지사는 이를 총무대신에게 보고한다(건전화법 제5조 제2항).

재정건전화계획을 세운 후 지방자치단체의 장은 매년 9월 30일까지 전년도의 결산과의 관계를 밝힌 재정건전화계획의 실시상황을 의회에 보고하고 공표함과 동시에 도도부현 및 지정도시의 경우에는 총무대신에게, 시정촌 및 특별구에 있어서는 도도부현지사에게 당해 건전화계획의 실시상황을 보고하지 않으면 안 된다(건전화법 제6조 제1항). 보고를 받은 총무대신 또는 도도부현지사는 당해 재정건전화계획의 실시상황에 입각하여 당해 재정건전화단체의 재정의 조기건전화가 현저히 곤란하다고 인정될 때에는 당해 재정건전화단체의 장에 대하여 필요한 권고를 할 수 있다(건전화법 제7조 제1항). 권고를 받은 재정건전화단체의 장은 신속히 당해 권고의 내용을 당해건전화단체의 의회에 보고함과 동시에 감사위원에게도 통지한다(건전화법 제7조 제4항).

4) 재정의 재생再生

지방자치단체는 재생판단비율(실질적자비율, 연결실질적자비율, 실질공채비율) 중 어느 하나라도 재정재생기준 이상인 경우에는 당해 재생판단비율을 공표한 연도 말일까지 당해 연도를 첫해로 하는 재정의 재생을 위한 계획을 세우지 않으면 안 된다(건전화법 제8조 제1항 본문). 재정재생계획은 재정상황이 악화한 요인의 분석결과에 입각하여 재정의 재생을 도모하기 위하여 필요한 최소한도의 기간 내에 실질적자액이 있는 경우에는 일반회계 등에 있어서 세입과 세출과의 균형을 실질적으로 회복할 것을 연결실질적자비율, 실질공채비율 또는 장래부담비율이 조기건전화기준 이상인 경우에는 각각의 비율을 조기건전화기준 미만으로 할 것을, 건전화법 제12조 제2항에서 규정하는 재생대체특례채를 발행하는 경우에는 당해 재생특례채의 상환완료를 목표로 하여 건전화법 제8조 제3항 각호에 규정되어 있는 사항을 포함시키도록 하고 있다(건전화법 제8조 제3항 본문).

재정재생계획책정절차는 전술한 재정건전화계획의 책정절차와 동일하다(건전화법 제9조). 다만 지방자치단체는 재정재생계획에 대하여 총무대신에게 동의를 구할 수 있으며(건전화법 제10조 제1항), 재정재생계획을 정하고 있는 지방자치단체(재정재생단체)는 매년 그 실시상황을 의회에 보고하고 공표해야 한다(건전화법 제18조 제1항).

재정재생단체는 재생판단비율 가운데 어느 것이든 재생기준 이상인 지방자치체는 재정재생계획에 대하여 총무대신의 동의를 얻고 있는 경우가 아니면 재해복구사업 등을 제외하고는 지방채의 기채起債를 할 수 없다(건전화법 제11조 본문). 그러나 재정재생계획에 대하여 동의를 얻은 재정재생단체는 수지부족액을 대체하기 위하여 지방재정법 제5조의 규정에도 불구하고 총무대신의 허가를 얻어서 상환연한이 재정재생계획의 계획기간내인 지방채(재생대체특례채)를 발행할 수 있다(건전화법 제12조 제1항).

또한 국가는 재정재생단체의 재정운영이 계획에 적합하지 않다고 인정되는 때에는 총무대신은 예산의 변경 등 필요한 조치를 권고할 수 있다(건전화법 제20조 제1항).

5) 공영기업의 경영의 건전화

공영기업을 경영하는 지방자치단체는 매년 공영기업별로 자금부족비율을 감사위원의 심사를 거쳐서 의회에 보고하고 공표하도록 되어 있다(건전화법 제22조 제1항). 만약 자금부족비율이 경영건전화기준 이상인 경우에는 경영건전화계획을 세워야 하는데(건전화법 제23조 제1항 본문), 그 절차 등은 앞서 언급한 재정건전화의 그것과 동일하다.

Ⅳ. 우리나라에서의 지방재정건전성 확보를 위한 제도

1. 지방자치법

1) 지방의회에 의한 통제

지방의회는 지방자치법 제47조에 규정되어 있는 사항에 대하여 의결권을 가지고 있기 때문에 이 조항을 통해서 지방재정의 운용에 대한 감시와 통제를 할 수 있다. 이 이외에도 행정사무 감사권 및 조사권(지방자치법 제41조) 그리고 행정사무처리상황의 보고와 질문응답(지방자치법 제49조) 등을 통해서도 통제권을 행사할 수 있다.

2) 주민

지방자치법은 주민들이 지방자치단체의 행정에 직접 참가할 수 있는 많은 제도를 두고 있는데 이들 역시 운용 여하에 따라서는 지방재정의 건전성을 확보하는데 유효하게 활용될 수 있을 것이다. 대표적인 제도로는 주민투표권(지방자치법 제18조), 조례의 제정·개폐청구권(지방자치법 제19조), 주민의 감사청구권(지방자치법 제21조), 주민소송(지방자치법 제22조), 주민소환(지방자치법 제25조) 등을 들 수 있다.

2. 지방재정법

지방재정법은 원래 「지방재정의 건전하고 투명한 운용」을 목적으로 하여 제정되었기 때문에(지방재정법 제1조) 지방재정법 내용 전체가 지방재정의 건전성확보와 직·간접적으로 관련이 있다고 할 수 있다. 그러나 지방재정의 건전성확보 그 자체를 위하여 마련된 제도가 있는데 바로 지방재정법 제5장에 규정되어 있는 재정분석 및 공개제도이다. 이 제도의 특징은 행정안전부장관이 중심이 되어 운용된다는 점이다. 이 제도의 주된 내용은 다음과 같다.

1) 재정분석 및 진단제도

먼저 행정안전부장관은 지방자치단체의 장으로부터 대통령령이 정하는 바에 따라 재정보고서를 제출받게 된다(지방재정법 제54조).[13] 행정안전부장관은 이 보고서를 분석하고 그 결과 건전성과 효율성 등이 우수한 지방자치단체에 대하여는 「지방교부세법」 제9조의 규정에 의한 특별교부세를 별도로 교부할 수 있다. 만약 재정의 건전성과 효율성 등이 현저히 떨어지는 지방자치단체에 대하여는 대통령령이 정하는 바에 의하여 재정진단을 실시한다. 행정안전부장관은 이 재정진단결과를 토대로 해당 지방자치단체에 대하여 재정건전화계획의 수립 및 이행을 권고하거나 재정건전화를 위하여 필요한 사항을 지도할 수 있다. 이 경우에도 행정안전부장관은 권고 및 지도사항의 이행결과가 우수한 지방자치단체에 대하여 「지방교부세법」 제9조의 규정에 의한 특별교부세를 별도로 교부할 수 있다.

---

13 지방재정법시행령 제64조(재정운용에 관한 보고)
① 법 제54조의 규정에 의하여 지방자치단체의 장이 보고하여야 할 재정보고서는 다음 각 호와 같다.
1. 「지방자치법」 제149조 제2항의 예산보고서
2. 「지방자치법」 제150조 제2항의 결산승인보고서
3. 법 제11조의 지방채발행보고서
4. 법 제13조의 보증채무부담행위보고서
5. 법 제18조의 출자보고서
6. 법 제21조 및 제23조의 지방비부담보고서
7. 법 제33조의 중기지방재정계획보고서
8. 법 제37조의 규정에 의한 재정투·융자사업계획에 대한 심사결과보고서
9. 법 제44조의 채무부담행위보고서
10. 법 제53조 제4항에 따른 재무제표
11. 법 제85조의 규정에 의한 채권의 관리현황보고서
12. 「지방자치단체 기금관리 기본법」 제8조의 규정에 의한 기금운용계획서와 기금결산보고서
13. 그 밖에 지방재정에 관한 정책의 수립 및 그 적정한 운용을 위하여 필요하다고 인정되는 중요사항에 관한 보고서

2) 공개제도

지방재정법은 지방재정의 건전성확보와 관련하여 다음과 같은 공개제도를 두고 있다.

먼저 행정안전부장관은 앞서 언급한 재정분석 및 재정진단결과를 공개할 수 있다(지방재정법 제55조 제4항). 또 행정안전부장관은 지방자치단체의 장으로부터 회계연도마다 일반회계·특별회계 및 기금 등을 포함한 당해 지방자치단체의 재정운용상황을 통합적으로 분석한 정보를 제공받는다(지방재정법 제59조 제2항). 그리고 지방재정법은 지방자치단체의 장으로 하여금 예산 또는 결산의 확정 또는 승인 후 2개월 이내에 예산서와 결산서를 기준으로 주민에게 공시하여 재정운용상황을 알리도록 하고 있다(지방재정법 제60조 제1항).

1. 세입·세출예산의 운용상황(성과계획서와 성과보고서를 포함한다)
2. 재무제표
3. 채권관리 현황
4. 기금운용 현황
5. 공유재산의 증감 및 현재액
6. 지역통합재정통계
7. 지방공기업 및 지방자치단체 출자 · 출연기관의 경영정보
8. 중기지방재정계획
9. 제36조의2 및 「지방회계법」 제18조에 따른 성인지 예산서 및 성인지 결산서
10. 제38조에 따른 예산편성기준별 운영 상황

10의2. 제39조에 따른 주민참여예산제도의 운영현황 및 주민의견서

11. 제44조의2 제1항 제1호에 따른 재정운용상황 개요서

12. 제55조의3 제1항에 따라 수립한 재정건전화계획 및 이행현황

13. 제87조의3에 따른 재정건전성관리계획 및 이행현황

14. 투자심사사업, 지방채 발행사업, 민간자본 유치사업, 보증채무 사업의 현황

15. 지방보조금 관련 다음 각 목의 현황

가. 교부현황

나. 성과평가 결과

다. 지방보조금으로 취득한 중요재산의 변동사항

라. 교부결정의 취소 등 중요 처분내용

16. 그 밖에 대통령령으로 정하는 재정 운용에 관한 중요 사항

V. 제도, 어떻게 바꾸어야 하는가?

이상에서 지방재정의 건전성확보와 관련하여 일본의 유바리시의 예와 새로운 지방재정건전화법과 우리나라에서의 관련제도를 간단히 살펴보았다. 이하에서는 일본의 제도를 참고하여 우리나라의 법제개선방안에 대하여 간단히 언급하고자 한다.

먼저 유바리시의 예에서도 보았듯이 지방재정의 건전성확보를 위해서 가장 중요한 사항은 거버넌스의 구축이다. 즉, 지방재정의 운용에 대해서 효과적으로 감시하고 통제할 수 있는 주체를 확보해야 하는 것이다. 이 점과 관련해서 제일 중요한 역할을 수행해야 할 주체는 지방의회이

다. 지방의회가 지방자치단체의 집행기관에 대하여 긴장감을 가지고 재정운용에 대하여 관심을 가지고 적절한 조치를 취한다면 지방재정의 건전성확보 문제는 상당 부분 해소되리라고 본다. 그러나 현재 우리나라의 지방자치단체와 지방의회와의 세력균형은 심히 불균형한 상태로 일방적으로 집행기관의 장 쪽으로 기울어져 있다고 할 수 있다. 따라서 현재의 상태에서는 지방의회와 집행기관의 장과의 세력의 균형을 기대할 수 없기 때문에 지방재정의 건전성을 확보하기 위한 입법을 함과 동시에 거기에 감시자로서의 지방의회의 구체적인 역할을 명시해야 할 것이다.

거버넌스와 관련하여 언급하지 않을 수 없는 것이 주민의 역할이다. 현행 지방자치법은 어느 선진국의 예에도 뒤지지 않는 훌륭한 주민참여제도를 두고 있다. 다만, 활용요건 등이 까다로워 실제로 이용되는 일이 드물다는 점이 문제라고 할 수 있다. 따라서 활용도를 높이기 위하여 적용요건을 완화하는 등의 지방자치법개정이 이루어져야 할 것이다.

둘째로 지적할 수 있는 것은 지방재정의 건전성확보제도에 있어서 지나치게 중앙집권적이라는 점이다. 지방재정법상의 지방재정분석 및 진단제도의 예에서도 알 수 있듯이 현행법상에서는 행정안전부장관이 주체적인 역할을 하고 있다. 여기에는 여러 가지 문제가 있지만 무엇보다도 중앙정부가 지방자치단체보다 지방재정의 건전성 확보에 엄격한 자세를 지니고 있다고는 단언할 수 없다는 점이다. 정치적 이유 등에 의하여 중앙정부가 지방자치단체에 불필요한 예산의 지출을 종용하는 경우도 얼마든지 생각할 수 있다.

마지막으로 지방재정의 건전성확보를 위한 제도의 미비이다. 앞서 언급한 것처럼, 지방의회의 역할이 지방재정의 건전성확보와 관련하여 일반론의 수준을 넘지 못하고 있음은 물론 지방재정법상의 제도도 제도의 대강만을 정하고 있을 뿐 행정안전부장관의 재량에 크게 의존하고 있는 것이 현실이다. 보다 구체적이고 체계적인 내용의 법률의 제정이 필요하다고 할 것이다.

제12장

행정조직법의 특수문제

Ⅰ. 공기업 논의의 법적 함의

일본에서의 공기업은 메이지초기의 철도사업에서 시작되어 1930년과 1945년까지의 전쟁기를 거쳐 전후 미군정 그리고 1980년대 초에 이르기까지 형태와 조직은 조금씩 다르지만 많은 수가 꾸준히 존속되어 왔다. 그러나 1980년대부터 유럽(특히 영국)에서 불어닥친 민영화와 행정개혁의 바람 속에서 공기업은 큰 변화를 맞게 된다. 즉, 많은 수의 공기업이 민영화된 결과 일부만이 특수법인 또는 독립행정법인으로 남아있게 되었다(이러한 변화가 행정법학에 어떠한 영향을 미치게 될 것인지 앞으로 주목해야 할 사안이라고 본다).

한편 일본의 공기업이 이처럼 오랜 기간 동안 사회에 큰 영향을 끼쳐왔지만 공기업에 대한 행정법학의 연구는 충분하지 않았다. 예를 들면, 행정법학에서 원용할 수 있는 공기업의 개념에 대한 연구조차 만족할 만한 수준에 이르지 못했다고 할 수 있다. 그 이외도 공기업을 둘러싸고 발생할 수 있는 다양한 법률문제에 대해서도 같은 이야기를 할 수 있을 것이다.

이 장章에서는 위와 같은 점을 염두에 두고 일본의 공기업이 역사적으로 어떻게 형성되어 전개되었는가에 대해서 간단히 살펴보고 지금까지 논의되어 온 공기업의 개념, 행정주체론과 관련된 법적 문제 그리고 공기업의 이용관계를 중심으로 간단히 살펴보고자 한다.

Ⅱ. 공기업의 역사성

1. 공기업의 기원

일본에서의 공기업은 메이지정부가 추진한 식산殖産흥업정책 속에서 등장했다. 메이지 정부는 막부幕府나 번藩이 경영하고 있던 공장·광산의 대부분을 접수함으로써 관영官營화하고 철도·전신·제사製絲·방적 등 많은 분야에서 관청사업·관영官營공장을 출범시켰던 것이다. 그리고 메이지초기 식산흥업정책의 중점은 철도와 광산에 두었기 때문에 국유국영의 철도사업의 경우 1870년에 등장하기 시작한다. 즉, 1870년 동경-요코하마 사이, 1872년 신바시-요코하마 사이 그리고 1874년에는 오사카-고오베 사이의 철도사업이 시작되었다.[1]

그러나 그 후 철도부설에 대한 요구는 관官과 민民에 있어 모두 높았지만 전자는 재정사정으로 그리고 후자는 철도경영에 따른 리스크의 부담에서 선뜻 사업에 발을 내디딜 수 없었다. 그 결과 이러한 문제를 해결하기 위해서 제안된 것이 관민혼합형태의 회사였다. 이 당시 철도사업구상에 있어서는 이들 관민혼합형태 가운데 환경에 적합하고 가장 실현가능성이 높다고 생각되는 방식이 활용되었다.

그리하여 메이지정부는 1883년 7월 제15국립은행, 미츠비시사관계, 천황관계, 화족華族개인관계, 평민관계 등의 출자금을 모아서 일본 최

1 魚住弘久, 公企業と官僚制(2) – 戦時期·戦後復興期の営団·公団·公社 –, 北大法学論集, 53(2), 377 – 378쪽.

초의 민영철도·일본철도가 우에노-구마가이 사이에 개통되었다. 이와쿠라 도모미 등은 이 회사에 일본각지의 철도를 건설하도록 하고자 일본철도라고 명명命名하고 먼저 첫 번째로 건설하려고 했던 노선을 인가했다고 한다. 이 인가는 정부의 명령, 감독권, 전신·우편사업에의 협력의무, 군軍 및 경찰에의 협력의무와 함께 「면허기간 만99년간, 단 만50년 이후에는 언제라도 정부에 의한 매수가 가능」하다는 내용을 담고 있었다. 동同민철民鐵은 1884년에는 다카사키·마에바시까지 개통하였고 1885년에 시나가와 아카바네 사이에도 개통되었다.[2]

위와 같은 관민협조에 바탕하여 설립되고 운영된 일본의 공기업은 메이지 초기부터의 전통이 되어 오늘에 이르고 있다.

2. 국책회사

국책회사란 전전戰前 일본의 전시통제경제의 전개과정에서 설립된 반관반민半官半民의 기업형태를 말한다. 특히 일중전쟁기에 대부분 설립되었지만 각종 통제법규와 관련되어 있는 점에 특색이 있다. 전력관리법 등에 근거한 일본발송전日本發送電주식회사, 석탄배급통제법에 근거한 일본석탄주식회사 등이 그것이다. 중요물자의 생산·배급의 일원화를 도모하기 위하여 정부가 임원의 결정권을 갖는 등 국가의 경제에 대한 적극적인 개입을 전형적으로 보여주는 예라고 할 수 있을 것이다.

---

2 遠山嘉博, わが国における公益事業の成立·再編成·民営化後(上), 追手門経済論集 34(2), 11쪽.

그러나 태평양전쟁기에 접어들자 정부나 군부는 영단이나 금고金庫와 같은 기업형태를 채용하기에 이른다. 제2차대전 종결과 함께 이들 국책회사의 대부분은 해체되거나 특수회사로 지정되었지만 국책회사를 모체로 하여 전후에 발전한 사기업도 존재한다.[3]

3. 영단營團

1920년대 후반부터 쇼와공황에 의해서 대부분의 지방철도·궤도軌道는 심각한 장기적인 경영위기에 빠져 있었다. 그 주된 이유는 철도붐에 의한 「무계획적인 사철私鐵의 건설」과 버스와 트럭의 진출이었다. 정부는 이러한 경영위기를 타개하기 위하여 1931년 4월에 「자동차교통사업법」을 제정하여 승합자동차 등의 자동차운수사업을 면허제로 하고 이들 사업자에 대하여 철도사업자와의 연락운수나 경합노선의 공동경영 등을 명할 수 있도록 하였다. 그러나 이러한 사업법의 제정만으로 철도사업자의 곤경을 구할 수는 없었다. 그리하여 교통기관의 적절한 경쟁·분담관계를 만들어 내기 위한 「교통통제」(「교통조정」)의 움직임이 사철私鐵사업자 단체와 6대도시시장 등으로부터 보이기 시작하였다. 그 후 각 이해관계자들의 10여 년에 걸친 지루하고도 긴 노력 끝에 관청기업형태도 회사형태도 아닌 새로운 공기업의 경영형태를 띤 「특수법인」 즉, 「제도帝都교통국」(가칭) 법안이 철도성에 의해 작성되고 정부내의 검토를 거쳐 제76회 의회에 제출하기로 한다(1940년 12월). 이 법안의 주된 내용은

---

3 http://100.yahoo.co.jp/detail/%E5%9B%BD%E7%AD%96%E4%BC%9A%E7%A4%BE/

다음과 같다.[4]

一. **목적** 제도교통국(가칭)을 설립하여 지하철의 확충정비를 도모한다.

二. **자본관계** 제도교통국(가칭)의 자본금은 목하 대장大藏, 내무 양성兩省 당국과 절충 중이지만 대체로 5천만 엔 정도로 한다. 위 자금은 철도회계에 따라 8할, 동경시 및 민간업자가 2할의 출자하는 것으로 한다. 기존 지하철의 매수비, 제도교통국의 영업비 및 장래의 지하철건설비로서 자본금의 10배 내지 15배의 교통채권을 발행할 수 있다.

三. **지하철의 통합** 기존의 동경지하철, 동경고속, 교하마지하철(미설未設), 동경시의 지하철부설권을 매수한다.

四. **통합방법** 육상교통사업조정법 제2조 제2항의 규정에 따라 주무대신의 양도명령을 발동한다.

五. **통합의 평가** 현재의 교통사업조정위원회 안에 평가위원회를 설치하여 적절한 평가를 행한다.

六. **임원** 임원은 주무대신이 이를 임면한다. 임원은 총재 1명, 부총재 1명, 이사, 감사를 약간 명 둔다.

七. **배당** 정부출자는 4할 정도로 하고 동경시 및 민간업자의 출자분에 대하여는 6할을 보증한다.

八. **기타**

---

4 魚住弘久, 公企業と官僚制(5)－戦時期·戦後復興期の営団·公団·公社－, 北大法学論集, 55(4), 1718－1719쪽.

(一)제도교통국(가칭)의 설립에 따라 교통사업조정위원회의 관제官制를 개정하고 동경지방교통조정전문위원회를 설치한다.

(二)제도교통국(가칭) 안에 제도교통조정의 종합적 계획기관을 설치하고 장래의 제도교통조정에 관하여 강력한 지도권을 부여한다.

위의 법안은 「제도고속도교통영단법」(안)으로 명칭이 바뀌어 「주택영단법」(안) 그리고 「농지개발법」(안)과 함께 1941년 2월 8일 제76회 국회에서 의결되었고 같은 달 2월 20일 귀족원 본회의를 통과하여 「제도고속도교통영단」, 「주택영단」 그리고 「농지개발영단법」이 탄생하게 되었다.

4. 공단公團

제2차 세계대전에서 패한 일본은 미연합군 최고사령부(GHQ)의 지배하에 들어가게 되었다. GHQ는 일본정부에 통제회·통제회사(국책회사) 뿐만 아니라 사적독점금지의 문맥에서 대부분의 영단營團에 대해서도 폐쇄하도록 지시하였다. 그 결과 국책회사와 대부분의 영단은 폐쇄되었고 영단 가운데에서 제도고속도교통영단만이 전시기의 명칭을 유지한 채로 존속하게 되었다.

한편 패전 후 극심한 물자부족에 허덕이던 일본은 배급제를 통해 이 문제에 대처하고 있었는데 이로써 대처할 수 없는 물자도 존재하였다. 이러한 물자에 대해서는 독점적인 매입판매기관의 설치가 필요하였는데 전시기까지의 방법으로는 사적독점금지에 저촉되기 때문에 채용할 수 없는 형편이었다. 거기서 일본정부는 종래와는 다른 배급통제방법을 모색하지 않을 수 없었는데 이 과정에서 구상된 것이 「공사公社」이며 이것은 「공단公團」으로 구체화되었다.[5]

공사公社를 설립하려는 구상이 어떻게 하여 공단公團으로 바뀌었는가에 대하여 여기에서 자세하게 살펴볼 수는 없다.[6] 가장 중요한 이유는 공사의 설립범위, 법형식 그리고 공사의 성격 등에 대한 GHQ와 일본정부 사이의 입장차이에 있었다는 점만 언급해 둔다.

그리고 이에 대한 논의 특히 명칭을 둘러싸고 「공사」에서 「배급단」, 「공청公廳」 그리고 마지막으로 「공단公團」으로 바뀌어 1947년 최후의 제국의회인 제92의회에 「배탄配炭공단법안」, 「석유배급공단법안」, 「가격조정공단법안」, 「무역공단법안」, 「산업부흥공단법안」이 상정되어 성립하기에 이르렀다. 그 후 같은 해 5월 「산업부흥공단」을 필두로 「석유배급공단」 그리고 「배탄配炭공단」 등이 차례로 업무를 개시하게 되었다.

위와 같이 설립된 공단公團은 전시기의 국책회사(통제회사)·통제조합·영단의 제諸기능을 이어받는 의미가 있었다. 그러나 이것이 공단과 전시기의 영단 등과의 연속적인 관계를 의미하는 것은 아니다. 공단은 영단 등을 사적독점에 저촉되는 것으로 간주하고 이들을 정부기관화하기 위하여 구체화된 것이었다. 아울러 공단의 설립은 전시 중에 볼 수 있었던 재벌이나 민간독점통제를 배제하기 위한 목적도 있었다.[7]

---

5 魚住弘久, 公企業と官僚制(8) − 戦時期·戦後復興期の営団·公団·公社 −, 北大法学論集, 57(3), 1081−1096쪽.

6 이 점에 대해서는 魚住, 상게논문, 1096−1120쪽, 참조

5. 공사公社

위에서 언급한 공단公團과 거의 같은 시기에 다른 문맥에서 구상되었던 것이 행정조사부[8]에 의한 「공청公廳」이었다. 행정조사부는 신헌법 아래서 행정기구개혁의 일환으로서 현업現業관청을 「공청公廳」으로 하여 일반행정기구로부터 분리하여 정부의 축소를 도모하고자 하였다. 즉, 공청은 정부기구의 축소를 도모한다고 하는 논리를 갖는 행정수법으로서 구상되었던 것이다. 이 의미에서 공단과 공청은 행정수법의 논리에 있어서 정반대의 관계에 있다고 할 수 있다.[9]

이 「공청公廳」 안案은 관계 각성의 반대에도 불구하고 추진되었으나 이 현업관청의 개혁은 맥아더의 당시의 아시다 수상에게 보낸 서간(1948년 7월 22일)에 의해서 다른 방향으로 진행된다. 즉, 맥아더는 그 서간을 통하여 아시다 수상에게 현업관청의 「공사公社(Public Corporation)」화를 권유하게 되고 이를 계기로 정부기구축소의 논리에서 시작된 「공청公廳」 구상은 소멸되고 새롭게 「공사公社」가 등장하게 되었다. 이렇게 하여 일본전매공사법안·일본국유철도법안이 1948년 11월 30일에 가결·성립하였다. 그러나 이렇게 하여 탄생한 「공사公社」는 그 과정을 관료가 주도했던 까닭에 관료제의 의향에 부합하는 것이 되어 정부부국을 재편성한 이상의 의미를 갖지 못했다는 평을 받

---

7 魚住, 상게논문, 1122-1123쪽, 참조

8 행정조사부는 1946년 10월 28일에 신헌법 아래서의 행정기구, 공무원제도, 행정운영에 관한 조사·연구·입안을 행하는 임시기관으로서 내각에 설치되었다. 魚住, 公企業と官僚制(10)－戦時期·戦後復興期の営団·公団·公社－, 北大法学論集, 58(2), 587-588쪽.

9 魚住, 상게논문, 614쪽.

고 있다.[10]

III. 행정개혁과 공기업

1980년대에 영국에서 시작되어 세계적인 트렌드가 되었던 민영화정책의 영향으로 추진된 행정개혁 과정에서 일본의 공기업은 거의 대부분이 주식회사의 형태로 민영화되었고 일부만이 특수법인의 형태로 그리고 그중의 일부가 독립행정법인의 형태로 존속하고 있다.

1. 특수법인

특수법인이란 「법률에 의해 직접 설립된 법인 또는 특별법에 따라 특별한 설립행위에 의하여 설립된 법인으로 총무성설치법 제4조 제15호 규정의 적용을 받는 것」을 말하는 경우가 많다. 아울러 총무성설치법 제4조 제15호의 규정에 의하여 아래에서 언급하는 독립행정법인은 대상법인에서 제외된다.

특수법인은 영리를 목적으로 하는 시장원리에 따라서 행하는 것이 불가능하거나 불가능에 가까운 사업을 실시할 목적으로 설립되는 것이 보통이다. 공단, 공사, 사업단, 특수은행, 금고, 공고公庫, 특수회사 등

10 魚住, 상게논문, 615쪽.

다양한 형태를 띠고 있으며, 대부분 「특수법인」이라고 불리지만 공단이나 사업단 등을 가리키는 경우도 많다.

운영상으로는 법인세나 고정자산세 등의 납세가 면제된다든가 국가의 재정투융자에 의한 자금조달이 가능하다는 등의 커다란 특전을 가지고 있는 반면, 사업계획에는 국가의 승인을 필요로 하게 되는 점, 채산이 맞지 않는 사업으로부터 쉽게 철수할 수 없다는 점 등 국가의 의향에 크게 좌우되는 점도 있다.

전후戰後부터 공단公團, 공사公社 등의 형식으로 존재하였던 수많은 특수법인은 민영화되거나 독립행정법인으로 전환되었다(이를 추진하기 위하여 특수법인등개혁기본법이 한시법으로 2001년 6월에 제정되었다). 그 결과 현존하는 특수법인으로는 사업단 1, 공고公庫 1, 특수회사 31, 공영경기 1, 기타 3 그리고 특수법인에 준하는 조직 2로 모두 40개의 특수법인이 남아 있을 뿐이다.

2. 독립행정법인

독립행정법인은 1999년 7월에 제정된 「독립행정법인통칙법」과 개별법에 근거하여 설립된 것으로 「국민생활 및 사회경제의 안정 등의 공공상의 견지에서 확실하게 실시될 필요가 있는 사무 및 사업으로 국가가 스스로 주체가 되어 직접 실시할 필요가 없는 것 가운데 민간 주체에 위임한 경우에 실시되지 않을 염려가 있는 것 또는 하나의 주체에 독점시켜 행하게 할 필요가 있는 것을 효율적이고 효과적으로 행하게 할 것을 목적으로 하여 이 법률 및 개별법이 정하는 바에 따라 설립된 법인」(독립행정법인통칙법 제2조 제1항)을 말한다. 그리고 독립행정법인 가운데 「그 업무의 정체가 국민생활 또는 사회경제의 안정에 직접 그리고 현저한 지장을 가져온다고 인정되는 것 그밖에 당해 독립행정법인의 목적, 업무의 성질 등을 종합적으로 감안하여 그 임원 및 직원에게 국가공무원의 신분을 부여하는 것이 필요하다고 인정되는 것으로서 개별법에서 정하는 것」을 특정독립행정법인이라고 한다. 현재 94개의 독립행정법인과 8개의 특정독립행정법인이 존재하고 있다.

독립행정법인제도는 업무의 민영화를 위한 프로세스의 한 단계라는 평가를 받고 있다.[11] 예를 들면 동법은 민간기업적인 경영을 실현하기 위하여 기업회계원칙을 도입(동법 제36조-제50조)하고 있고 또 중기목표 등을 세워서 종료 후에 개선책을 강구하는 등의 제도를 도입하고 있다(동법 제29조-제35조). 그리고 독립행정법인은 특수법인과는 달리 자금조달을 함에 있어서 국가의 보증을 받을 수 없고 모든 독립행정법인에 해당하는 것은 아니지만 법인소득세나 고정자산세 등의 납세의무를 진다.

---

11 行政組織硏究会, 中央省庁等改革関連法律の理論的検討(四·完), 自治硏究第76巻第12号, 16쪽.

Ⅳ. 공기업의 개념에 대한 학설사 개관

1. 비권력적 행정작용을 기준으로 하는 설

이 설은 미노베 다츠기치 이래 통설적인 지위를 차지해 온 정의定義로서 「특정한 사회공익목적을 위하여 국가 또는 공공단체가 스스로 경영하거나 또는 국가의 수권에 근거하여 사기업자가 경영하는 권력행사를 본질로 하지 않는 사업」을 공기업으로 파악하였다.[12] 이 정의는 오토 마이어의 행정법학 그리고 더 거슬러 올라가면 프랑스의 고전적인 공역무개념에 뿌리를 둔 것[13]으로 다음과 같은 특징을 지니고 있다.

첫째로 이 개념의 가장 중요한 요소를 이루는 것은 권력적 수단을 사용하지 않는 문화적 또는 경제적인 사업이라는 점이다. 이러한 사업에는 다양한 종류가 있는데 이들에게 공통된 점은 이들 사업의 주체가 우월적인 권력주체일 것을 요하지 않고 일반 사인이 행할 수 있는 같은 수단을 가지고 사업을 행한다는 점이다.

둘째로 공기업은 사회공공의 이익을 목적으로 한다는 점이다. 따라서 국가 자신이 경영하는 비권력적인 사업일지라도 사회공공의 이익을 목적으로 하지 않는 것은 공기업의 범주에 넣지 않는다. 예를 들면 전매사업이나 군수품제조사업 등이 그것들이다. 전자는 국가의 수입을

---

12 美濃部達吉, 行政法撮要下巻, 有斐閣(1930), 120쪽. 同, 日本行政法下巻, 有斐閣(1941), 576쪽.

13 礒部力, 公企業,『岩波講座基本法学7 企業』, 岩波書店(1983年), 300쪽.

목적으로 하는 재정財政작용이며 후자는 국가가 군비수요를 충족시키기 위하여 행하는 군정軍政작용으로 양자 모두 내정內政작용인 공기업으로 볼 수 없다.

마지막으로 공기업은 국가가 경영하는 사업 또는 국가에 연원淵源을 둔 사업이다. 즉, 공기업을 경영하는 주체는 국가 이외에 공공단체와 공기업 특허를 받은 사인私人에 한정된다. 이것은 공기업에 대한 국가 독점사상을 말하는 것으로 공공단체의 경우 존립목적이 국가에 의하여 부여되었고 공기업특허의 경우 역시 당해 사업이 국가로부터 수권되었다는 논리이다.

전후 미노베설을 답습한 다나카 지로 역시 공기업의 개념에 대하여 처음에는 다음과 같이 정의하였다. 즉, 「행정법에서 말하는 공기업이란 국가(혹은 이것과 동일체로 보아야 할 공공기업체, 공단 등) 또는 지방자치단체(혹은 이것과 동일체로 보아야 할 독립법인)가 직접 사회공공의 이익을 위하여 스스로 경영하는 비권력적 사업을 말하는」[14]것이고 「법률상 일정한 기업을 국가적 사업으로서 그 경영권을 국가에게 유보하고(기업의 국가적 독점) 이것을 전제로 하여 특정한 경우에 그 경영권의 전부 또는 일부를 타자에게 부여하고 그 자에게 그 경영의 의무를 지게 하는 일이 있다. 이와 같은 경우에 그 기업을 특허기업」[15]이라고 하여 공기업의 관념은 광의로는 후자를 포함하는 입장을 취하였다. 그러나 그

---

14 田中二郎, 新版行政法下, 弘文堂(1957), 470쪽(今村成和, 公企業及び公企業の特許, 田中二郎·原龍之助·柳瀬良幹編, 行政法講座 第6巻 行政作用, 有斐閣(1966), 164쪽에서 재인용).

15 田中, 상게서, 479쪽(今村成和, 公企業及び公企業の特許, 田中二郎·原龍之助·柳瀬良幹編, 行政法講座 第6巻 行政作用, 有斐閣(1966), 164쪽에서 재인용).

후 후술하는 것처럼 경찰허가와 특허기업에 대한 논쟁을 거치면서 다음과 같이 자신의 설을 바꾸게 된다. 그는 공기업이란 「직접 사회공공의 복지를 유지증진하기 위하여 국가·지방자치단체 그 밖에 이에 준하는 행정주체(공공기업체, 공단, 공고公庫, 공공조합 등)가 스스로의 책임으로 영위하는 비권력적 사업」을 총칭하는 것[16]으로 생각하였다. 즉, 국가·지방자치단체 그밖에 이에 준하는 행정주체에 의해서 운영되는 기업만을 공기업이라고 칭하게 된 것이다. 그리고 특허기업을 공공적 성격이 강한 기업, 즉 공공公共기업이라는 개념으로 포섭하여 이른바 공공기업규제법의 분야에서 다루었다.[17]

그리고 여기서 한 가지 언급해야할 사항은 위와 같은 일본의 전통적인 행정법학상의 「공기업」의 개념은 '기업'이라는 어감이 주는 기업성, 영리성, 독립채산성이라는 요소의 유무와 무관계하게 일시적인 사업도 복지적인 역무제공 모두를 포함한 극히 넓은 개념이라는 사실이다.

2. 기업성을 기준으로 하는 설說

위와 같은 전통적인 공기업법의 개념에 대하여 와타나베 소타로우는 「교환경제성」 내지 「대가성」을 요건으로 한 공기업의 개념을 제창하였다. 즉, 광의로는 「공기업이란 일정한 대가를 얻고 노력 또는 재산을 공급함으로써 직접 일반 국민의 특정한 정신적 또는 물질적 수요를 충

---

16 田中二郎, 新版行政法下 前訂第2版, 弘文堂(1977), 115쪽.

17 田中, 상게서, 107-110쪽.

족시키려고 하는 복리적 행정작용」이며 협의로는 위에서 언급한 것 중 「역무의사와 동시에 이득의사에 근거하여 행해지는 것」을 가리킨다고 하였다.

한편 야마다 유키오는 와타나베의 견해를 발전시켜 「공기업이란『국가 또는 지방공공단체가 직접 사회공공의 이익을 목적으로 하여 경영하는 기업』을 말한다」라고 하여 수익성(수익목적성·영리목적성)을 「공기업」의 개념에 포함된다고 하고 「(공기업의) 특허기업을 더하여 광의의 공기업」이라고 하였다.[18] 야마다의 견해는 「독립채산제」의 요건을 기준으로 하여 공기업의 정의를 내리고 있는 것이다. 즉, 「행정의 경제적 활동에 관하여 당해 사업의 성질에 비추어 수익성(영리성)이 존재하는가의 여부, 사기업에 경영을 기대할 수 있는가의 여부라고 하는 견지에 서서 행정의 경제적 활동을 유형화하는 것에는 의의가 없고, 오히려 실정법이 행정의 경제활동을 어떻게 기술적·제도적으로 취급하고 있는가, 독립채산제를 채용하고 있는가 하는 형식적인 견지에 서서 행정의 경제적 활동을 분류하는 것이야말로 사인성의 요건으로서의 수익(영리) 목적의 유무의 판정의 표준을 구해야 한다」고 하는 입장에서 수익성의 기술적·제도적 표현으로서의 독립채산제를 가지고 기업성의 요건으로 하고 있다.[19]

그 후 전개된 기업성을 기준으로 하는 공기업의 개념에 대한 학설로서는 「독점성」을 지표로 삼는 설,[20] 「생활필수성」과 「독점성」을 취하는

---

18 藤原淳一郎､現代経済社会における公企業と法, 現代経済社会と法, 三省堂(1990), 230쪽.

19 礒部, 상게논문, 302-303쪽.

20 藤原, 상게논문, 239-240쪽, 참조.

설,[21] 또 여기에 「기업성」을 더하여 지표로 삼는 설[22] 등이 있다.

3. 학설의 배후에 존재하는 것

1) 공법사법 구별론

위에서 살펴본 공기업의 개념을 둘러싼 논의와 깊이 관련되어 있는 문제는 이른바 공법사법 구별론이다. 즉, 위의 논쟁의 본래의 상대는 영조물이용관계를 공법관계로 파악하는 고전적인 공법학설이었다. 이에 대항하는 형식으로 위의 기업성을 지표로 삼는 학설은 공기업의 이용은 원칙적으로 사법관계라는 점을 주장함으로써 학설사적으로도 일정한 역할을 했다고 평가할 수 있을 것이다.[23]

한편 전후戰後에 전개된 광범위한 공법사법논쟁을 통해서 비권력적인 행정법관계 내지 공법상의 관리관계의 개념[24]이 정착함에 따라서 공기업개념을 둘러싼 위와 같은 학설사적인 의의는 급속히 약화되어 갔다. 공기업(영조물)의 이용이 기본적으로 당사자관계라는 것은 이미 상식이며, 문제는 오직 실정법의 규정을 어떻게 이해하는 가의 여부에 달려 있는 것이다.[25]

---

21 遠藤博也, 行政法Ⅱ(各論), 青林書院(1988), 159-161쪽.

22 磯部, 상게논문, 315-317쪽. 藤原, 상게논문, 239쪽, 참조.

23 磯部, 상게논문, 303-304쪽.

24 田中二郎, 新版行政法下前訂第2版, 弘文堂(1988), 78-83쪽. 塩野宏, 行政法Ⅰ〔第4版〕,有斐閣(2005), 26쪽.

2) 이른바 특허기업의 문제

위의 미노베설과 개설改說하기 이전의 다나카설의 기본적인 특색은 이른바 사회목적의 행정작용을 권력작용과 비권력작용으로 나누어 전자를 경찰警察, 후자를 공기업으로 관념 하는 점에 있다.[26] 그리고 전자는 시민의 자연권을 소극적 목적을 위하여 규제하는 것임에 대하여 후자는 국가독점권을 부여하는 것이었다. 거기서 ①전자의 경우의 신청은 (일본) 헌법 제22조[27]에 근거한 권리의 행사임에 대하여, 후자의 신청은 단순한 희망의 표명에 지나지 않으며, ②전자의 허가기준은 기속 되어 있는 것에 대하여, 후자의 특허기준은 자유재량이기 때문에 ③전자의 거부처분은 소송상 다툴 수 있음에 대하여 후자의 거부처분은 다툴 수 없다. 그 반면 ④전자의 허가는 본래의 자유를 회복하는 데 그치고 후자의 특허는 특권을 부여하는 것이기 때문에 ⑤제3자에게 허가나 특허가 부여되었을 때에 기존업자 등은 전자의 경우 반사적 이익이 침해되었을 뿐이므로 허가를 쟁송상 다툴 수 없는 데 반하여 후자의 경우는 다툴 수 있다. 이 외에 전자의 경우 ⑥허가를 받아도 사업의 개시·폐지는 본인의 자유인데 반하여 후자의 경우 사업개시는 의무이며 또 사업폐지에도 감독청의 인가가 필요하다. ⑦영업상에서도 전자와 관련된 영업에 대해서는 위험, 위생 등 소극적 목적에서 오는 법규적 감독을 받는

---

25 礒部, 상게논문, 304쪽.

26 今村成和, 公企業及び公企業の特許, 田中二郎·原龍之助·柳瀬良幹編, 行政法講座 第6巻 行政作用, 有斐閣(1966), 164쪽.

27 (일본)헌법 제22조
【거주·이전 및 직업선택의 자유, 외국이주 및 국적이탈의 자유】
① 누구나 공공의 복지에 반하지 않는 한 거주, 이전 및 직업선택의 자유를 갖는다.

데 그치는 데 반하여 후자에서는 특별권력관계의 하나로서 일반적, 후견적 감독을 받는다. ⑧그 반면 후자에게는 다양한 특전이 부여되는 데 반하여 전자에서는 특전이 부여되는 일이 없다, 라고 하는 구별이 인정되었다.[28]

이에 대하여 전후에 전개된 「공기업의 특허와 경찰허가」를 둘러싼 논쟁 및 그 전제로서의 실정법규의 변화를 통하여 고전적인 특허개념은 비판을 받아 특허와 허가의 상대화[29]가 정착하기에 이르렀다.[30] 그 결과 다나카의 경우에도 특허기업을 공기업에 포함시키지 않고 영업규제의 일환으로 취급하는 입장을 취하게 되었다.

Ⅴ. 공기업법을 둘러싼 법적 쟁점

1. 국가와 사회 이원론二元論과 중간단체

행정법은 국가와 사회의 이원론을 전제로 하고 있다고 해도 과언이 아니다. 즉, 행정법은 국가와 사회의 대립을 전제로 하여 국가권력으로부터 시민의 권리이익을 보호하려는 것을 일차적인 목표로 하고 있다. 그러나 일본의 공기업은 형식과 조직에서 뿐만 아니라 그 운영에 있어서

28 遠藤, 상게서, 154쪽.

29 이 점에 대해서는, 小早川光郎, 行政法上, 弘文堂(1999), 199-205쪽, 참조.

30 礒部, 상게논문, 304-305쪽.

도 이른바 관민협조체제의 특징을 강하게 띠고 있다. 일본의 공기업에 대한 법적 논의에서 위와 같은 특징을 어떻게 고려해야 할 것인지 검토해야 할 과제라고 할 것이다.

2. 공기업과 행정주체론

공기업은 독립한 법인으로서 행정상의 권리·의무의 주체 즉, 행정주체라고 할 수 있다. 그런데 공기업은 국가의 강한 감독과 보호를 받고 있는데 이들 양자의 관계는 기관관계에 속하는 것일까 그렇지 않으면 법주체 상호 간의 관계에 속하는 것일까? 이 문제는 구체적으로는 공기업이 국가의 행정적 조치(당해 공기업에 대한 인가거부처분 등)에 대하여 항고소송을 제기할 수 있을 것인가 하는 문제로서 나타난다.[31] 이 문제와 관련하여 일본의 최고재판소는 이른바 나리타 신칸센사건에서 일본철도건설공단에 대하여 운수대신이 내린 공사실시계획의 인가는「행정기관 상호 간의 행위와 같은 것으로 보아야 하고 행정행위로써 외부에 대한 효력을 갖는 것이 아니고 또 이에 의하여 직접 국민의 권리의무를 형성하거나 또는 그 범위를 확정하는 효과를 수반하는 것은 아니기 때문에 항고소송의 대상이 되는 행정처분에 해당하지 않는다」[32]라고 판시하였다.

---

31 船田正之, 特殊法人の位置づけと法的性格, ジュリスト増刊行政法の争点(新版)(1990年6月), 111쪽.

32 1978. 12. 8. 判例時報915호, 39쪽.

그러나 위와 같은 최고재판소의 판단의 근저에 있는 행정주체와 사적 주체와의 이원적 구별을 극복하기 위하여 제정법상의 "공공단체", "공법인" 등의 개념을 상대적으로 파악할 필요성이 있다고 하는 주목할 만한 견해[33]가 있다. 즉, 그 견해에 의하면 우리의 행정주체와 사적 주체를 이원적으로 구별하게 하는 관념은 「제정법상 국가 및 지방자치단체로부터 독립한 법인격을 지닌 법주체가 많은 경우에 있어서 국가나 지방자치단체와 동등한 법적 취급을 받고 있는 예가 적지 않다」는 사실에 근거하고 있다는 것이다. 그러나 이 「사실은 그뿐이지 반드시 그 이상의 것을 말하는 것은 아니다. 이들 사례의 존재에 관해서는 "각각의 법령은 각각의 법령의 규율목적에 관한 한 각각 독자적인 의미에서 이들 용어를 사용하고 있다"라고 하는 가설도 충분히 세울 수 있는 것으로 그것을 반증하는 논거는 제정법상 존재하지 않는다」고 한다.

그리고 「만약 이와 같이 "공공단체", "공법인" 등의 개념의 상대성이라고 하는 가설을 전제로 한다면 가령 제정법상의 이들 개념이 즉 "행정주체"개념을 의미한다고 하여도 또 어느 법주체가 어느 법문제의 측면에 있어서는 행정주체로서 통상의 사적 법주체와는 다른 법적 규율에 따르지만 다른 법문제의 측면에 있어서는 행정주체로서의 법적 지위에 서지 않는다고 하는 사례도 상정해 볼 수 있을 것이다. 예를 들면, 어느 법체계가 일반적으로는 행정조직에 관한 법원리의 적용을 받고 또 그 활동 등으로부터 발생한 손해에 대해서는 국가배상법의 적용을 받지만, 그러나 예를 들면 국가의 행정기관에 의하여 내려진 감독조치 등에 대해서는 항고소송으로써 그 법적 효과를 다툴 수 있는 예」가

33 藤田宙靖, 行政法学の思考形式, 木鐸社(1978), 76-77쪽.

있을 수 있다고 하면서 그 예로서 다음과 같은 하급심 판례를 예로 들고 있다. 이 사건은 시정촌·국민건강보험조합 등의 항고소송의 출소자격을 인정하였는데 그 이유는 다음과 같다.

「보험자가 행하는 국민건강보험사업 가운데 보험급부 등에 관하여 행하는 처분……과 같은 피보험자 등 지역주민에 대하여 일방적, 우월적으로 의무를 과하고 법률관계를 설정하는 등 일반행정청이 행하는 행정처분과 유사한 성격을 띠는 일면이 존재한다는 점에서, 이 면으로부터만 본다면 보험자는 행정청(행정청에 유사하다)이다……. 그러나 타면 국민건강보험의 보험자인 시정촌 등은 국민건강보험사업을 경영하는 권리의무의 주체인 지위를 원래 법에 의하여 당연히 지니고 있는 것이며, …… 따라서 보험자는…… 본래 (법에 의하여) 지니는 이 권리의무의 주체인 지위와 처분자인 행정청으로서의 면(성격)을 지니는 것으로 볼 수 있다. 이 권리의무의 주체인 지위의 면에서 보아 지니고 있는 권리의무에 이해관계를 갖는 것이라면 권리 또는 이익의 구제를 위하여 그 지위에 근거하여 보험자는 소송당사자로서 출소하는데 있어서 어떠한 제한을 받지 않는다고 해석하는 것이 상당하다」(大阪高判1967. 8. 2. 民集28巻4号, 623쪽, 640쪽).

오늘날 국가 및 지방자치단체와 공기업 등과 같은 법주체 사이에서 발생하는 다양한 분쟁형태에 비추어 볼 때 행정주체에 대한 위와 같은 상대적인 관점에서의 이해는 매우 중요한 의미를 지닌다고 할 수 있을 것이다.

3. 공기업의 이용관계

1) 이용관계의 법적 성격

공기업의 이용관계에 대하여 전전戰前에는 일반적으로 공법관계의 성질을 갖는다고 하였다. 그러나 전후戰後, 공기업의 이용관계는 국민의 복지의 유지증진을 목적으로 하는 것이기 때문에 국민에 대하여 불이익한 처분을 해서는 안 된다고 하여 사법규정이 적용된다고 하는 사법관계설이 유력하게 되었다. 한편 다나카 지로는 공기업의 이용관계를 비권력적인 관리관계로 파악하여 원칙적으로 사법규정, 사법원리를 적용해야 하지만 공기업의 특수성에 비추어 볼 때 이용관계에 관하여 특별한 규율이 있는 때에는 그러하지 않는다고 하였다. 여기서 '특별한 규율'이 무엇을 의미하는지 문제가 되는데 공기업에는 매우 다양한 형태가 있기 때문에 하나의 공기업의 이용관계를 전제로 하며 공법관계인가 사법관계인가로 판단하는 것은 바람직하지 않을 것이다.[34]

2) 이용관계의 성립·내용·종료

이용관계의 성립은 원칙적으로 합의에 의하지만 입법정책적으로 행정처분에 의할 수도 있으며 합의가 강제되는 경우도 드물지 않다. 그리고 이용관계의 내용을 결정하는 권능은 일단 기업자측에 부여되어 있지만 여기에는 다양한 형태의 통제가 가해진다. 이용관계의 종료는 이용목적의 종료, 공급의 정지·폐지에 의한 이용관계의 배제, 공기업 자체의 폐지에 의한 것이 있다.[35]

---

34 遠藤, 상게서, 171－173쪽.

3) 이용(희망)자의 권리

이용자 또는 이용희망자는 공급규정에 따라서 공기업을 이용하는 권리를 가지고 있다. 법에서 정하고 있는 정당한 사유 없이 기업자는 이용의 신청을 거부할 수 없으며, 공급을 정지, 폐지할 수 없다. 이용을 거부당했을 때에는 이용(희망)자는 쟁송을 제기할 수 있다.[36]

이상에서 살펴본 것처럼 일본의 공기업은 메이지초기의 철도사업에서 시작되어 전쟁기의 국책회사와 영단營團 전후戰後의 공단公團과 공사公社를 거쳐 1980년대 후반부터 시작된 행정개혁과 민영화의 흐름 속에서 거의 대부분이 민영화되고 나머지는 특수법인과 독립행정법인의 형태로 존속하고 있다. 이처럼 공기업이 긴 역사 속에서 다양한 형태로 변화하며 존속해 온 만큼 이를 둘러싼 법률문제 또한 매우 많다.

먼저 공기업의 개념의 문제이다. 이것은 특히 공기업이 변화의 마지막 단계에서 특수법인과 독립행정법인의 카테고리 속으로 포함되면서 더욱 복잡한 모습을 띠게 되었다. 즉, 이들 양 법인은 매우 다양한 형식을 띠고 있기 때문에 먼저 이들 가운데에서 공기업에 속하는 것을 가려내야 하는 작업이 기다리고 있다. 물론 이 작업은 공기업의 개념을 어떻게 설정하느냐 하는 점과 직결되어 있는 문제이기도 하다. 공기업을 판단하는 전통적인 기준은 비권력적인 행정작용(미노베)이었으나 최근에는 기업성을 기준으로 삼는 것이 보통이지만 거기에도 다양한 견해가 있다. 앞으로 검토되어야 할 과제이다.

---

35 遠藤, 상게서, 173－174쪽.

36 遠藤, 상게서, 174－175쪽.

둘째로는 공기업과 전통적인 행정주체 즉, 국가와 지방자치단체 사이의 법률관계이다. 공기업은 행정주체로서의 지위를 가지고 있는 반면 국가와 지방자치단체의 강한 보호·감독을 받고 있다. 따라서 공기업이 국가와 지방자치단체와 분쟁이 발생했을 때 항고소송으로 이를 다툴 수 있는가 하는 점이 문제가 된다. 이 점에 대해서는 관련법의 내용의 해석에 따라서는 항고소송이 허용되는 경우도 생각해 볼 수 있을 것이다.

마지막으로 공기업의 이용관계를 둘러싼 법률관계이다. 이 점과 관련해서는 이미 이용관계가 단순히 공법관계인가 사법관계인가를 획일적으로 정하지 않고 관계법규의 해석에 따라서 정해지는 것으로 이해되고 있지만 실제로 문제가 다양하게 나타나고 있기 때문에 판례의 축적과 경우에 따라서는 입법론적인 해결이 요구되는 경우도 있을 것이다.

행정조직법의 이론과 실제

지은이 유진식
펴낸이 양오봉
펴낸곳 전북대학교출판문화원

초　판 1쇄 발행 2020. 12. 31.
개정판 1쇄 발행 2024. 7. 30.

전북대학교출판문화원 전북특별자치도 전주시 완산구 어진길 32 (풍남동2가)
전화 (063) 219-5319~5322
FAX (063) 219-5323
출판등록 2012년 8월 20일 제465-2012-000021호

값 20,000원

ISBN 979-11-6372-227-4 93360